Organisationalen Wandel gestalten

Erik Nagel · Ingo Stolz
(Hrsg.)

Organisationalen Wandel gestalten

Fallstudien zum Change Management

Hrsg.
Erik Nagel
Institut für Betriebs- und Regionalökonomie
Hochschule Luzern
Luzern, Schweiz

Ingo Stolz
Institut für Betriebs- und Regionalökonomie
Hochschule Luzern
Luzern, Schweiz

ISBN 978-3-658-27128-2   ISBN 978-3-658-27129-9   (eBook)
https://doi.org/10.1007/978-3-658-27129-9

Die Deutsche Nationalbibliothek verzeichnet diese Publikation in der Deutschen Nationalbibliografie; detaillierte bibliografische Daten sind im Internet über http://dnb.d-nb.de abrufbar.

Springer Gabler
© Springer Fachmedien Wiesbaden GmbH, ein Teil von Springer Nature 2019
Das Werk einschließlich aller seiner Teile ist urheberrechtlich geschützt. Jede Verwertung, die nicht ausdrücklich vom Urheberrechtsgesetz zugelassen ist, bedarf der vorherigen Zustimmung des Verlags. Das gilt insbesondere für Vervielfältigungen, Bearbeitungen, Übersetzungen, Mikroverfilmungen und die Einspeicherung und Verarbeitung in elektronischen Systemen.
Die Wiedergabe von allgemein beschreibenden Bezeichnungen, Marken, Unternehmensnamen etc. in diesem Werk bedeutet nicht, dass diese frei durch jedermann benutzt werden dürfen. Die Berechtigung zur Benutzung unterliegt, auch ohne gesonderten Hinweis hierzu, den Regeln des Markenrechts. Die Rechte des jeweiligen Zeicheninhabers sind zu beachten.
Der Verlag, die Autoren und die Herausgeber gehen davon aus, dass die Angaben und Informationen in diesem Werk zum Zeitpunkt der Veröffentlichung vollständig und korrekt sind. Weder der Verlag, noch die Autoren oder die Herausgeber übernehmen, ausdrücklich oder implizit, Gewähr für den Inhalt des Werkes, etwaige Fehler oder Äußerungen. Der Verlag bleibt im Hinblick auf geografische Zuordnungen und Gebietsbezeichnungen in veröffentlichten Karten und Institutionsadressen neutral.

Springer Gabler ist ein Imprint der eingetragenen Gesellschaft Springer Fachmedien Wiesbaden GmbH und ist ein Teil von Springer Nature.
Die Anschrift der Gesellschaft ist: Abraham-Lincoln-Str. 46, 65189 Wiesbaden, Germany

Vorwort

Wandel ist die einzige Konstante. Dieser viel zitierte Satz will uns etwas deutlich machen, was wir alle entweder bewusst oder unbewusst schon lange begriffen haben. Wandel ist alltäglich und aus dem Arbeits- und Organisationsleben nicht mehr wegzudenken. In dem Wort steckt eine eigentümliche Spannung: Einerseits ist *Wandel* grundsätzlich positiv konnotiert – er steht für Modernität, Fortschritt und Zukunftsgerichtetheit. Andererseits erleben Beteiligte – seien es Führungskräfte oder Mitarbeitende – die Wandelpraxis häufig als etwas Belastendes, Enervierendes oder gar Destruktives. Es ist angesichts dieser Grundspannung ohne Frage enorm herausfordernd, Wandel erfolgreich zu gestalten und dabei den darin involvierten Menschen gerecht zu werden. Es ist ebenso anspruchsvoll, Wandel genau zu verstehen, diesen konstruktiv zu gestalten und sich geschickt und angemessen in Wandelsituationen zu verhalten. Die Frage ist deshalb zu stellen, wie der und die Einzelne die diesbezüglichen Kompetenzen entwickeln und dann im Arbeits- und Organisationsalltag zur Anwendung bringen kann.

Wir gehen davon aus, dass sowohl Studierende als auch Fach- und Führungspersonen über die Auseinandersetzung mit konkreten, praktischen Wandelepisoden ein vertieftes Verständnis für die Phänomene des Wandels und den Umgang damit im Organisationsalltag entwickeln können. Indem Wandelepisoden dargestellt oder (wieder)erzählt werden, breitet sich der Wandel vor unseren Augen aus. Der Leser und die Leserin sind nicht gezwungen, selber zu handeln. Vielmehr können sie mit Distanz auf die Situation schauen, diese in Ruhe deuten und daraus Schlussfolgerungen für eine nachhaltige Gestaltung von Wandel ableiten. Fälle oder Fallstudien holen die Wandelpraxis also in den Unterricht oder in eine Trainingssequenz, und die Studierenden oder Teilnehmenden sind aufgefordert, diese Wandelprozesse möglichst umfassend zu rekonstruieren und zu durchdringen.

Das Buch bietet mehrere Wandelepisoden zur Bearbeitung und richtet sich an alle Menschen, die mehr über die komplexen Hintergründe und die produktive Gestaltung von Wandel erfahren möchten:

- Jüngere Menschen in der Ausbildung wollen sich häufig genauer vorstellen, was in Wandelsituationen überhaupt vor sich geht. Konkrete Fälle zu Wandel in

Organisationen dienen dazu, die Relevanz und Praktikabilität von Theorien und Konzepten in der Anwendung auf eine konkrete Situation zu testen, respektive die Verbindung zwischen abstrakten, übersituativen Gedankenmodellen und konkreten Situationen herzustellen.
- Das Buch richtet sich ebenso an erfahrene Berufspraktikerinnen und -praktiker mit oder ohne Führungsposition, die gegebenenfalls schon Erfahrungen mit Veränderungsprojekten haben und deren Dynamiken noch mehr auf den Grund gehen wollen. Die Auseinandersetzung mit Fallstudien passiert dann beispielsweise im Rahmen von Weiterbildungen; es kann aber auch sein, dass Praktikerinnen und Praktiker kein neues Fachbuch zum Thema lesen, sondern sich in Ruhe eine konkrete Wandelsituation aus der Distanz anschauen wollen. Ihre Motivation mag beispielsweise sein, ihre Haltung gegenüber Wandel zu überprüfen oder zu testen, wie sie positiv gestaltend auf Wandel Einfluss nehmen können.
- Auch Dozierende, die auf Bachelor- oder Masterniveau oder in der Weiterbildung unterrichten, können von Fallstudien zum Thema Change Management profitieren. Sagt einem oder einer Dozierenden der Typus der Fallstudien in diesem Buch zu, dann können die Fälle im Unterricht zur Illustration eines oder verschiedener Themen herangezogen oder die Fallstudienbearbeitung kann als durchgängiges didaktisches Mittel genutzt werden.
- Trainerinnen und Trainer können diese Fallstudien zu Übungszwecken einsetzen, um unternehmensinterne Weiterbildungen anzureichern.

Uns fiel auf, dass im deutschsprachigen Raum immer noch wenige Fallstudien zu Wandel respektive Change Management vorzufinden sind. Dies hat uns bewogen, diesen Band mit 15 Fallstudien herauszugeben. Den Hauptteil der Fälle haben wir als Herausgeber mit Unterstützung durch wissenschaftliche Mitarbeiterinnen des Instituts erarbeitetet (Sylvie Scherrer, Sabrina Wyss, Leonie Mollet). Bei einer Fallstudie hat ein ehemaliger Kollege an unserer Hochschule mitgewirkt, der seit vielen Jahren als Referent bei uns tätig ist (Frank Dievernich). Eine weitere Fallstudie erstellte ein uns ebenso seit Jahren als externer Referent verbundener Unternehmensberater (Frank Heideloff). Einzelne dieser Fälle entstanden auf der Grundlage studentischer Arbeiten, in denen jeweils eine spezifische Wandelepisode umfassend empirisch erhoben und analysiert wurde, einige auf Basis unserer eigenen empirischen Erhebung in unserer Zusammenarbeit mit Organisationen. Ein Fall, jener von Frank Heideloff, entstand auf Grundlage seiner Beratungsprojekte als Unternehmensberater.

Das relevante Datenmaterial wurde von den jeweiligen Autoren der Fallstudie auf folgende Art und Weise aufgearbeitet:

- Erstens haben die Autoren die Fälle aus didaktischen Gründen auf bestimmte Problemstellungen und Dynamiken zugespitzt und mit weiteren realistischen und situationsgerechten Elementen angereichert, um sie für die Bearbeitung besonders ergiebig zu machen. Diese Ergänzungen sollten als „realistisch" empfunden werden können und den Eindruck vermitteln: Ja, genau so wird es sich abgespielt haben. Mit einer solchen Ergänzung der Fälle findet eine Verfremdung der Ausgangssituation statt. Bei diesem Vorgehen schliessen wir uns Bertold Brecht an, der den Verfremdungseffekt dafür einsetzte, das „Alltägliche besonders" zu machen und die „Welt so zu zeigen, dass sie behandelbar wird".[1]

- Zweitens wurden die Fälle anonymisiert, sodass sie weder auf die Organisationen noch auf die Personen zurückgeführt werden können, welche sich als Interviewpersonen zur Verfügung gestellt bzw. mit denen wir in Projekten interagiert haben. Sollte die Leserin oder der Leser den Eindruck haben, dass es sich bei einem bestimmten Fall um den „eigenen" handelt, dann ist davon auszugehen, dass dem nicht so ist, sondern es sich einfach um eine „typische Konstellation" handelt, die sich mancherorts „genau so" oder „sehr ähnlich" abspielt.

Wir verzichten ganz bewusst auf die Präsentation von „Lösungen" zu den jeweiligen Fällen, da wir zum einen davon ausgehen, dass sie sich eben nicht einfach nach einem Schema lösen lassen, und da es zum anderen stark vom theoretisch-konzeptionellen Zugang abhängt, welche Erkenntnisse mit einem Fall gewonnen werden können und sollen. Gemäss unserer Erfahrung profitieren die Studierenden und Teilnehmenden in der Aus- und Weiterbildung nämlich vor allem dann, wenn sie Hinweise darauf erhalten, wie sie grundsätzlich vorgehen können, um eine verhaltensorientierte Fallstudie systematisch zu bearbeiten und zunehmend besser zu interpretieren und zu begreifen. Dementsprechend findet sich im folgenden Kapitel eine differenzierte Anleitung für die Bearbeitung verhaltensorientierter Fallstudien zum Thema Wandel, und am Ende jedes Falls finden sich Leitfragen zur Diskussion.

Wir danken an dieser Stelle den vielen – aus Anonymitätsgründen hier nicht genannten – Interviewpartnerinnen und Interviewpartnern sowie Organisationen, die uns vertiefte Einblicke in die Wandelpraxis ihres Unternehmens gewährt haben. Ebenso danken wir Ulrike Lörcher und Katharina Harsdorf vom Springer Verlag für die sorgfältige und hilfsbereite Unterstützung bei der Umsetzung des Buchs sowie Matthias Zabel vom Lektorat Freiburg für das präzise Redigieren des Textes.

Wir wünschen allen Dozierenden, Studierenden und Leserinnen und Lesern viele Erkenntnisse und Einsichten zum praktischen Verständnis von Wandel.

Erik Nagel
Ingo Stolz

---

[1] Bertold Brecht (1957): Schriften zum Theater: Über eine nicht-aristotelische Dramatik. Berlin[-West]: Suhrkamp.

Inhaltsverzeichnis

Teil I   Bearbeiten von Fallstudien

1   Fallstudien zu „Verhalten im Change Management" bearbeiten   3
    Erik Nagel

Teil II   Fallstudien

2   Das Direktorenkarussell   23
    Frank E. P. Dievernich und Erik Nagel

3   MOBIL macht mobil   33
    Erik Nagel

4   Das Plaza   43
    Ingo Stolz

5   Weiss die rechte Hand, was die linke tut?   53
    Erik Nagel und Ingo Stolz

6   Es begann mit einem Experiment   63
    Léonie S. Mollet und Erik Nagel

7   Und es bewegt sich doch nichts   73
    Sabrina Wyss und Erik Nagel

8   Getrennt gemeinsam, gemeinsam getrennt   83
    Sabrina Wyss und Erik Nagel

9   Schloss Horgen   93
    Ingo Stolz

10 Briesen: Veränderungen verändern   105
    Ingo Stolz

11	**Endlich Ordnung machen** 113
	Erik Nagel
12	**Software is easy** 123
	Ingo Stolz, Alexandra Bertini, Michael Früh, Nicola Lorch
	und Dijana Vukicevic
13	**Innovation & Frustration bei Klusch** 131
	Ingo Stolz
14	**Der Nachfolger**... 143
	Sylvie Scherrer und Erik Nagel
15	**Kurz vor Weihnachten** 155
	Erik Nagel
16	**Alptraum eines norddeutschen Kaufmanns**.................. 167
	Frank Heideloff

Herausgeber- und Autorenverzeichnis

Über die Herausgeber

Erik Nagel, Prof. Dr., ist Vize-Direktor der Hochschule Luzern – Wirtschaft, Co-Institutsleiter des Instituts für Betriebs- und Regionalökonomie IBR und Studienleiter des Executive MBA Luzern. Er studierte Verwaltungswissenschaft an den Universitäten Konstanz, Leiden, Rotterdam und Grenoble. Anschliessend war er Assistent am Wirtschaftswissenschaftlichen Zentrum der Universität Basel und promovierte dort. Seit 1999 ist er Dozent an der Hochschule Luzern – Wirtschaft. Er forscht und unterrichtet zu den Themen Führung, Change Management, Widerstand, Kulturwandel und Innovation. Erik Nagel begleitet Organisationen bei Veränderungsprozessen und coacht Führungspersonen.

Ingo Stolz, Prof. Dr., ist seit 2015 Leiter Weiterbildung des Instituts für Betriebs- und Regionalökonomie IBR der Hochschule Luzern – Wirtschaft. In Lehre, Beratung und Forschung befasst er sich mit den Themen International Leadership & Management sowie Organisations- & Personalentwicklung. Ingo Stolz verfügt über internationale Führungs-, Management- und Beratungserfahrung in Profit-, Nonprofit-, Regierungs- und Bildungsorganisationen sowie Stiftungen. Er lehrte und forschte an Universitäten in der Schweiz, Deutschland, USA, Russland und China. Seine Promotion schloss er an der University of Minnesota, USA, ab.

Autorenverzeichnis

Alexandra Bertini ist als Beraterin & Projektleiterin bei einem Schweizer IT-Beratungsunternehmen tätig. Sie hat einen Master in International Financial Management und einen Bachelorabschluss in Betriebsökonomie. Alexandra Bertini verfügt über mehrjährige Erfahrung in Finance, Controlling & Reporting sowie strategischer Planung. Als Beraterin und Controllerin arbeitete sie in internationalen Schweizer Industrieunternehmen sowie KMU und befasste sich unter anderem mit ERP-Softwares und BI-Tools.

Frank E. P. Dievernich, Prof. Dr., ist seit 2014 Präsident der Frankfurt University of Applied Sciences und Professor für Organisationsberatung und Coaching. Seit 2018 hat er den Vorsitz der hessischen Hochschulen für Angewandte Wissenschaften inne. Zuvor war er als Professor und Studiengangleiter in der Schweiz tätig (Berner Fachhochschule und Hochschule Luzern). Er studierte Betriebswirtschaftslehre und Soziologie in München und promovierte an der Universität Witten/Herdecke zum Themenkomplex „Unternehmenskultur und Teams". An der Freien Universität Berlin befasste er sich als Post-Doc mit dem Thema „Pfadabhängigkeiten im Management". Managementexpertise hat er unter anderem bei der Deutschen Bahn AG sowie der Kienbaum Management Consulting GmbH gesammelt. Er ist zudem systemischer Business-Coach und Lehrtrainer. Zahlreiche Veröffentlichungen tätigte er zu den Themen Management und Organisation. Seit 2016 ist er Kolumnist des Wirtschaftsmagazins Bilanz.

Michael Früh ist ausgebildeter Elektroniker und hat Betriebsökonomie sowie internationales Finanzmanagement an der Hochschule Luzern – Wirtschaft studiert. Er ist einer der Inhaber und CFO der F&P Robotics AG, einem Hersteller von intelligenten und sicheren Robotiksystemen. Weiter ist Michael Früh Mitgründer und Verwaltungsrat der sensiQoL AG, einer Firma, welche sich auf die Wahrung und Förderung der Lebensqualität von Menschen in einem Betreuungsverhältnis spezialisiert hat. Er ist Gastdozent an der Zürcher Hochschule für Angewandte Wissenschaften und

Mitautor von mehreren Artikeln und Büchern zu den Themen Robotik im Gesundheitswesen und Lebensqualität. Nebenamtlich ist Michael Früh Finanzvorstand von FamilyStart Zürich, einem Verein, der sich für eine optimale nachgeburtliche Versorgung von Mutter und Kind einsetzt.

Frank Heideloff, Dr., Managing Director bei Alvarez & Marsal als European Co-Head Performance Improvement Financial Institutions. Er studierte Philosophie, Psychologie und BWL in Siegen, Tours, Wien und St. Gallen. Anschliessend war er Assistent am Lehrstuhl für Management des technischen Wandels und Personalentwicklung an der TU Chemnitz. Nach der Promotion 1998 arbeitete er v. a. in Asien und Europa bei Bain & Company, als Vorstandsmitglied beim arabischen Mischkonzern Alghanim Industries und als Senior Partner bei Roland Berger Strategy Consultants, bevor er 2014 zu Alvarez & Marsal stiess. Neben seiner Tätigkeit als Unternehmensberater und Interim-Manager ist Frank Heideloff als FinTech-Investor aktiv und hat bereits seit mehr als 10 Jahren einen Lehrauftrag im Executive MBA Luzern.

Nicola Lorch ist in einem international führenden Unternehmen der Wirtschaftsprüfung in der Schweiz tätig und in die Prüfung verschiedener Firmengruppen und Einzelgesellschaften unterschiedlicher Grösse involviert. Sie verfügt über langjährige Erfahrung im Bereich Finanzen & Controlling sowie Prozessmanagement in Kanada, Frankreich und Deutschland. Nicola Lorch absolvierte einen Master in International Financial Management an der Hochschule Luzern – Wirtschaft und einen deutsch-französischen Doppel-Bachelor in International Management (ESB Reutlingen/ NEOMA Reims). Für ihre Bachelorarbeit erhielt sie eine Auszeichnung. Nicola Lorch engagiert sich ausserdem bei Rotaract für die Förderung karikativer Projekte.

Léonie S. Mollet, M. A., M. Sc. BA, Doktorandin in Wirtschaft und Human Resources an der Lincoln University in Christchurch, Neuseeland. Ihre Wurzeln liegen im Bildungsbereich, wo sie Jugendliche beim Übergang in das Berufsleben begleitete. Nach dem ersten Studium mit Abschluss MA Secondary Education (Major in Educational Sciences) an der Pädagogischen Hochschule Bern schloss sie den M. Sc. in Business Administration (Major in Public and Nonprofit Management) an der Hochschule Luzern – Wirtschaft ab. Sie forscht in den Bereichen agile Organisationen, Leadership, Kompetenzentwicklung und Kollaboration. In ihrer Berufspraxis befasst sie sich mit den Themen Personal- und Organisationsentwicklung sowie Kulturwandel.

Sylvie Scherrer, M. A., M. Sc. BA, ist Senior Wissenschaftliche Mitarbeiterin am Institut für Betriebs- und Regionalökonomie IBR der Hochschule Luzern – Wirtschaft. Sie studierte Internationale Beziehungen in Genf und Betriebswirtschaft in Luzern. Anschliessend war sie in unterschiedlichen Funktionen im Personalmanagement von internationalen Konzernen tätig. Seit 2013 forscht und unterrichtet sie an der Hochschule Luzern – Wirtschaft in den Bereichen Nachhaltigkeit, Entrepreneurship, Personalmanagement und Führung von Familienunternehmen. Sylvie Scherrer ist Co-Leiterin des Themenschwerpunktes Familienunternehmen und Teil des Smart-up-Programms der Hochschule Luzern zur Förderung von Jungunternehmen. Zudem promoviert sie im Bereich Entrepreneurship und Familienunternehmen an der Jönköping University, Schweden.

Dijana Vukicevic ist eine Absolventin des M. Sc. in Business Administration, Major in Business Development and Promotion an der Hochschule Luzern – Wirtschaft. Seit 2018 ist sie Business-Support-Managerin bei einer international tätigen Firma in Prag mit Schwerpunkt Rekrutierung. Sie ist interessiert am Themenfeld der internationalen Rekrutierung und der Leitung von Rekrutierungsprozessen in internationalen Organisationen. Gerne verfolgt sie neue Entwicklungen und Verbesserungen von Change-Management-Prozessen mit Schwerpunkt Human Resources und Rekrutierung. Sie hat umfassende Erfahrungen in diesem Geschäftsfeld in zahlreichen europäischen Ländern.

Sabrina Wyss ist wissenschaftliche Mitarbeiterin an der Hochschule Luzern – Soziale Arbeit. Sie studierte Gesellschafts- & Kommunikationswissenschaften (BA) und Soziologie (MA) an der Universität Luzern. Während des Studiums arbeitete sie als studentische Forschungsmitarbeiterin am Lehrstuhl für Soziologie (Schwerpunkt Organisation und Wissen). Danach war sie als wissenschaftliche Mitarbeiterin an der Hochschule Luzern – Wirtschaft tätig, wo sie in den Bereichen HR-, Führungs- und Innovationsmanagement forschte. Seit 2018 untersucht Sabrina Wyss im Rahmen ihrer Dissertation Suchtpräventionsstellen aus organisationssoziologischer Perspektive.

Teil I
Bearbeiten von Fallstudien

Fallstudien zu „Verhalten im Change Management" bearbeiten

Erik Nagel

Zusammenfassung

Viele Entscheidungsträger gehen heute immer noch davon aus, dass es bei der Bewältigung von organisationalen Veränderungen einen klaren und guten Plan braucht, der dann auch oder gerade gegen den Widerstand in der Organisation umgesetzt werden muss. Betrachtet man dann konkrete Wandelsituationen in Organisationen näher, wird schnell klar, dass diese zumeist ausgesprochen ungeordnet verlaufen. Sicherlich, der Plan des Managements vermittelt in gut gestalteten Situationen des Wandels eine klare Orientierung.

1.1 Ganz nah an der Praxis sein – ohne sich die Finger zu verbrennen

Viele Entscheidungsträger gehen heute immer noch davon aus, dass es bei der Bewältigung von organisationalen Veränderungen einen klaren und guten Plan braucht, der dann auch oder gerade gegen den Widerstand in der Organisation umgesetzt werden muss. Betrachtet man dann konkrete Wandelsituationen in Organisationen näher, wird schnell klar, dass diese zumeist ausgesprochen ungeordnet verlaufen. Sicherlich, der Plan des Managements vermittelt in gut gestalteten Situationen des Wandels eine klare Orientierung. Dennoch gehört es genauso zur Realität des Wandels, dass wir auf den unterschiedlichen Ebenen der Organisation einer Vielzahl von Akteuren begegnen, die verschiedene Meinungen, Deutungen und Wertungen zum Prozess haben. Konkrete

E. Nagel (✉)
Institut für Betriebs- und Regionalökonomie, Hochschule Luzern, Luzern, Schweiz
E-Mail: erik.nagel@hslu.ch

© Springer Fachmedien Wiesbaden GmbH, ein Teil von Springer Nature 2019
E. Nagel und I. Stolz (Hrsg.), *Organisationalen Wandel gestalten*,
https://doi.org/10.1007/978-3-658-27129-9_1

Fälle widerspiegeln das Durcheinander in Wandelprozessen und zeigen auf, dass der Plan des Managements ein Konstrukt ist und dem tatsächlichen Erleben der im Wandel involvierten Akteure nicht gerecht wird. Je länger man sich mit einem Fall befasst, umso deutlicher werden die einzelnen Facetten des Wandels, die unterschiedlichen Strömungen, und umso klarer wird die heimliche, verborgene Ordnung, die solchen Wandelprozessen zugrunde liegt. Der Wandelprozess verführt dann dazu, sich noch mehr mit den Details auseinanderzusetzen. Verloren geht der Blick für das Ganze, für die wesentlichen förderlichen und hemmenden Kräfte im Wandelprozess. Und genau dies passiert auch in der betrieblichen Alltagsrealität. Man versinkt im Alltagserleben und überblickt nicht mehr, was eigentlich vor sich geht.

Die Fallstudien versetzen den Leser und die Leserin genau in diese Situation, nur mit dem Unterschied, dass die Leserin und der Leser keine konkrete, gestaltende Rolle in der Organisation übernimmt. Er oder sie kann den Fall in Ruhe lesen und sich damit auseinandersetzen, um dann auch zunehmend besser zu erkennen, was im Fall eigentlich vor sich geht und wie man den Prozess anders, konstruktiver hätte gestalten können. Die Auseinandersetzung mit dem Verhalten und den Denkweisen der Akteure in konkreten Fällen des Change Management erlaubt es, ganz nahe an eine praktische Situation heranzurücken, ohne involviert zu sein und ohne sich – gegebenenfalls – die Finger zu verbrennen. Und sie erlaubt es, an einer praktischen Situation etwas über Change Management zu lernen und sich so auf praktische Situationen vorzubereiten.

Das setzt aber voraus, dass Fallstudien gut verständlich und kurzweilig geschrieben sind – im Prinzip wie eine gute Novelle. Die darin beschriebenen Ereignisse sollen den Leser/die Leserin fesseln, und idealerweise entsteht so etwas wie ein Lesezwang: Man will einfach wissen, wie es weiter- oder ausgeht. Aber – und das ist die Besonderheit der Fallstudie in der Betriebs- und Managementlehre – am Ende lösen sich die Dinge häufig nicht in Wohlgefallen und Harmonie auf, sondern es entsteht oder bleibt ein konkretes oder unterschwelliges Problem. Dann stellt sich häufig die Frage, was die Protagonisten nun tun können, wie sie sich verhalten sollen oder wie sie sich hätten verhalten können, um den entstandenen „Schlamassel" zu vermeiden.

1.2 Verhaltensorientierte Fallstudien zu Wandel

In diesem Buch finden sich verhaltensorientierte Fallstudien. Die folgenden Ausführungen dienen der Einordnung dieses Typus' in die fast 150-jährige Tradition der Arbeit an und mit Fallstudien.

1.2.1 Woher die Arbeit an Fallstudien kommt

Die Fallstudienmethode fand gemäss Garvin (2003) zum ersten Mal im Jahre 1870 an der Harvard Law School ihren Eingang in die Lehre. Ein junger Dozent war der

Auffassung, dass sich juristische Gesetzmässigkeiten besser anhand praktischer Gerichtssituationen und damit induktiv vermitteln liessen als durch ein Dozieren juristischer Prinzipien *ex cathedra*. Er setzte schon damals auf die „sokratische Methode", mit deren Hilfe der Stoff interaktiv zwischen „dem/r Lehrer/in" und „den Schülern" durch Fragen und Antworten erschlossen wird. Diese Art des Unterrichts ist in vielerlei Hinsicht anforderungsreich: Die Studierenden müssen Fragen stellen oder bereit sein, vorläufige und später zu revidierende Antworten auf Fragen des Lehrenden zu geben. Der/die Dozierende muss auf Fragen der Studierenden eingehen, diese überhaupt erst zulassen, selber offene Fragen stellen, die Antworten wertschätzend aufnehmen und sie genauso wieder in den fallbezogenen und theoretischen Kontext einbetten.

Im betriebswirtschaftlichen Kontext spielte die Harvard Business School eine Vorreiterrolle, sie entwickelte im Jahre 1920 die ersten Fallstudien und nutzte sie für den Unterricht. Der stellvertretende Dekan, ein Absolvent der Law School, setzte sich für die Einführung der Fallstudienmethode ein. Nachdem ein Professor überzeugt wurde, eine erste Sammlung von Fällen anzulegen, wurde diese durch zusätzliche Mittel des Dekans erweitert (vgl. Kaiser 1983). Die Fallstudienarbeit gilt heute als etablierte und moderne Form der Theorieableitung und Wissenserarbeitung und -vermittlung (vgl. Eisenhardt 1989); sie entspricht dem Prinzip des „Problem-based Learning". Im deutschsprachigen Raum wird sie dennoch eher verhalten eingesetzt.

1.2.2 Fallstudien in der Tradition des Organizational Behaviour

In einer Management-Fallstudie werden für einen spezifischen, abgegrenzten Zeitraum die Ereignisabfolgen im „Leben" einer Organisation oder einer Organisationseinheit dargestellt. Der genaue Gegenstand kann sehr unterschiedlich sein. Es kann beispielsweise darum gehen, einen angemessenen Marktpreis eines Produktes unter Berücksichtigung verschiedener Variablen zu ermitteln oder eine Internationalisierungsstrategie für ein Unternehmen zu entwerfen.

Die Fallstudien in diesem Buch knüpfen an die Tradition der „verhaltensorientierten Managementlehre" an. Die entsprechende Problemstellung – in diesem Fall der Wandel in und von Organisationen und die Gestaltung dieses Wandels – wird aus der Perspektive des „Organizational Behaviour" dargestellt und dabei das Verhalten von Menschen im Kontext der Organisation betrachtet. Wesentlich an dieser Perspektive ist, dass organisationales Verhalten als „Beziehungshandeln" verstanden wird. Es geht dabei um das Handeln und Denken von Individuen, Gruppen oder Netzwerken in Beziehung zu anderen Individuen, Gruppen oder Netzwerken. Organizational Behaviour bezieht somit alle Akteursgruppen einer Organisation ein und betrachtet nicht nur das Handeln der Arbeitnehmer (vgl. Martin 2017, S. 10). In diesem Buch finden sich Fälle, in denen diese Verhaltensweisen in Form einer Erzählung wiedergegeben werden. Wie diese Verhaltensweisen dann zu verstehen sind, ist Sache des Lesers und der Leserin. Sie können sich beispielsweise folgende Fragen stellen: Sind die Organisation als Ganzes, Abteilungen,

Teams, Führungskräfte oder die Mitarbeitenden auf den Wandel vorbereitet bzw. lassen sie sich darauf ein? Was tun sie und wie denken sie, wenn sich Veränderungen anzeigen und wenn sie spürbar werden? Wie und weshalb verhalten sie sich im Verlauf des Wandelprozesses genau so, wie sie sich verhalten? Was tun sie, wenn Veränderungen abgeschlossen sind und neue anstehen? Mit welcher Form von Sprache wird Wandel von ihnen eher vorbereitet oder eher verhindert?

1.3 Fallstudien bearbeiten – eine Anleitung

Die folgenden Ausführungen dienen dazu, ein vertieftes Verständnis von Fallstudien an sich und deren didaktischer Bedeutung zu vermitteln. Studierende und alle weiteren Interessenten finden hier eine Anleitung zur Bearbeitung von Fallstudien zum Thema organisationaler Wandel. Darin eingeflochten sind nicht nur praktische Hinweise, sondern auch grundsätzliche Überlegungen.

Effektiv „lernen", wie Fallstudien zu bearbeiten sind, lässt es sich so nur ansatzweise. Man muss es selber tun, sich selber in die Fallstudien „reinknien" und sie selbständig bearbeiten. Erst durch das wiederholte und durch den Dozenten/die Dozentin begleitete Bearbeiten von Fallstudien entsteht die nötige Übung, um anschliessend selbständig Fallstudien zu analysieren und sich zuletzt konkreten Wandelsituationen zuzuwenden, in die man selber involviert ist.

1.3.1 Nicht „richtig" oder „falsch" – aber auch nicht beliebig

Es wird hier ganz bewusst davon gesprochen, dass Fallstudien „bearbeitet" und nicht „gelöst" werden. Die Bearbeitung einer Fallstudie kann nicht damit verglichen werden, eine mathematische Gleichung in Anwendung formaler Regeln korrekt zu lösen, um zum schon vorher eindeutig feststehenden, richtigen Ergebnis zu gelangen.

Denn im Vordergrund der Fallstudien steht *nicht das richtige, alles auflösende Ergebnis,* also beispielsweise die Frage, wie das Vertrauen in eine Organisation wieder hergestellt werden kann. Vielmehr steht bei der Fallstudienbearbeitung in einem ersten Schritt im Vordergrund, den Fall überhaupt einmal genau zu verstehen und nachvollziehen zu können. Mögliche Lösungswege werden erst in einem zweiten Schritt entwickelt. Betriebswirtschaftliche Probleme können deshalb entstehen, weil die Ausgangslage unzureichend verstanden oder verkürzt wird und dann die Lösungen, sprich die Folgeentscheide und -verhaltensweisen, unerwartete Konsequenzen zeitigen. Das Lernziel in diesem Kontext ist also in erster Linie, ein umfassenderes Verständnis von Organisationen und von Wandel in und von Organisationen zu entwickeln. Es geht darum, genau zu verstehen, wie die organisationalen Akteure sich selbst, die anderen und ihre Umwelt wahrnehmen. Erst auf der Grundlage dieses erweiterten Blickfeldes können Stärken, blinde Flecken oder (dys-)funktionale Dynamiken erkundet werden. Von nachgelagerter

Bedeutung ist die konkrete Gestaltung von Lösungswegen (im Sinne von Vorgehensplänen oder der Gestaltung von Workshops), denn diese hängen vollständig vom umfassenden Verständnis der bisherigen Ereignisse und der aktuellen Situation ab. Die Gestaltung von Wandel und von Folgesituationen ergibt sich nicht aus einer schematischen Anwendung üblicher oder schon woanders erprobter Formate, sondern präsentiert sich als kreativer Akt, der sich aus den gut verstandenen vorherigen Wandelereignissen ergibt.

Doch was sind nun die Kriterien für die Qualität einer Fallstudienbearbeitung, wenn es nicht um richtig oder falsch geht? Rasch liesse sich die Kritik des „anything goes" formulieren, der grossen Beliebigkeit. Für die Wissenserarbeitung ist der Beliebigkeit entgegenzuhalten, dass es um die Genauigkeit in der Erfassung der Situation und die Nachvollziehbarkeit der vorgenommenen Interpretation geht. Auch hier zeigt sich die Kompetenz, im konkreten empirischen Befund ein abstrakteres, generelles Phänomen zu erkennen. Oder anders formuliert, im Konkreten (dem Fall) ist das Allgemeine (das Theoretische) zu „erkennen". Und genau dieser Vorgang ist nicht beliebig. Es passt nicht alles. Der Vorgang der Interpretation, also das deutende Verstehen, das aus der reflektierten Auseinandersetzung mit der praktischen Episode entsteht, wird im folgenden Text noch weiter ausgeführt.

1.3.2 Den Fall erfassen und verstehen

Der Fall ist das empirische Material. Dieses empirische Material muss man sich in einem ersten Schritt gut aneignen, und das bedeutet schlichtweg, den Fall „intensiv zu lesen". Die dann effektiv anspruchsvolle Aufgabe ist es, die Ebene der Erzählung, der konkreten Ereignisse und der Meinungen, Haltungen und Emotionen der Akteure zu verlassen und sich die Frage zu stellen, was denn nun „dahintersteckt". Um dies zu erreichen, sollte der Fall – wie im Folgenden beschrieben – schrittweise bearbeitet werden. Die Bearbeitungsschritte sollten eingehalten werden, um den Fall möglichst umfassend begreifen und verstehen zu können.

1.3.2.1 Den Fall in seiner ganzen Vielschichtigkeit erfassen

Bei Fallstudien zu organisationalem Wandel ist man konfrontiert mit vielen Akteuren, Akteursgruppen und den Beziehungen zwischen ihnen, aber auch mit strukturellen, technischen, strategischen oder operativen Aspekten des Organisationsalltags. Es kommt vieles zusammen, und man läuft Gefahr, vor lauter Bäumen den Wald nicht mehr zu sehen. Zuerst geht es – um im Bild zu bleiben – darum, die „Bäume" einmal genau zur Kenntnis zu nehmen, um dann zu erkennen, in welchem Wald man sich eigentlich befindet. Der Leser/die Leserin kann die komplexen Fälle erst dann in ihrer Vielfältigkeit erfassen, wenn sie langsam und genau gelesen werden und er/sie ein echtes Interesse am Detail hat, ohne das zu rasche Gefühl, sowieso schon zu wissen, „wo der Hase langläuft". Denn es kann durchaus sein, dass Dinge, die auf den ersten Blick wichtig erscheinen, dann bei der weiteren Bearbeitung gar nicht (mehr) so wichtig sind, sondern eben ein ganz anderes Detail, über das man beim flüchtigen Lesen eines Falls hinweggeschaut hat.

Wenn hier von „erfassen" die Rede ist, dann geht es darum, sich den Fall selber oder in einer Gruppe untereinander nach- oder wiederzuerzählen. In diesem Prozess lohnt es sich, die kleineren und grösseren Ereignisse einer Geschichte auf einem Blatt Papier oder einem Flipchart zu visualisieren. Zudem ist es hilfreich, die Namen und Funktionen aller Akteure aufzuschreiben und sie in einem Organigramm oder Soziogramm in ein Verhältnis zueinander zu setzen (vgl. Kaudela-Baum et al. 2018, S. 23). Indem dem Leser/der Leserin die Akteure vertraut werden, wird auch der Fall vertrauter. Es geht darum, den Fall ganz nahe „heranzuholen", sprich ihn sowohl mit all seinen Details und Verästelungen als auch als Ganzes vor Augen zu haben. Die nachfolgenden Fragen bieten dazu eine Hilfestellung. Sie sind nicht abschliessend, sondern dienen vielmehr dazu, die Fallbearbeiter/innen zum gemeinsamen und präzisen Wiederzählen zu animieren:

Organisation

- Wie beginnt der Fall? Was wird über die Organisation gesagt? Wie wird sie von extern (z. B. Kunden) und intern (z. B. Mitarbeitenden) beschrieben? Passen diese Beschreibungen zusammen oder weichen sie voneinander ab?
- Wie steht es um die Organisation?
- Welche Informationen enthält der Fall über die Struktur, Strategie, Technologien, Abläufe usw. der Organisation?

Akteure

- Wer sind die Akteure? Was sind markante, auffällige Aussagen dieser Akteure? Was sagen sie über einander?
- Wie verhalten sich die Akteure oder Akteursgruppen in Bezug auf den Wandel?

Ereignisse und Wandel

- Was sind „markante", „wesentliche" Ereignisse im Verlauf des Falls? Was genau ist an den Ereignissen „markant" und „wesentlich"? Wie können die Ereignisse in einer Chronologie dargestellt werden?
- Gibt es Anzeichen von extern induzierten Veränderungen? Werden diese wahrgenommen? Welche Haltung haben die Organisationsmitglieder zu diesen Veränderungsanzeichen?

Gesamtschau

- Wie lässt sich der Fall gesamthaft wiedergeben, wiedererzählen?

1.3.2.2 Erste vorsichtige Hypothesen bilden – und beiseitelegen

Bei der Fallbearbeitung entsteht häufig das Bedürfnis, den Fall rasch zu „knacken". Es ist durchaus dienlich, intuitive und aufgrund der Nacherzählung entstehende erste

Hypothesen zum Fall zuzulassen. Hypothesen sind in diesem Kontext zu verstehen als „Erklärungen" für den Verlauf eines Veränderungsprozesses oder für den Zustand einer Organisation, die es (nicht) geschafft hat, sich zu entwickeln.

Die Leitfrage für die ersten Hypothesen ist die folgende: Was ist „meine Erklärung" oder was sind „meine Erklärungen" dafür, dass der Fall sich so entwickelt hat? Die Erklärungen sollten niedergeschrieben, in der Gruppe kurz ausgetauscht (soweit der Fall in der Gruppe diskutiert wird) und dann – ganz wichtig – „auf die Seite gelegt" werden. Es ist wissenschaftlich gut erforscht, dass sich Menschen mehr oder weniger unbewusst rasch ein Urteil über Situationen bilden (vgl. Kahneman 2011). Diese Fähigkeit hilft in vielen Alltagssituationen. Bei der Bearbeitung einer Fallstudie hingegen kann dies bedeuten, dass man einer ersten, eher unbegründeten, oberflächlichen Deutung verhaftet bleibt und sie dann beständig versucht zu bestätigen oder zu verteidigen. Kahneman (2011, S. 113) spricht hier von „Urteilssprüngen" oder „vorschnellen Schlüssen". Wenn man diesen aufsitzt, „gräbt" man nicht tiefer, bleibt nicht neugierig und entdeckt so häufig neue Facetten nicht. Genau aus diesem Grund sollten die ersten Erklärungen oder Hypothesen auf die Seite gelegt und nicht nach deren Bestätigung gesucht werden, so nach dem Motto: „Siehst du, ich hatte doch recht." Es hilft vielmehr, immer wieder nach neuen Indizien, Hinweisen und anderen Erklärungen zu suchen.

1.3.2.3 Den Fall peu à peu genauer verstehen

Der hermeneutische Zirkel
Bei diesem Schritt geht es um das Verstehen oder – wie oben schon alltagssprachlich formuliert – das „Dahinterschauen". Dieser Deutungsprozess einer Fallstudie ist dasselbe, was in der qualitativen, interpretativen Forschung praktiziert wird, mit einem sicherlich wesentlichen Unterschied: Das empirische Material wird nicht in einem eigens abgesicherten Verfahren erhoben, sondern es liegt schon vor. Der Verstehens- oder Interpretationsprozess ereignet sich in einer Form, welche in dieser Forschungstradition als *hermeneutischer Zirkel* bezeichnet wird. Die Fähigkeit zur Deutung bedingt ein bestimmtes Vorverständnis. In einem iterativen Prozess erfolgt nicht die erwünschte oder geahnte „Erhärtung" der „starken Hypothese", sondern das Vorverständnis wird durch beständige Text(re)interpretation erweitert und korrigiert, sodass ein verbessertes Verständnis des fortlaufenden Textes erfolgen kann (Zirkel I). Dieser erste Zirkel wird ergänzt durch einen Zirkel II, auch bezeichnet als hermeneutische Spirale, bei der es sich „um eine wiederkehrende, kreisförmig verlaufende Bewegung, eben eine Zirkelbewegung [handelt], bei der die Einzelelemente nur aus dem Gesamtzusammenhang verständlich sind und sich das Ganze wiederum nur aus den Teilen ergibt" (Lamnek 1995, S. 74, vgl. Nagel 2001, S. 105 f.). Der britische Soziologe Anthony Giddens (1984, S. 68) illustriert dies anhand eines anschaulichen Beispiels:

Das Lesen eines Romans z. B. schliesst das Verstehen jedes einzelnen Kapitels ein, so dass man fortschreitend zu einem vollständigen Verständnis der Gesamthandlung des Buches kommt; das Verständnis der Gesamtform des Romans wird andererseits durch das Begreifen einzelner Teile vertieft, und dieses reichere Gesamtverständnis wiederum verhilft zu einer vollständigen Würdigung einzelner Geschehnisse, die im Laufe des Werkes beschrieben werden.

Der Fall erschliesst sich also nicht „auf einen Schlag", sondern in einem langsam voranschreitenden, nicht linearen, Geduld abverlangenden Verstehensprozess.
Hierzu Nagel (2001, S. 6):

Dabei werden Bedeutungen nicht in additiver Weise geklärt, die dann als einzelne Bedeutungsmodule zu einem Ganzen zusammengefügt werden. Vielmehr erschliesst sich der Sinngehalt eines Wortes oder einer Aussage, die in ihrer Art mehrdeutig sind, durch den Rückbezug auf den zeitlichen und örtlichen Kontext, in dem das Wort ausgesprochen oder die Aussage gemacht wurde.

Ergänzend formuliert Lamnek (1995, S. 78):

Dies bedeutet auch, dass zunächst unverständlich Bleibendes zurückgestellt werden kann, bis man nach einem weiteren Fortschreiten des Verstehensprozesses sich erneut an seine Aufhellung wagt.

Fallen bei der Fallbearbeitung und Techniken zu ihrer Vermeidung
Damit ist der Prozess klarer, wie man zur Interpretation gelangt. Allerdings ist noch nicht klar, was eine angemessene, stimmige oder nachvollziehbare Interpretation ist und wie der geforderte „Theoriebezug" hergestellt werden kann. Hier möchten wir auf sieben wesentliche, in der Regel ganz subtil ablaufende Dynamiken hinweisen, die sich in Interpretationsprozessen immer wieder ereignen können und die es zu vermeiden gilt:

- *Rasch Sicherheit haben wollen, anstatt Geduld aufzubringen:* Den Menschen zeichnet das Bedürfnis, aber auch die Fähigkeit aus, Vorgänge, Ereignisse verstehen oder einordnen zu wollen, um ihnen einen Sinn zuzuweisen („Ach so, das war der Grund", „Nun ist ja alles klar", „Hätte ich das schon früher verstanden"). Der Verstehensprozess bei einer Fallstudie ist insofern ungewöhnlich, als es sich um anspruchsvolle Situationen handelt. Zu Beginn der Fallstudie weiss der/die Fallstudienbearbeiter/in nicht, wohin die Reise geht; beim Lesen der Fallstudie ist man noch keinen Schritt weiter, weil es erst einmal darum geht, die Ereignisse, Akteure oder Strukturen kennenzulernen, und schliesslich müssen mit dem „umfassenden Erfassen" der Fallstudie überhaupt die Voraussetzungen für eine vertiefte Interpretation des Falles geschaffen werden. Die „Gefahr" besteht darin, dass man diese lange Durststrecke, die Unsicherheit, ob man zu einem vernünftigen Resultat gelangt, abzukürzen versucht und sich an den eigenen Hypothesen oder an fertigen Konzepten orientiert und diese bestätigt sehen möchte (siehe auch Abschn. 1.3.2.2).

- *Alltagstheorien nutzen, statt zu interpretieren:* Es gibt viele beliebte und damit auch weit verbreitete Alltagstheorien, die allerdings in keinerlei Hinsicht einer wissenschaftlichen Überprüfung standhalten: „Dreissig Prozent der Leute sind immer dagegen", „Menschen haben Angst vor Veränderungen", „Ohne Druck passieren sowieso keine Veränderungen". Das Angenehme an diesen Alltagstheorien ist, dass sie in der Regel auf wenig Widerspruch stossen, weil sie beliebt sind – sie haben daher einen Wiedererkennungs-Bonus. Und weil sie so selbstverständlich sind, müssen sie auch gar nicht anhand von Beispielen belegt und begründet werden. Aber damit sind es stereotype Aussagen ohne konkreten Bezug zum Vorgefallenen. Sie sind dann auch keine validen Erklärungen von organisationalem oder individuellem Verhalten (vgl. auch Nagel 2015).
- *Am Text vorbeiinterpretieren, anstatt Interpretationen am Text zu belegen:* Der Interpretationsprozess ist auch deswegen so anspruchsvoll, weil eine genaue Auseinandersetzung mit dem Text nötig ist. Interpretationen (wie z. B. „unproduktive Machtspiele" oder „direktiver Wandel") müssen am Text, d. h. an Aussagen der Akteure oder an Ereignissen konkret festgemacht werden. Es ist beispielsweise aufzuzeigen, worin man das Machtspiel erkennt und weshalb es unproduktiv ist. Zu vermeiden ist es, ohne Rückführung auf den Text zu Interpretationen zu gelangen, denn dann handelt es sich nicht um Interpretationen, sondern um Behauptungen.
- *Von sich ausgehen anstatt von den Akteuren:* Streng genommen geht es bei der Fallbearbeitung nicht um die eigene Sicht auf eine Organisation oder deren Problemstellungen. Es geht einzig und allein darum, die Geschehnisse aus der Sicht der Akteure heraus zu betrachten. Diese konstruktivistische Sicht (Berger und Luckmann 1993) fordert sehr konsequent, die Perspektive der Akteure und die Innensicht der Organisation ernst zu nehmen und sich mit eigenen, persönlichen Überzeugungen zurückzunehmen.
- *Die Aufgabe effizient erledigen wollen, anstatt mit Neugierde am Fall zu arbeiten:* Die Arbeit am Fall erfolgt in der Regel in Gruppen. Die Gruppen sind dann aufgefordert, den Text gemeinsam zu erfassen, zu interpretieren und zu Schlussfolgerungen zu gelangen. Es ist immer wieder zu beobachten, dass Gruppen sehr rasch fertig sind und die Aufgabe „erledigt" haben; teilweise nutzen Studierende oder Seminarteilnehmende dann die Zeit, um „dringendere" Aufgaben im Zusammenhang mit dem Studium oder ihrer Tätigkeit in einem Unternehmen zu erledigen. Wird den Gruppenmitgliedern dann vom Dozierenden oder Referenten im Vorbeigehen eine Frage zum Fall gestellt, erkennen sie zumeist, was sie noch nicht erfasst und interpretiert haben. Hier hilft der Ansatz, in den (oben beschriebenen) hermeneutischen Zirkel einzusteigen, miteinander zu diskutieren und es genau(er) wissen und verstehen zu wollen. Nur auf diese Weise können Studierende oder Seminarteilnehmende ihre Interpretationsfähigkeit weiterentwickeln.
- *Recht haben wollen, anstatt gute Argumente gelten zu lassen:* Diskussionen in Gruppen zeichnen sich durch verschiedene Dynamiken aus. Wesentlich für einen Verstehensprozess in der Gruppe ist es, das in der Gruppe verteilte Wissen für die

Fallbearbeitung zu nutzen. Es ist hilfreich und aufschlussreich zu erkennen, was „die anderen" am Fall „erfasst" haben, und es ist für die Validität der Interpretation wichtig, die eigenen Interpretationen den Interpretationen anderer gegenüberzustellen und gemeinsam nach Belegen für deren Gültigkeit zu suchen. Die Qualität der kommunikativen Validierung gründet auf der Qualität des Dialogs.
- *Beurteilen anstatt zu beschreiben/zu interpretieren:* Bei der Fallbearbeitung geht es nicht darum, die einzelnen Akteure zu beurteilen („haben sie gut gemacht" oder „haben sie schlecht gemacht"). Es geht – ganz im Gegenteil – darum, besser zu verstehen, weshalb sie so gehandelt haben, wie sie gehandelt haben, und welche (dys-) funktionalen Effekte daraus entstehen. Die Fallbearbeiter/innen beschreiben lediglich, was vorgefallen ist, und versuchen dann zu verstehen, weshalb es vorgefallen ist. Interpretation heisst, zu einem umfassenden Verständnis des Falls aus einer Art „Helikopter-Sicht" zu gelangen, die es erlaubt, „anderes" zu erkennen, eben weil man auch „anders" (genauer, mit Geduld, mit Distanz, ohne konkrete Funktionswahrnehmung im Unternehmen, ohne unmittelbaren Entscheidungszwang, Theorien anwendend usw.) auf eine Alltagssituation blickt.

1.3.2.4 Theorie und Empirie – wie man die beiden zusammenbekommt

Im Verlauf eines Unterrichts, Seminars oder einer Vorlesung setzen sich die Teilnehmenden mit verschiedenen Konzepten und Theorien zum Wandel auseinander. Diese sukzessive und sich intensivierende Auseinandersetzung mit theoretischen Perspektiven erlaubt es, das Verständnis zum Thema Wandel auf- und auszubauen. Das bedeutet, die Teilnehmenden entwickeln fortlaufend Wissen, das sie für das Verständnis von Fallstudien zum Thema Wandel in und von Organisationen nutzen können. Die Gretchenfrage ist nun, wie das „Nutzen von Theorie" genau vonstattengehen kann. So viel vorab: Eine eindeutige Antwort darauf gibt es nicht. Sicher ist aber, wie es nicht geht: Der Interpretationsprozess ist kein technischer, planbarer Vorgang. Das heisst, es können nicht einfach Konzepte (z. B. Phasenmodelle) herangezogen und eins zu eins auf den Fall angewandt werden. Die daraus abgeleiteten Schlussfolgerungen (wie z. B. „Es wurde nicht ausreichend kommuniziert") orientieren sich an einer Norm (vereinfacht gesagt: „Rechtzeitige Kommunikation ist wichtig"). Das Interpretieren ist aber kein „Prüfverfahren" nach dem Motto: „Hier liegt ein Fall von ausreichender/unzureichender Kommunikation vor", sondern – wie oben ausgeführt – ein „Verstehensprozess". Die folgende Analyse ist unzureichend: „Die hier angewandte Art der Kommunikation hat zu Problemen geführt." Es müsste vielmehr zuerst verstanden werden, ob etwas überhaupt „ein Problem" ist, und wenn ja, für wen. Zudem müsste viel stärker der Zusammenhang aufgezeigt werden, aufgrund welcher Denk- und Handlungsmuster die entsprechende Kommunikationsform und die Kommunikationsinhalte gewählt wurden und wie sich diese dann in der Organisation (oder auch gegenüber externen Anspruchsgruppen) ausgewirkt haben.

In der Publikation von Holzer und Nagel (2012, S. 23 f.) wird das Wechselspiel zwischen Theorie und Praxis (oder Empirie in Form einer Fallstudie) wie folgt diskutiert:

- *Ordnen, Verstehen und Erklären von Praxis:* Die Praxis ist komplex, vielschichtig und schwer durchdringbar. Je nach theoretischem Zugang, praktischer Erfahrung und persönlicher Überzeugung wird auch ihre Steuerbarkeit infrage gestellt. Ereignisse, Beobachtungen und Vorgänge zu sortieren und in Begriffe zu fassen ist ein Grundbedürfnis des Menschen. Kennt ein kleines Kind bisher nur Zweibeiner oder Vierbeiner und steht nun vor dem Aquarium, kann es sich bei Fischen schlichtweg keinen Reim darauf machen. Konzepte, Modelle und Theorien helfen, die Ereignisse und Phänomene in der Organisation und in einem Wandelprozess besser zu erkennen, zu benennen, zu verstehen und gegebenenfalls eine Erklärung dafür zu finden.
- *Reflektieren von Praxis:* Das Nachdenken über die Praxis bedingt zum einen eine genaue Beobachtung und ein genaues Nachvollziehen derselben. Zum anderen setzt es aber ebenso das differenzierte Denken in unterschiedlichen Herangehensweisen und Argumentationsformen voraus. Insbesondere Theorien, aber auch einzelne Konzepte und Modelle oder auch nur einzelne theoretische Begriffe erlauben es, die Praxis aus einer anderen Perspektive zu betrachten und die bestehenden Handlungsoptionen zu durchleuchten und gegebenenfalls zu erweitern. Reflexion bedeutet, dem „weitgehend Impliziten, Selbstverständlichen und deshalb Unsichtbaren an die Oberfläche zu verhelfen und damit dem gedanklichen Zugriff durch die Beteiligten zugänglich zu machen. Diese Reflexionsangebote beinhalten unweigerlich Deutungsangebote, welche [die Akteure] als valide, relevante und wertvolle Einsicht nutzen oder aber auch als nicht valide ablehnen können" (Nagel 2001, S. 199). Reflexion dient dazu, „die Differenzen und Divergenzen der Sichtweisen und Weltsichten produktiv zu nutzen, um mehr über sich selbst, die eigenen Schwächen und Stärken zu erfahren (…), um so mit Möglichkeiten (möglichen Welten, möglichen Identitäten, möglichen Strategien) zu spielen" (Willke 1994, S. 205). Wenn beispielsweise ein Teammitglied bei der Besprechung ein Ereignis in einem Wandelprozess völlig anders – weniger dramatisch oder deutlich dramatischer – als ein anderes Teammitglied empfindet, verweist dies sicher nicht darauf, dass die eine Person einfach sensibler oder die andere einfach dickhäutiger ist. Unterschiedliche Reaktionen zeigen eher auf, welche „wunden Punkte" nicht oder zu wenig beachtet wurden oder welche Aspekte in Zukunft noch besser berücksichtigt werden müssten. Zudem sollte sich der oder die Interpretierende nicht „auf eine Seite schlagen", sich nicht mit der Sichtweise einer Person (aufgrund von Sympathie oder der Position oder Funktion) solidarisieren, sondern zu verstehen versuchen, was die unterschiedlichen Wahrnehmungen über die Gestaltung des Wandelprozesses aussagen. Beim Reflektieren treten auch Dinge zutage, die man vielleicht nicht so gerne hört oder die man nicht infrage gestellt haben will. Im Organisations- und Managementalltag kommt dies einem selbst oder dem/n Vorgesetzten aus diversen, wie z. B. taktischen, Gründen nicht unbedingt gelegen. Aber auch, wenn es unangenehm ist: Ein umfassenderer Blick auf die Organisation und die Problemstellungen befördert ganz grundsätzlich kompetentere Entscheidungen – auch oder gerade dann, wenn Aussagen von Mitarbeitenden auf den

ersten Blick unpassend erscheinen oder neu gewonnene persönliche Einsichten einem die Sicherheit nehmen, es richtig gemacht zu haben.

Bei der Interpretation eines Managementfalls geht es darum, die darin vorkommenden Verhaltensweisen und Ereignisse dem passenden theoretischen Begriff zuzuordnen. Hierzu drei Beispiele für „mögliche Interpretationen", welche dann im Kontext des gesamten Falls zu überprüfen sind, um vorschnelle Kategorisierung zu vermeiden:

- Ein Mitarbeiter entschliesst sich, seinen direkten Vorgesetzten zu umgehen und ein Traktandum für die Geschäftsleitung über den Vorgesetzten einer anderen Abteilung einzugeben, weil er vermutet, beim eigenen Vorgesetzten keine Unterstützung für sein Anliegen zu erhalten.
 Mögliche Interpretation: Machtspiel, Taktik
- Die Teammitglieder bringen zum Ausdruck, dass ihnen die Ziele nicht klar sind und sie nicht verstehen, was mit dem Projekt eigentlich erreicht werden soll.
 Mögliche Interpretation: Sensemaking, fehlende Orientierung
- Es gibt diverse Gerüchte im Unternehmen, die sich widersprechen. Aus der einen Richtung heisst es, dass ein totaler Strategiewechsel anstehe und eventuell Bereiche abgebaut oder ausgelagert würden. Aus der anderen Richtung heisst es, es sei mit einem weiteren, wenn auch verhaltenen Wachstum zu rechnen. Und der CEO scheint sich vor einer konkreten Aussage zu drücken. So sprechen in der Kaffeepause zwei Mitarbeitende miteinander. Der eine fragt: „Hast du deinen Urlaub schon geplant?" Der andere sagt: „Nein, sicher nicht. Was weiss ich, ob ich morgen schon auf der Strasse stehe."
 Mögliche Interpretation: Unsicherheit, unklare Orientierung, negative Emotionen (Furcht)

Auf diese Weise werden einzelne ähnliche Ereignisse demselben Begriff und damit einer gemeinsamen Kategorie zugewiesen. Dies spricht nun deutlich für eine enge und klare Kopplung von Theorie und Empirie. Doch dies genügt noch nicht. Es geht im Weiteren darum, diese einzelnen Deutungsvorgänge in den Gesamtzusammenhang der Dynamik der beschriebenen Fallsituation zu stellen. Dies könnte beispielsweise wie folgt klingen:

> Die Unsicherheit in der Abteilung entsteht, da diese bislang noch nicht mit Veränderungen konfrontiert war und daher keine Übung darin hat (fehlende Wandelkompetenz). Die Geschäftsleitung wird seitens der Mitarbeitenden nicht als Einheit wahrgenommen, die eine verständliche und klare Orientierung zu vermitteln vermag. Es ist ein offenes Geheimnis, dass jedes Mitglied in der Geschäftsleitung eigene Interessen verfolgt und diese über taktische Winkelzüge durchzusetzen versucht. Dies erklärt, weshalb der angestrebte Wandel im Sande verlaufen ist.

Auf diese Weise gelingt es, die hintergründige, implizite „Ordnung" des Ereignisverlaufs sichtbar zu machen oder in anderen Worten zu formulieren und sich somit von der reinen

Nacherzählung zu lösen und eine Meta-Sicht auf den Fall einzunehmen. Wenn dies gelingt, dann findet eine „Interpretation" des Falls statt, und damit wird der Fall reflektiert. Und um sicherzugehen, dass man nahe am Text interpretiert, sollten immer wieder konkrete Zitate als Belege angeführt werden.

Geklärt ist nun, wie eine Interpretation erfolgen kann. Aber es ist noch nicht dargestellt, weshalb eine theoretisch-konzeptionell fundierte Interpretation überhaupt nötig ist. Sie ist nötig, da sonst die Gefahr besteht, dass Organisationen „keine neuen, überraschenden Bezugspunkte" finden oder drängende Probleme schlichtweg übersehen werden. Organisationen lösen dann die anstehenden Probleme nur entlang eingeschliffener und vorgefertigter Muster und verlieren so ihre Innovationskraft.

> Es braucht somit die Denkfähigkeit (intellektuell-analytisches Wissen), aber auch das Vermögen, überhaupt eine implizite Auffälligkeit zu erkennen und etwas zu vermitteln, was auf Verständnis und Akzeptanz stösst (kommunikativ-soziales Wissen), um die Organisationen zukunftgerichtet auszugestalten. Beide Wissenstypologien (intellektuell-analytisch und kommunikativ-sozial) werden durch den Umgang mit (anspruchsvollen) Theorien und (anspruchsvollen) Konzepten und Modellen geschult und weiterentwickelt. Und beide Wissenstypologien sind notwendig, um die heutzutage immer typischer werdenden nicht-standardisierten Problemstellungen zu bewältigen. (Holzer und Nagel 2012, S. 25)

Bei genauerer Betrachtung von Theorien, Konzepten und Modellen wird deutlich, dass diese zumeist unterschiedliche Aspekte beleuchten und im Widerspruch zueinander stehen können. Das heisst, die Entscheidung für eine bestimmte Theorie, ein bestimmtes Konzept oder ein Modell bestimmt dann auch, was mehr, was weniger und was gar nicht sichtbar wird. Die Auswahl von Theorien, Konzepten oder Modellen kann folgendermassen erfolgen (vgl. Holzer und Nagel 2012, S. 25 f.):

- pragmatisch: „Ich wähle dieses Konzept, weil es zur Fragestellung am besten oder am ehesten passt."
- programmatisch: „Ich betrachte betriebliche Phänomene grundsätzlich aus dieser theoretischen Perspektive."

Eine pragmatische oder programmatische Auswahl gibt immer auch Auskunft über die eingenommene Perspektive. Eine programmatische Entscheidung für die ökonomische Rationalität schliesst ein Erkennen der politischen, sozialen oder der ethischen Rationalität aus.

Durch die Fallstudienarbeit kann der „Helikopter-Blick" eingeübt werden, sodass dieser Meta-Blick im Organisationsalltag auch angewendet werden kann. Studierende oder Seminarteilnehmende eignen sich diesen Blick durch wiederholte Anwendung an. Dieser Prozess ist nicht gleichzusetzen mit der Aneignung lexikalischen Wissens, und der Lernprozess lässt sich auch nur schwer dokumentieren. Damit ist auch die Unsicherheit verbunden, ob man es nun „kann" oder „besser kann" als vorher. Diese Unsicherheit kann einem leider nicht genommen werden – die Sicherheit kann nur wachsen, indem man sie (die Fallbearbeitung) selber wieder und wieder, mit Genauigkeit, Geduld und Neugierde vornimmt.

1.3.2.5 Leitfragen für die Theorieanwendung

Dennoch stellt sich die ganz praktische Frage weiterhin, wie man eine Theorie bzw. ein Konzept auf ein Ereignis anwenden kann. Wie gesagt, abschliessende Antworten gibt es hier nicht. Aber hilfreich ist sicherlich, aus den Theorien heraus einfache Fragen zu generieren, die dann an den Fall gestellt werden können. Dies soll hier am Beispiel der Machttheorien illustriert werden:

- Wie lassen sich die Machtbeziehungen (Nienhüser 2003) zwischen Akteuren, Akteursgruppen, Managementebenen charakterisieren und bezeichnen?
- Wie wirken sich diese Machtbeziehungen auf den Wandelverlauf aus?
- Lassen sich bestimmte Machtmechanismen (Steuerung der Konversation, Impression Management, Taktiken; vgl. Huczynski 2004; Rosenfeld et al. 1995; Kipnis et al. 1984) konkret beobachten, und wie wirken sie sich auf den Fall aus?
- Lässt sich damit sagen, dass Macht und Mikropolitik (Neuberger 1995) eine relevante Dimension darstellen, um diesen konkreten Fall zu verstehen und zu interpretieren?

Es bietet sich also an, bei der Auseinandersetzung mit Theorien oder Konzepten des Wandels solche Fragen abzuleiten, um so ein Arbeitsinstrument für die Fallbearbeitung selbständig zu entwickeln. Die Fragen sind nicht nur ein gutes gedankliches Instrument, sondern auch eine gute Form der Aufbereitung von Wissen zum Thema.

1.3.3 Probleme benennen, Gestaltungsempfehlungen entwickeln, Folgen diskutieren

Im Anschluss an die Interpretation lässt sich ganz einfach die Frage stellen, was nun die (eigentlichen) Management- und Führungsprobleme in Bezug auf den Wandel sind. Ob hier von „Problem" oder „Herausforderung" die Rede ist, hat keine analytische, sondern eher symbolische Bedeutung, denn Führungskräfte verstehen sich lieber als jene, die „keine Probleme, sondern nur Herausforderungen sehen". Das Wort „Problem" ist gedanklich mehr mit Vergangenheit und Gegenwart konnotiert, und auch mit einer Schwierigkeit – und wer will schon Schwierigkeiten haben oder machen? Das Wort „Herausforderung" klingt mehr zukunftsgerichtet und wird verbunden mit einem hohen Anspruch an sich selber und viel Courage, sich diesen Herausforderungen zu stellen.

Wir reden hier trotzdem von einem „Problem" oder von „Problemen", weil Wandelsituationen anspruchsvoll sind und sich nur lösen lassen, wenn ausreichend und vertieft die Wandelgeschichte und die Geschichte der Organisation verstanden wird. Dass erst jetzt von „dem Problem" oder „den Problemen" im Fall die Rede ist, verweist darauf, dass diese zumeist nicht explizit im Fall bezeichnet werden, sondern hintergründig sind und ihre Bezeichnung als ein Ergebnis des Interpretationsprozesses verstanden werden sollte. Ein Problem kann beispielsweise sein, dass eine Unternehmung sich zu sehr mit sich selber beschäftigt und deswegen schlichtweg die Marktsignale „verschlafen" hat (Binnenorientierung). Die Bezeichnung des Problems ist schliesslich ein wesentlicher Schritt, um dann zu den Handlungsempfehlungen und -optionen zu gelangen.

Nachdem die Fallsituation aufgearbeitet, interpretiert und das Problem oder die Probleme benannt sind, sind die folgenden Überlegungen anzustellen:

- Was (Kommunikationsinhalt) könnte
- von wem (einzelne Akteure, Akteursgruppen, die Organisation als Ganzes) und
- wie (Workshop, Briefing an einzelne Personen etc.) „gemacht" werden?

Es ist auch denkbar, dass mit denselben Fragen diskutiert wird, was im Verlauf des Falls hätte anders gemacht werden können.

Es gibt keine Gestaltungsempfehlungen, die an sich immer geeignet wären. Die Methoden Grossgruppenmoderation oder Workshop mit der Geschäftsleitung mögen passen oder nicht, oder es mag angemessener und plausibler sein, beispielsweise zuerst ein bilaterales Gespräch zwischen drei Akteuren zu führen. Zudem ist das Verhalten von Organisationen und ihren Mitgliedern nicht berechenbar oder vorhersehbar. Das heisst, der „Erfolg" einer Intervention lässt sich nur vermuten, aber nie mit Garantie prognostizieren.

Aus diesem Grund sollten ...

- die Gestaltungsempfehlungen immer aus der Interpretation und der/den Problemstellung/en heraus begründet werden,
- Alternativen aufgezeigt werden, wo und wie die Gestaltung ansetzen könnte, und
- die (erwünschten und unerwünschten) Effekte ermittelt werden, welche sich daraus ergeben oder ergeben können.

Die Steigerung der Handlungskompetenz setzt ein „umfassendes Erfassen" und ein „Verstehen des Falls auf der Meta-Ebene" voraus. Aber Handlungskompetenz bedingt auch die (kreative) Fähigkeit, auf passende, d. h. anschlussfähige Ideen zu kommen – oder noch einfacher gesagt: Handlungen und Interventionsformen zu erfinden. Das Denken in Alternativen macht deutlich, dass „Sachzwänge" nur vermeintliche Sachzwänge sind und ihre drängende Bedeutung verlieren können; es erlaubt dem oder der Einzelnen aber auch, das eigene Handlungsrepertoire kreativ zu erweitern und zu der Erkenntnis zu kommen, dass der Wandel von und in Organisationen immer gestaltbar bleibt.

1.4 Die Fallbearbeitung, die in Wahrheit gar nicht sequenziell verläuft

In dem Buch von Kaudela-Baum et al. (2018, S. 30 f.) mit Führungs-Fallstudien wird am Ende der systematischen und durchaus auch linearen Darstellung der Fallbearbeitung argumentiert, dass diese in der Praxis nicht streng linear verlaufe. Wichtig bleibe aber, dass man sich der unterschiedlichen Phasen bewusst ist und nicht einfach direkt oder gar ausschliesslich Handlungsempfehlungen diskutiert – so nach dem Motto: „Das ist ja alles ziemlich offensichtlich, das hätte man ja ganz anders machen müssen." Hierauf verweist auch Heideloff (1998, S. 107 ff.) in Bezug auf das iterative Herausarbeiten eines Innovationsmodells aus Fallstudien bis hin zu Handlungsvorschlägen.

Die fundierte Fallbearbeitung lässt sich weder einfach noch rasch mit Intuition erledigen. Dennoch, was heisst es, wenn die Fallbearbeitung nicht strikt nach der dargestellten Reihenfolge zu bearbeiten ist? Diese Frage lässt sich wie folgt beantworten: Einerseits ist es nötig, den Fall zuerst à fond zu verstehen und ihn dann zu interpretieren, um schliesslich daraus Handlungsalternativen zu entwickeln. Andererseits ist es häufig auch so, dass Passagen und Ereignisse einer Fallstudie im Lichte eines fortlaufend besseren Verständnisses plötzlich an Bedeutung gewinnen oder verlieren oder neue Bedeutungen erhalten. Dies verlangt von den Fallbearbeiterinnen und Fallbearbeitern auch entsprechende Geduld und gedankliche Wendigkeit. Dies ist bei einem hermeneutischen Prozess aber auch nicht anders zu erwarten.

Literatur

Berger, P. L., & Luckmann, T. (1993). *Die gesellschaftliche Konstruktion der Wirklichkeit. Eine Theorie der Wissenssoziologie.* Frankfurt a. M.: Fischer.
Eisenhardt, K. M. (1989). Building Theories from Case Study Research. *Academy of Management Review, 14*(4), 532–550.
Garvin, D. A. (2003). Making the case: Professional education for the world of practice. *Harvard Magazine, 106*(1), 56–65.
Giddens, A. (1984). *The constitution of society.* Cambridge: Polity.
Heideloff, F. (1998). *Sinnstiftung in Innovationsprozessen – Versuch über die soziale Ausdehnung von Gegenwart.* München: Hampp.
Huczynski, A. (2004). *Influencing within organizations: Getting in, rising up and moving on* (2. Aufl.). London: Routledge.
Holzer, J., & Nagel, E. (2012). *Praxis und Theorie – das eine geht nicht ohne das andere (Theory and practice: You can't have one without the other).* Luzern: Hochschule Luzern – Wirtschaft.
Kahneman, D. (2011). *Schnelles Denken, langsames Denken.* München: Siedler.
Kaiser, F.-J. (1983). Grundlagen der Fallstudiendidaktik – Historische Entwicklung – Theoretische Grundlagen – Unterrichtliche Praxis. In Franz-Josef Kaiser (Hrsg.), *Die Fallstudie – Theorie und Praxis der Fallstudiendidaktik* (Bd. 6, S. 9–34). Bad Heilbrunn: OBB.
Kaudela-Baum, S., Nagel, E., Bürkler, P., & Glanzmann, V. (Hrsg.). (2018). *Führung lernen. Fallstudien zu Führung, Personalmanagement und Organisation* (2. Aufl.). Berlin: Springer.

Kipnis, D., Schmidt, S. M., Swaffin-Smith, C., & Wilkinson, I. (1984). Patterns of managerial influence: Shotgun managers, tacticians, and bystanders. *Organization Dynamics, 12*(3), 58–67.

Lamnek, S. (1995). *Qualitative Sozialforschung: Bd. 1. Methodologie*. Weinheim: Psychologie Verlags Union.

Martin, A. (2017). *Organizational Behaviour – Verhalten in Organisationen* (2., aktualisierte und erweiterte Auflage). Stuttgart: Kohlhammer.

Nagel, E. (2001). *Verwaltung anders denken*. Baden-Baden: Nomos.

Nagel, E. (2015). *Glücksfall Widerstand*. Zürich: Versus.

Neuberger, O. (1995). *Mikropolitik – Der alltägliche Aufbau und Einsatz von Macht in Organisationen*. Stuttgart: Ferdinand Enke.

Nienhüser, W. (2003). Macht. In A. Martin (Hrsg.), *Organizational Behaviour – Verhalten in Organisationen* (S. 139–172). Stuttgart: Kohlhammer.

Rosenfeld, P., Giacalone, R. A., & Riordan, C. A. (1995). *Impression management in organizations: Theory, measurement, practice*. London: Routledge.

Willke, H. (1994). *Systemtheorie II: Interventionstheorie*. Stuttgart: Gustav Fischer Verlag.

Teil II
Fallstudien

Das Direktorenkarussell

Frank E. P. Dievernich und Erik Nagel

Zusammenfassung

Das von Professor Dr. Anton Schädler gegründete und von ihm geführte österreichische Herzklinikum und Therapiezentrum (HTZ) ist eine renommierte und wirtschaftlich gesunde Institution. Aus heiterem Himmel sieht sich Professor Schädler mit dem Vorwurf der sexuellen Belästigung einer Patientin konfrontiert. Er wird entlassen, da ein Reputationsschaden für das HTZ befürchtet wird. Die Mitarbeitenden verstehen nicht, wie das Management den „Ehrenmann" fallenlassen konnte. Fortan wird die operative Leitung nicht mehr einer, sondern zwei Personen übertragen. Professor Dr. Markus Prohaska leitet das Herzklinikum, Dr. Egon Riedl das Therapiezentrum. Professor Prohaska gesteht den Mitarbeitenden zu, sich einzubringen, ändert aber nur wenig. Dr. Riedl sieht nach dem Vorfall mit Schädler dringenden Handlungsbedarf und nimmt umgehend umfassende Modernisierungsmassnahmen in die Hand. Dagegen revoltieren schliesslich die Mitarbeitenden. Dr. Riedl wird entlassen und Professor Prohaska übernimmt die alleinige Leitung des HTZ.

F. E. P. Dievernich
Frankfurt University of Applied Sciences, Frankfurt a.M., Deutschland
E-Mail: frank.dievernich@hsl.fra-aus.de

E. Nagel (✉)
Institut für Betriebs- und Regionalökonomie, Hochschule Luzern, Luzern, Schweiz
E-Mail: erik.nagel@hslu.ch

Wie alles begann
Das österreichische Herzklinikum und Therapiezentrum Gerasdorf bei Wien (HTZ) ist eine private Klinik für komplizierte Herzoperationen (u. a. Herztransplantationen) und eine Therapieeinrichtung, die sich auf die Rehabilitation von Herzpatienten aus der eigenen wie auch aus anderen Kliniken spezialisiert hat. Das Angebot des HTZ umfasst neben der medizinischen und therapeutischen Versorgung verschiedene Beratungsdienste sowie die angewandte Forschung auf dem Gebiet der Herztransplantationen. Mit 180 Betten und 510 Mitarbeitenden (80 Betten und 230 Mitarbeitende sind dem Herzklinikum zugeordnet, 100 Betten und 280 Mitarbeitende dem Therapiezentrum) ist es das grösste Herzzentrum Österreichs. Ermöglicht wurde das 1990 erbaute HTZ durch die Österreichische Herzstiftung, welche 1985 von Professor Dr. Anton Schädler gegründet wurde. Professor Schädler hatte bereits in für Mediziner relativ jungen Jahren in Fachkreisen und in der Öffentlichkeit grosse Bekanntheit erlangt, und es gelang ihm aufgrund seiner vielfältigen Beziehungen, enorme finanzielle Mittel zu generieren, welche den Bau des HTZ ermöglichten.

Professor Schädler präsidierte von 1985 bis 1990 die Stiftung. Seit der Gründung des HTZ ist die Anzahl der Mitarbeitenden kontinuierlich auf über 300 Personen angestiegen, sodass ein Aufsichtsrat zu bestellen war. Schädler konnte namhafte Persönlichkeiten aus seinem Netzwerk für den Aufsichtsrat gewinnen, massgeblich aus Politik und Gesundheitsverbänden. Er selber nahm ebenfalls Einsitz im Aufsichtsrat und übernahm als Direktor die operative Leitung des HTZ. Das Verhältnis zwischen Schädler und den übrigen Mitgliedern des Aufsichtsrats war ausnehmend gut. Der Präsident des Aufsichtsrats, Dr. Wolfgang Martin, teilte sich einmal wie folgt mit:

> Wir alle wissen, wem wir all dies hier zu verdanken haben. Das wissen nicht nur wir als Aufsichtsrat, das wissen die Mitarbeitenden und das weiss auch die breite Öffentlichkeit.

Professor Schädler ist Gründer, unbestrittene Fachperson und Galionsfigur in einem. Doch plötzlich, im Juni 2007, macht das Gerücht die Runde, er habe eine Patientin sexuell belästigt. Über irgendwelche Kanäle gelangt dieses Gerücht in die Medien. So wie Schädlers Leistungen in den vergangenen Jahren in den Medien und in der breiten Öffentlichkeit gewürdigt wurden, wird nun dieses Gerücht sofort von der Presse aufgegriffen und ausführlich sowie zuweilen auch genüsslich breitgetreten. Nach drei Wochen zeigt dann tatsächlich eine Patientin Professor Schädler wegen sexueller Belästigung an. Schädler sieht sich völlig zu Unrecht von der Öffentlichkeit angeklagt und vorverurteilt; er geht auch gerichtlich gegen einzelne Medienschaffende vor. Der Gerichtsentscheid des Wiener Bezirksgerichts wird erst Ende Juni 2008 erwartet.

Die überraschende Entlassung von Professor Schädler
Im Dezember 2007 findet ein Wechsel im Präsidium des Aufsichtsrats statt. Auf Dr. Wolfgang Martin folgt Dr. Joseph Hörbiger als neuer Präsident des Aufsichtsrates. Und kurz darauf, im Januar 2008, wird – für alle Mitarbeitenden völlig überraschend – Professor Schädler gekündigt mit sofortiger Freistellung. Die Unterstützung für Schädler im

Aufsichtsrat muss aufgrund des Vorwurfs der sexuellen Belästigung zunehmend erodiert sein. Man munkelt, dass die Auseinandersetzungen im Aufsichtsrat mit harten Bandagen geführt wurden und die vorbehaltlose Unterstützung für Schädler langsam aber sicher gebröckelt ist. Es sickert von einer verlässlichen Quelle durch, dass sich zum Schluss alle Mitglieder des Aufsichtsrats gegen Professor Schädler gestellt und dessen Entlassung befürwortet haben. Der Aufsichtsrat hatte einen nachhaltigen Reputationsverlust für die Stiftung und das HTZ sowie das Ausbleiben von Spendengeldern befürchtet, von denen das HTZ so dringend abhängig ist.

Schädler kommentiert seine Entlassung aus dem Aufsichtsrat und als Direktor des HTZ in den Medien wie folgt:

> Ein ungeheuerlicher Vorgang! Eine kleine Gruppe im Aufsichtsrat hat sich einfach den unbegründeten Vorwürfen der Presse angeschlossen. Das wird ein juristisches Nachspiel haben.

Er strengt daher sofort ein arbeitsrechtliches Verfahren gegen seine Entlassung an. Der Aufsichtsrat kommentiert den Vorgang:

> Der Aufsichtsrat verdankt die Lebensleistung von Professor Dr. Anton Schädler für das HTZ. Aufgrund des Verfahrens wegen sexueller Belästigung, das gegen Professor Schädler angestrengt wird, sah sich der Aufsichtsrat gezwungen, diesen Entscheid zu fällen.

Zwei Direktoren übernehmen das Ruder
Nach kurzer Zeit der Vakanz kann das Direktorium wieder besetzt werden. Der Aufsichtsrat entscheidet sich, die operative Leitung zwei Personen zu übertragen. Die Argumentation des Aufsichtsrats ist, dass aufgrund der zunehmenden Komplexität und des Geschäftsvolumens des HTZ die Verantwortung auf zwei Köpfe verteilt werden müsse und die Aufteilung funktional vorzunehmen sei. In der Presse wird hingegen behauptet, dass es nach den Vorwürfen der sexuellen Belästigung unmöglich sei, die Leitung des HTZ wieder einer Person allein zu übergeben; der Einfluss der operativen Leitung des HTZ solle eingeschränkt werden. Der Aufsichtsrat entscheidet zudem, dass die Direktoren nicht mehr im Aufsichtsrat Einsitz nehmen.

Professor Dr. Markus Prohaska, Kardiologe, übernimmt in der Funktion als Direktor die Leitung des Herzklinikums. Dr. Egon Riedl, Gefässmediziner und Pflegewissenschaftler, übernimmt ebenfalls in der Funktion eines Direktors die Leitung des Therapiezentrums. Beide gemeinsam stellen das Direktorium für das HTZ dar. Ihre Aufgabe ist es, das HTZ gemeinsam zu leiten und in einer ersten Phase eine Strategie für die nächsten fünf Jahre zu entwickeln.

Die Entlassung Schädlers und der damit verbundene Führungswechsel erregen grosse Aufmerksamkeit in der Öffentlichkeit, aber auch innerhalb des HTZ. Die Mitarbeitenden haben damit gerechnet, dass Professor Schädler eines Tages aufgrund seines Alters pensioniert würde; die Entlassung kommt für sie völlig überraschend, so auch für Dr. Kurt Mayerhofer, Stationsarzt, Bereich Klinikum:

> Es war ja nur eine Frage der Zeit, wann Professor Schädler gehen würde. Wir haben insgeheim gehofft, dass es noch das ein oder andere Jährchen mit ihm gibt, aber letztendlich war uns allen klar, dass „unser Vater" einmal gehen wird. Unfassbar ist jedoch, dass der Aufsichtsrat hier klein beigegeben und dem Mediendruck nachgegeben hat. Für uns jedenfalls war er und bleibt er ein Ehrenmann!

Ende Juni 2008 spricht das Bezirksgericht Wien das Urteil im Fall Schädler: Der Vorwurf der sexuellen Belästigung hatte sich vor Gericht nicht erhärtet. Professor Schädler wird freigesprochen und die ehemalige Patientin verzichtet darauf, das Verfahren weiterzuführen. Schädler verklagt das HTZ schliesslich auf Entschädigung für die Persönlichkeitsverletzung aufgrund der voreiligen Entlassung, denn diese basierte – gemäss dem Urteil – auf nicht erhärteten Anschuldigungen. Die Klinikleitung hätte ihn – nach seiner Auffassung – während des laufenden Strafverfahrens allenfalls von gewissen Aufgaben entbinden können, aber mit der Kündigung bis zum Vorliegen eines rechtskräftigen Urteils abwarten müssen. Schädler ist ausserdem über die Art und Weise der Entlassung erbost und lässt sich in einem Zeitungsartikel wie folgt zitieren:

> Da ist es den Medien und gewissen Kreisen doch tatsächlich gelungen, mich zu demontieren. Ich habe mich immer nur für unsere gute Sache eingesetzt. Ich verlasse meine Stiftung und mein HTZ erhobenen Hauptes. Zu Recht, wie das Urteil nun leider erst jetzt zeigt.

Für die Belegschaft ist es zudem überraschend, dass das Direktorium nun auf zwei Personen aufgeteilt werden soll. Stephanie Schleusing, die Leiterin Nachsorgende Therapie, Station 5, meint:

> Das ist schon komisch, hat das doch Jahre mit einer Leitung immer gut funktioniert. Wir haben uns immer als ein Team, als eine grosse Organisation gesehen. Ich hoffe nicht, dass wir nun anfangen davon zu sprechen, dass es ein „Wir" und ein „Die" gibt. Das belastet mich schon.

Der Wandel im Herzklinikum (Verantwortungsbereich Prof. Prohaska)

Über den Rücktritt und den bevorstehenden Wechsel an der Spitze des HTZ werden die Mitarbeitenden über verschiedene Kanäle informiert. Einerseits über eine öffentlich stattfindende Mitarbeiterinformationsveranstaltung, die durch den Personalbereich organisiert wird, andererseits über das Intranet und die monatliche Mitarbeiterzeitung. Unmittelbar nach Bekanntgabe des Rücktritts kommt es unter den Mitarbeitenden zu Spekulationen und Gerüchten über eine mögliche Nachfolge. Die Ankündigung des Nachfolgers für das Herzklinikum beruhigt die Aufregung schliesslich sehr schnell. Der Name Prohaska ist den Mitarbeitenden geläufig, jedoch wissen sie wenig über ihn und warten erst einmal ab. So meint Isabelle Wieser, Abteilungsleiterin Patientenadministration – Klinikeinlieferung:

> Wir haben den Namen Prohaska schon ein paar Mal in Zusammenhang mit der Stiftung aus dem Mund von Professor Schädler gehört. Ich glaube, dass der ihn schätzte. Und fachlich

hört man auch nur Gutes ... also zumindest nichts Schlechtes. Einige von den Kollegen haben auch in der Klinik gearbeitet, wo Professor Prohaska her kommt.

Gewöhnungsbedürftig ist die Situation auch für die Patienten. Sie waren es gewohnt, Professor Schädler als Ansprechperson zu haben. Er hat sich immer direkt für Patienten eingesetzt, wenn sie mit Entscheidungen im HTZ und vor allem im Klinikbereich nicht einverstanden waren. Es ist vorgekommen, dass Schädler persönlich bei den Patienten vorbeischaute und sich erkundigte, warum sie unzufrieden waren. Und auch für die Mitarbeitenden hat er als Gesprächspartner zur Verfügung gestanden. Diese Option ist immer wieder gerne von den Mitarbeitenden, den Ärzten wie auch dem langjährigen Pflegepersonal genutzt worden.

Nach Eintritt von Professor Prohaska ändert sich für die Mitarbeitenden vorerst wenig. Dennoch zeigt sich mit der Zeit, dass Professor Schädler eine gewisse Leerstelle hinterlassen hat. Es werden auf einmal Abläufe, Aufgabenbereiche und Schnittstellen besprochen, die vormals nie zur Diskussion gestanden haben. Der Leiter Personal, David Beyer, drückt es folgendermassen aus:

> Tja, vorher sind wir halt immer zu Professor Schädler gegangen, er hat dann rasch entschieden. Das war wohltuend. Plötzlich muss man beginnen, all jene Sachen neu zu durchdenken und zu organisieren, die bisher doch ihre eigene Ordnung hatten. Da kann man als Mitarbeitender zu Beginn schon mal ohnmächtig werden, da man erst mal gar nicht weiss, ob da etwas Neues auf einen zukommt, und wenn ja, ob man das dann auch kann. Ausserdem wird es einfach kompliziert. Manchmal wünsche ich mir schon den Professor Schädler zurück.

Trotz Befürchtungen und Spekulationen besteht allerdings bei niemandem die Angst, den Arbeitsplatz zu verlieren. Das hat auch mit dem Auftritt von Prohaska zu tun. Er weiss offensichtlich sehr genau, welches und wessen Erbe er antritt. Folglich entscheidet er sich in einem ersten Schritt, so wenig wie möglich zu verändern. So bleiben die Arbeitsprozesse grösstenteils gleich, wenn sie auch durch die Einführung eines Qualitätsmanagements genauer definiert werden. Professor Prohaska sieht das HTZ als ein vor Jahren geschaffenes, immer noch erfolgreiches und entwicklungsfähiges Spital für die optimale Versorgung von Herzkranken. Auch die neue Aufteilung in zwei Verantwortungsbereiche kann er gut nachvollziehen. Er steht hinter dieser Entscheidung und fühlt sich auch wohl als Verantwortlicher der Herzchirurgie, welches schon seit Jahren sein persönlicher Kompetenzbereich ist. Dass es mit Dr. Riedl einen kompetenten Counterpart für den Bereich der Therapie geben soll und dass er ihn bisher nicht persönlich kennt, stellt für ihn kein Problem dar. Gemeinsame Schnittstellen und strategische Entscheidungen werde man schon „gemeinsam hinbekommen", da ist sich Prohaska ganz sicher. Für ihn und seinen Verantwortungsbereich ist klar, dass die bestehenden Prozesse, Strukturen und die Art und Weise der Zusammenarbeit beibehalten werden sollen. David Beyer, der Leiter Personal des HTZ, beschreibt dies folgendermassen:

> Wir konnten alle guten Sachen, die uns ausmachten, bewahren und in die Zukunft unter Professor Prohaska mitnehmen. Die ganzen guten Dinge, wie z. B. Mitarbeiterfeste oder die informellen Gespräche mit Professor Schädler, zu denen alle Mitarbeitenden kommen konnten – wir nennen sie bis heute Kaminfeuergespräche –, hat er belassen. Auch im Umgang untereinander ist es so geblieben, wie es immer war. Das tut einfach gut.

Natürlich ist im Klinikbereich nicht alles beim Alten geblieben. Es hat sich auch dort etwas verändert aufgrund des Leitungswechsels. Trotz der Nähe zu den Mitarbeitenden und den Patienten, die Schädler immer demonstriert hat, war dennoch klar, wer im Haus das Sagen hatte. Dr. Andres Tremmel, leitender Oberarzt in Station 3, zieht folgenden Vergleich:

> Alles in allem ist Prof. Prohaska wesentlich zugänglicher und auch offen für neue Vorschläge, als das Professor Schädler war.

So entstehen ganz neue Diskussionen. Denn plötzlich melden oder äussern sich Mitarbeitende zur strategischen Ausrichtung der Klinik oder einfach auch zu grösseren oder kleineren Dingen, die man ändern könnte. So etwas hat es vorher nicht gegeben. Die umgängliche Art von Professor Prohaska und der eher stille Führungsstil im Hintergrund werden dennoch nicht von allen Mitarbeitenden gutgeheissen. Viele sehnen sich nach der deutlich vernehmbaren, klaren Ansage Professor Schädlers, so auch der Stationsarzt Dr. Kurt Mayerhofer:

> Professor Schädler war durch und durch unser Direktor. Der hat nicht lange überlegt und hatte immer schon einen Masterplan im Kopf. „Hier geht es lang!" – das war sein Motto. Generell – das muss man mal so sagen – fehlen heutzutage überall, wo man hinschaut, solche Führungspersönlichkeiten. Heute reden irgendwie alle über alles mit. Und keiner spricht hier mal ein Machtwort. Aber das braucht es einfach. Schädler war ein echter Macher. Heute wird vor allem diskutiert. Der Chef muss doch sagen, was Sache ist.

Eine weitere Änderung, die Professor Prohaska im Klinikbereich vornimmt, ist, dass in den Führungsschulungen das Thema der sexuellen Belästigung aufgenommen wird. Er macht deutlich, dass es für eine gut geführte Klinik, die zudem auch stark in der Öffentlichkeit stehe, notwendig sei, das Thema bei Kader- und Mitarbeiterschulungen zu behandeln. Dies wird von den Führungskräften und den Mitarbeitenden auch so akzeptiert. Zudem trifft er organisatorische Vorkehrungen: Es werden Vertrauenspersonen gesucht und gefunden, auf die Mitarbeitende, aber auch Patienten oder Patientinnen in Fällen von sexueller Belästigung zugehen können. Diese Möglichkeit sowie das dazugehörige Verfahren werden den Klinikmitarbeitenden sowie den Patientinnen und Patienten mitgeteilt. Diese Massnahme ist wohl eine logische Konsequenz aus den Beschuldigungen gegen Professor Schädler.

Der Wandel im Therapiezentrum (Verantwortungsbereich Dr. Riedl)
Anders verläuft die Entwicklung im ebenfalls neu besetzten Bereich des Therapiezentrums unter der Verantwortung des zweiten geschäftsführenden Direktors des

HTZ, Dr. Egon Riedl. Der Führungswechsel zu Riedl beeinflusst insbesondere die Mitarbeitenden des Therapiebereichs. Über ihn ist nur so viel bekannt, dass er offenbar für moderne Therapieformen und moderne Managementmethoden eintritt. Er hat offenbar mit grossem Erfolg ein Therapiezentrum in der Ostschweiz aus der Krise geführt und über die Grenzen der Schweiz hinaus bekannt gemacht.

Kaum ist Dr. Riedl im Amt, sucht er sehr schnell die Öffentlichkeit und das Medieninteresse, um deutlich zu machen, dass er, also die neue Führung des Therapiezentrums, einen Neubeginn vorhat. Riedl gibt bekannt, dass er den Therapiebereich in eine zeitgemässe, zukunftsfähige und saubere Organisation überführen wolle. Verfehlungen der Vergangenheit bezeichnet er als „schlichtweg unethisch"; damit will er nach eigenen Worten „ein für alle Mal aufräumen". Er erklärt zudem, er wolle den Imageschaden des HTZ und damit auch des Therapiezentrums beheben und weitreichende Veränderungen einführen. Schliesslich hänge, so wird Dr. Riedl nicht müde zu betonen, der Fortbestand des HTZ von der Bereitschaft zu grosszügigen oder auch kleinen Spenden ab. Seine wortgewaltigen Ankündigungen erfahren die Mitarbeitenden aus der Presse.

Kaum im Amt, werden auch schon die angekündigten Veränderungen eingeleitet. Dr. Riedl steht für den Wandel – so will er wahrgenommen werden und so wird er auch von der Belegschaft wahrgenommen.

Generell beabsichtigt Riedl, die beiden Bereiche Herzklinikum und Therapiezentrum als eigenständige Profitcenter zu führen. Er will das HTZ im Prinzip in eine Konzernstruktur umbauen. Das HTZ soll lediglich als strategischer und administrativer Überbau funktionieren. Die beiden Leistungsbereiche, Klinik und Therapie, sollen nach seiner Vorstellung eigenständige Gesellschaften werden. Riedl hat diese Lösung im Kopf und unternimmt mit seinem Bereich erste konkrete Schritte in diese Richtung. So beabsichtigt er, für seinen Verantwortungsbereich Therapie – wie er es nennt – „neue Märkte" zu schaffen. Dazu lässt er rasch ein neues Corporate Design und neue Logos entwickeln. Das Image soll mit neuen Drucksachen, Internetwebseiten und Arbeitskleidern in zwei Jahren aufpoliert werden. Die neue Marke und das Logo würden dabei helfen, so Riedl, „der Therapieorganisation eine moderne Identität zu verschaffen", die sich vom Bisherigen klar unterscheiden soll. So will er im immer härter werdenden Gesundheits-, aber auch Spendenmarkt bestehen.

Professor Prohaska wird beiläufig informiert und die Mitarbeitenden werden an kurzen, prägnanten mündlichen Informationsanlässen in Kenntnis gesetzt. Dr. Riedl will – nach eigenen Worten – „dem Therapiebereich wieder neues Leben einhauchen und eine wieder stolze Organisation aus dem HTZ machen". Doch, aus welchen Gründen auch immer, der Funke springt nicht über. Begeisterung stellt sich bei den Mitarbeitenden nicht ein.

In Reaktion auf die Vergangenheit erlässt Dr. Riedl Richtlinien gegen sexuelle Belästigung, damit diese in Zukunft sicher ausbleibt. Zusätzlich will er alle Arbeitsabläufe professionalisieren. Das HTZ ist weit von den üblicherweise vorherrschenden Managementprozessen entfernt. Er engagiert eine externe Unternehmensberatung und lässt durch sie die bestehenden Prozesse, organisatorischen und juristischen Strukturen sowie die Finanzströme des Therapiebereiches auf mögliche Optimierungspotenziale hin überprüfen. Für die identifizierten Optimierungspotenziale installiert er ein Change-Team, welches die „Sofortmassnahmen zur Ergebnisverbesserung" umsetzen soll, sogenannte „Quick Wins". Dr. Riedl fragt einzelne Mitarbeitende für das Change-Team an, bei denen er sicher ist, dass sie sich voll für die Sache einsetzen werden. Das Change-Team macht sich dann auch mit Volldampf an die Arbeit.

Mit der Überprüfung sämtlicher Arbeitsprozesse stellen sich einige Mitarbeitende die Frage, ob nun ihr Job gefährdet ist. Hartnäckig hält sich das Gerücht, dass klammheimlich Untersuchungen über Personaleinsparungen im Gange seien. Schliesslich wird im Therapiebereich befürchtet, dass sich das HTZ von einer wohltätigen, grosszügigen und menschenorientierten Organisation auf eine Organisation zubewege, bei der es nur noch um Wirtschaftlichkeit und Rentabilität geht. Dies schliesst man daraus, dass Investitionsvorhaben abgelehnt werden, die das Wohl von Patienten und Mitarbeitenden steigern sollten. Zudem muss nun jede Station bestimmte Leistungskennzahlen pro Woche abliefern, die eine Steigerung der Effizienz dokumentieren sollen. In Gesprächen zeigt sich der neue Direktor unnachgiebig und wird mit den Worten zitiert:

> Wir müssen die alten Fesseln abschütteln. Wir müssen uns völlig neu aufstellen für potenzielle Geldgeber, für die Öffentlichkeit, aber auch für uns selbst. Ansonsten werden wir als HTZ nicht überleben können.

Die Mitarbeitenden reagieren mit Unverständnis – so beispielsweise David Beyer, der Leiter Personal:

> Plötzlich diktiert bei uns die Holzhammer-Methode. Dr. Riedl hat alles an sich gerissen und zuerst einmal alles aufgelöst, was den Anschein nach Vergangenheit hatte. Dabei ist es in der Vergangenheit doch sehr gut gelaufen. Nur weil diese unbewiesene Anschuldigung im Raum steht, heisst das doch noch lange nicht, dass alles, was in den letzten 20 Jahren erarbeitet wurde, schlecht ist oder nicht funktioniert. Dr. Riedls brachiale Demontage unserer Errungenschaften ist unverhältnismässig. Er hat das ganze Unternehmen, vor allem den Therapiebereich lahmgelegt.

Missfallen drückt auch Melanie Messing, eine Pflegefachfrau des HTZ, aus:

> Alles wird in den Boden gestampft. Er will da wirklich alles auf den Kopf stellen. Alles! Er will das Rad neu erfinden. In bin der Meinung, wenn jemand neu kommt, sollte er den Betrieb anschauen und fühlen, wie der tickt, was da passiert. Krass finde ich auch, dass die Konzipierung des neuen Logos an eine externe Firma vergeben wurde. Dabei wüssten wir doch selber am besten, welche Zeichen zu uns passen. Das ist doch nicht einfach eine PR-Aufgabe. Ich bin nicht nur enttäuscht, ich bin erbost über diesen Stil.

Für alle Mitarbeitenden ist deutlich erkennbar, dass sich Professor Prohaska und Dr. Riedl nicht verstehen. Riedls Aussagen können indirekt so gedeutet werden, dass er von Prohaska wenig bis nichts hält. Gemeinsame Auftritte vor den Mitarbeitenden finden nicht statt. Auch ist nichts bekannt von Sitzungen des Direktoriums.

2 Das Direktorenkarussell

Schliesslich eskaliert der Konflikt. Am 8. April 2009 kommt es zu einer veritablen Kundgebung einiger langjähriger Mitarbeitender und angestammter Patienten mitten im Empfangsbereich des HTZ. Sie protestieren gegen Dr. Riedl und werfen ihm vor, menschenverachtend und werteverletzend vorzugehen. „Riedl aufs Radl – und ab mit ihm in die Wüste!" steht auf einem der Plakate. Unnötigerweise ist auch noch die Presse anwesend. In allen lokalen Medien taucht dann ein Bericht mit Bild auf. Riedl ist hochgradig erbost über die mangelnde Loyalität der Mitarbeitenden. Schnell macht die Rede von Kündigungen die Runde. Dr. Riedl will sich dies nicht bieten lassen und hart durchgreifen.

Von zwei Direktoren wieder zurück zu einem Direktor
Die Mitarbeitenden erreichen aber ihr Ziel. Nach der Demonstration geht alles sehr schnell. Der Aufsichtsrat löst den Arbeitsvertrag mit Dr. Riedl am 15. April 2009 mit sofortiger Wirkung auf und stellt ihn ab sofort frei. Nur wenige von ihm initiierte Veränderungsprojekte werden umgesetzt. Ab Mitte April 2009 übernimmt Professor Prohaska kommissarisch die Leitung des Therapiebereiches. Und ab dem 1. Februar 2010 übernimmt er als Direktor die Leitung beider Bereiche formell.

> **Leitfragen zur Diskussion**
> 1. Wie lässt sich das HTZ charakterisieren bis zu dem Zeitpunkt, an dem der Vorwurf der sexuellen Belästigung gegen Professor Schädler öffentlich wird?
> 2. Was löst der Vorwurf gegen Professor Schädler bei den Mitarbeitenden des HTZ aus?
> 3. Wie wird der Wechsel von Professor Schädler zu Professor Prohaska und Dr. Riedl gestaltet? Wie wird dieser Wechsel wahrgenommen, und welche Wirkung hat die Gestaltung dieser Veränderung auf das HTZ?
> 4. Wie gestaltet Professor Prohaska den Neuanfang und welche Wirkung hat dies auf seinen Bereich?
> 5. Wie gestaltet Dr. Riedl den Neuanfang und welche Wirkung hat dies auf seinen Bereich?
> 6. Wie gestaltet der Aufsichtsrat den Wechsel vom Zweierdirektorium zum Einerdirektorium durch Professor Prohaska?

MOBIL macht mobil

3

Erik Nagel

Zusammenfassung

Das Verkehrsunternehmen MOBIL eröffnet ein Kunden-Dienstleistungs-Zentrum (KDZ) des Geschäftsbereichs MOBIL PLUS in Fribourg. Nach einigen Jahren Umsatzwachstum schreibt MOBIL PLUS wiederholt einen hohen Verlust. Das Management kündigt eine Restrukturierung an, nimmt diese nach der Gegenwehr der Gewerkschaften wieder kurzfristig zurück und entscheidet dann doch, das KDZ in eine neue Organisationseinheit „Operations" in Zürich zu integrieren. Nicht alle Mitarbeitenden des KDZ können nach Zürich wechseln, manche müssen sich neu orientieren. Die Mitarbeitenden fühlen sich in dem Prozess schlecht informiert; zudem werden angekündigte Massnahmen nicht eingehalten. Bei den Leitungspositionen in der neu gegründeten Abteilung „Operations" werden v. a. Mitarbeitende aus Zürich berücksichtigt. Die Begrüssung in Zürich läuft dann auch nicht nach den Vorstellungen der Fribourger – aber zumindest können sie weiterhin in ihren angestammten Teams arbeiten. Manche finden, dass der Transfer sehr gut gelungen ist, andere sind der Auffassung, dass das Vorhaben gescheitert sei.

---

basierend auf einer studentischen Arbeit von Petra Kaufmann, Mirco Mäder, Rahel Schmid, Simon Schmid und Veronika Stetter.

E. Nagel (✉)
Institut für Betriebs- und Regionalökonomie, Hochschule Luzern, Luzern, Schweiz
E-Mail: erik.nagel@hslu.ch

© Springer Fachmedien Wiesbaden GmbH, ein Teil von Springer Nature 2019
E. Nagel und I. Stolz (Hrsg.), *Organisationalen Wandel gestalten*,
https://doi.org/10.1007/978-3-658-27129-9_3

Ein unschönes Hin und Her
Das Unternehmen MOBIL aus der Verkehrsbranche eröffnet 2005 das Kunden-Dienstleistungs-Zentrum (KDZ) des Geschäftsbereichs MOBIL PLUS in Fribourg. Das KDZ dient als Eingangstor für Kunden von MOBIL PLUS. Neben der Auskunft und Beratung von Kunden ist das KDZ verantwortlich für die Auftragsentgegennahme, Datenerfassung, Fakturierung sowie die Kunden-Nachbetreuung.

Trotz gesteigerten Umsatzes schreibt MOBIL PLUS im Jahr 2014 zum wiederholten Mal einen hohen Verlust. Anfang 2015 gibt es erste Gerüchte, dass das KDZ von Fribourg in die Zentrale von MOBIL PLUS in Zürich integriert werden solle. In einer Pause unterhalten sich zwei Mitarbeitende aus Fribourg. Maurice Garnier erzählt seinem Kollegen Olivier Siggen, was er gehört hat:

> Es ist schon etwas absurd. Ich habe von Pierre gehört, dass er im Zug einen Managementberater gehört habe, der angeblich mit einem anderen Berater am Telefon über MOBIL PLUS gesprochen hat. Und dieser Berater habe von Abbauplänen geredet. Aber Pierre ist sich nicht sicher, ob der Mann wirklich von MOBIL PLUS gesprochen hat.

Olivier Siggen runzelt die Stirn und sagt dann etwas nachdenklich:

> Ist das nicht immer so? Diese Geheimniskrämerei! Ich habe mal unseren Teamleiter gefragt, und der weiss noch nichts. Aber irgendetwas ist da im Busch.

Marie Demierre hat den beiden zugehört und mischt sich auch ein. Warum erzählen die beiden das so gleichmütig? Sie ärgert sich:

> Das hat sich ganz schnell herumgesprochen. Keiner weiss irgendetwas Genaueres. Keiner weiss, woher die Information kommt. Aber alle scheinen zu wissen, dass da was am Laufen ist. Ich finde das schlichtweg idiotisch. Haben die da oben eigentlich das Gefühl, dass keiner wüsste, dass etwas vor sich geht?

Das Gespräch geht weiter und Maurice Garnier sowie Olivier Siggen lassen sich von der Empörung von Marie Demierre anstecken. Mit Ärger im Bauch machen sich alle wieder an die Arbeit.

Am Montag, dem 8. April 2015, beschliesst der Verwaltungsrat MOBIL ein Restrukturierungsprogramm für den Geschäftsbereich MOBIL PLUS. Im Restrukturierungsprogramm ist – nebst anderen Massnahmen – vorgesehen, dass das KDZ aus Fribourg mit der Zentrale in Zürich zusammengeführt wird. Am selben Tag wird offiziell darüber informiert, dass der Standort Fribourg aufgelöst und zusammen mit dem Standort Zürich in eine neue Zürcher Abteilung „Operations" integriert werde. Der Umzug soll schon vom 18. bis 20. November 2015 stattfinden. Es wird auch kommuniziert, dass Arbeitsplätze eingespart würden, ohne allerdings genaue Zahlen zu nennen. Begründet wird die Integration des KDZ in die Zentrale mit Prozessoptimierungen sowie einer Verkürzung der Informations- und Entscheidungswege.

Die Gewerkschaft Mobilität (GM) reagiert umgehend. Sie verlangt in einer Medienmitteilung vom 11. April 2015 die Sistierung der Abbaumassnahmen in Fribourg. Erbost kommentiert die GM den Entscheid auf ihrer Website:

> MOBIL soll jetzt endlich glaubhafte Zahlen auf den Tisch legen, klare und zukunftsgerichtete Strategien entwickeln und nicht unbedarft mit der Motorsäge herumwüten.

Die GM ruft die Fribourger auf, sich zu wehren, und sichert ihnen Unterstützung zu.

In der darauffolgenden Woche am Dienstag, dem 16. April 2015, sistiert MOBIL den Restrukturierungsentscheid. MOBIL fürchtet eine politisch heikle Situation und längere Streiks. Die Sistierung weckt bei den Fribourgern die Hoffnung, dass es doch nicht zur Fusion mit Zürich komme. Die Aufhebung der Sistierung durch den Verwaltungsrat der MOBIL erfolgt aber bereits am 21. Mai 2015. Die Mitarbeitenden in Fribourg sehen ihre Hoffnung zerstört. Aussagen sind zu hören wie: „Jetzt geht's zu Ende." – „Einfach nur furchtbar." – „Jetzt werden wir definitiv von Zürich geschluckt."

Es wird an die Fribourger kommuniziert

Nach dem endgültigen Entscheid vom 21. Mai 2015 zur Integration der Fribourger KDZ in einer neuen Organisationseinheit „Operations" in Zürich gibt es zwei interne Informationsveranstaltungen, am 10. Juni und am 25. Juli. Erst auf der zweiten Informationsveranstaltung wird konkret mitgeteilt, dass 17 der 65 Stellen des KDZ Fribourg abgebaut würden. Zugleich verpflichtet sich MOBIL, im Kanton Fribourg bis Ende 2016 einen neuen Standort für Personaldienste der MOBIL zu schaffen. Auch wenn es sich beim Personaldienst um andere Aufgabenbereiche handele, könnten sich die Mitarbeitenden des KDZ umschulen lassen – so lautet das Angebot. Da neue und qualifizierte Arbeitsplätze in Fribourg geschaffen würden, solle es auch zu keiner Personalentlassung kommen. Um ausreichend viele Mitarbeitende des KDZ für die Aufgaben in Zürich zu gewinnen, arbeitet MOBIL für die Mitarbeitenden aus Fribourg ein – aus Sicht der Leitung – attraktives Angebot mit einer Gültigkeit von zwei Jahren aus. Mitarbeitende, welche von Fribourg nach Zürich pendelten, bekämen die Hälfte des Arbeitsweges als Arbeitszeit angerechnet und könnten einen Tag pro Woche von zu Hause aus arbeiten. Die Reisezeit im Zug beträgt je Strecke 1,5 h. Mitarbeitende, welche ihren Wohnort in die Nähe von Zürich verlegten, erhielten für Zusatzaufwände 10.000 Fr. für die Wohnung geschenkt.

Georges Godel, Teamleiter im KDZ in Fribourg, schätzt das Angebot – wie die meisten anderen in Fribourg auch – als angemessen ein. Dennoch entsteht keine Zufriedenheit. Godel spricht aus, was viele in Fribourg denken:

> Durch die Informationsveranstaltungen fühlten wir uns zuerst einmal stark verunsichert, also gar nicht ermutigt. An der zweiten Informationsveranstaltung erfuhren wir zwar Konkreteres – dass nicht alle KDZ'ler von hier nach Zürich wechseln können. Aber wir erfuhren nicht, wie das nun weiter vonstattengehen soll. Zudem blieben alle Informationen zur Organisation recht vage. Wir sollten alle in einem Bereich „Operations" integriert werden – keiner

konnte sich darunter etwas vorstellen. Es wurde immer nur gesagt, dass alles besser wird: leistungsfähiger, kooperativer, schlagkräftiger – solche Begriffe habe ich x-mal gehört. Wenn man das so häufig sagen muss, wird's verdächtig. Und dann gab es ja diese Kommunikation: Zuerst die Ankündigung der Umstrukturierung, dann der Rückzug und dann doch wieder die endgültige Mitteilung, dass sie es mit der Umstrukturierung ernst meinen. Die Leitung hat das einfach total unsorgfältig eingefädelt. Sie haben den Umzugstermin im November extrem kurzfristig – am 8. April – festgelegt. Wir hatten fast keine Zeit, uns in Ruhe zu überlegen, ob wir mitgehen wollen oder nicht. Na ja, da habe ich schon Besseres erlebt ...

Personelle Entscheidungen werden gefällt
Am 21. Mai 2015 wird von der Geschäftsleitung kommuniziert, dass der Abteilungsleiter „Operations" Hannes Dubacher sein werde, der vorherige Standortleiter Zürich. Er solle nun die Gründung der neuen Abteilung strategisch vorbereiten. Zeitgleich wird kommuniziert, dass Anita Weber, eine gewiefte Stabsmitarbeiterin aus der Zentrale in Zürich, das Umzugs- und Integrationsprojekt operativ leiten werde. Sie und Peter Bieri, der Projektassistent und langjährige Arbeitskollege von Anita Weber, bilden die Projektleitung. Hannes Dubacher nimmt die Projektsteuerung wahr. Anita Weber beurteilt den Prozess wie folgt:

Wir haben umfassend und regelmässig kommuniziert. Wir standen immer für Rückfragen zur Verfügung. Die Kommunikation war klar, ausreichend und offen. Aber es gibt halt immer solche, die finden, man habe zu wenige Informationen bekommen. Man kann so viele Informationen geben, wie man will. Egal. Die Kritik muss man einfach über sich ergehen lassen. Ein Drittel ist eh immer dagegen.

Ein paar Tage später kommuniziert Hannes Dubacher, welche zwei Personen als Bereichsleiter mit ihm zusammen die Abteilung führen würden. Es handelt sich bei beiden um bewährte und sehr gut qualifizierte interne Führungspersonen von MOBIL aus Zürich. Um die Integration des KDZ in Zürich möglichst erfolgreich umzusetzen, macht sich die Projektleitung zusammen mit der neuen Abteilungsleitung daran, die Soll-Organisation und die Zuteilung der Mitarbeitenden vorzunehmen. Es gilt, 122 Mitarbeitende neu zu integrieren – 48 aus Fribourg und 74 aus Zürich. Dies wird dann vom Geschäftsbereichsleiter von MOBIL PLUS verabschiedet, um rasch Klarheit zu schaffen. Die beiden neuen betroffenen Bereichsleiter der Abteilung „Operations" werden im Umgang mit dem Change Management geschult. Und für die Mitarbeitenden organisiert Anita Weber ein Patensystem, sodass alle Fribourger Mitarbeitenden, die nach Zürich kommen sollen, einen Ansprechpartner in Zürich hätten.

Drei Workshops oder doch nur zwei?
Hannes Dubacher plant zusammen mit Anita Weber und Peter Bieri drei Workshops. Zu den ersten beiden Workshops werden das Projektteam, die beiden Bereichsleiter sowie die Teamleiter eingeladen. Sieben Teamleiter aus Zürich kommen zum Anlass.

Fünf davon waren schon vorher Teamleiter – zwei Personen aus Zürich werden neu zu Teamleitern bestimmt. Aus Fribourg reisen nur drei der vormals vier Teamleiter an; kurz vor dem Workshop wird mitgeteilt, dass sich MOBIL PLUS und ein Fribourger Teamleiter im gegenseitigen Einvernehmen getrennt hätten. Am Workshop selber wird dann noch mitgeteilt, dass diese Teamleiter-Position aus Fribourg nicht wiederbesetzt werde. Michel Volet, der zweite Teamleiter aus Fribourg, kommentiert dies gegenüber seinem Kollegen Georges Godel lakonisch mit: „Willkommen in der Höhle des Löwen."

Mit dem ersten Workshop Mitte August 2015 in Zürich wird die jeweilige Situation und Stimmung vor Ort aufgenommen. Mittlerweile ist klar, dass einige Fribourger Mitarbeitende die Firma verlassen oder im neu aufzubauenden Bereich in Fribourg eine neue Arbeit aufnehmen würden. Es müssen keine Kündigungen ausgesprochen werden. Die zentrale Frage an die Workshop-Teilnehmenden ist, was es noch brauche, damit die Reorganisation und der Umzug erfolgreich realisiert werden könnten.

Der zweite Workshop hätte in Fribourg stattfinden sollen. Aus Zeitgründen findet er aber erst nach der Integration am 18. Dezember 2015 in Zürich statt. Georges Godel, Teamleiter aus Fribourg, versteht sich als Vertreter der Fribourger im Workshop. Nach dem zweiten Workshop resümiert er:

> Die Workshops waren schon gut. Ich habe damals offen zum Ausdruck gebracht, wie schwierig die Situation für die Mitarbeitenden aus Fribourg war. Zum einen ist es schwierig, das gewohnte Umfeld zu verlassen. Und zum anderen ist es für manche schwierig, eine neue Arbeitsstelle zu finden. Auch wenn MOBIL eine neue Anstellung in Fribourg anbot – man kann ja nicht ein knappes Jahr ohne Anstellung sein. Ich weiss nicht, was sich das Management dabei gedacht hat. Dass dann auch noch ein Teamleiter aus Fribourg über die Klippen springen musste, war schon sehr eigenartig. Wieso hat man dann bei der Rekrutierung der Teamleiter nur Leute aus Zürich genommen? Die Stellen waren nicht ausgeschrieben. Die Abteilungsleitung gab eben mal wieder den Zürchern den Vorrang.

Der dritte „Rückspiegelungsworkshop" am Freitag, dem 28. März 2016, findet dann nur noch im kleineren Kreise statt: der Abteilungsleiter, die beiden Bereichsleiter sowie die Projektleiterin. Georges Godel kommt dies eines Tages wieder in den Sinn und er spricht Michel Volet darauf an: „Du, da gab es doch noch einen dritten Workshop. Der wurde ja ursprünglich einmal angekündigt. Ich habe dafür nie eine Einladung erhalten." „Stimmt," antwortet Volet, „vielleicht hat er ja auch gar nie stattgefunden."

Einen Monat vor dem effektiven Umzug im November 2015 wird in der Zentrale in Zürich ein Event organisiert, um die zukünftigen Mitarbeitenden aus Fribourg mit der neuen Arbeitsumgebung vertraut zu machen. Die Mitarbeitenden haben die Möglichkeit, neben den zukünftigen Arbeitsplätzen im Rahmen einer organisierten Stadtführung Zürich kennenzulernen. Hannes Dubacher und Anita Weber begrüssen die ankommenden Fribourger. Allerdings nimmt lediglich die Hälfte der Fribourger an diesem Event teil. Die Kolleginnen und Kollegen aus Zürich wissen zwar von diesem Besuchstag, nehmen daran aber nicht teil – schliesslich findet der Anlass an einem Samstag statt.

Die Restrukturierung und der Umzug werden konkret
Drei Wochen vor dem Umzug erfahren die Mitarbeitenden aus Fribourg ihre Zuteilung in die unterschiedlichen Teams und Arbeitsbereiche. In der neuen Abteilung „Operations" werden drei von vier Fribourger Teams weiterhin von Fribourger Teamleitern geführt – wenn auch in leicht geänderter Zusammensetzung aufgrund des Abgangs einiger Kolleginnen und Kollegen. Ein Fribourger Team erhält einen neuen Teamleiter aus Zürich. In Zürich bleiben die bisherigen Teamzusammensetzungen bestehen. Georges Godel spricht seinen Kollegen Michel Volet kurz vor dem Umzug an:

> Das ist doch klasse. So können wir weiterhin mit unseren Leuten arbeiten. Wir wissen, was wir an unseren Teams haben.

Volet schätzt dies etwas anders ein:

> Ja klar, aber ich finde das alles sehr eigenartig. Wir pendeln pro Tag drei Stunden an einen anderen Ort und alles bleibt irgendwie gleich und doch nicht. Was ist das eigentlich – diese Abteilung ‚Operations'? Alles ist neu und es bleibt trotzdem alles beim Alten. Was soll das? Wie sollen wir da je reinkommen in Zürich?

Godel fühlt sich in der neuen Arbeitssituation allerdings recht wohl:

> Ich glaube, deine Ansprüche sind einfach zu hoch. Die haben einen Teil von unseren Leuten weggenommen, sie haben einen Teamleiter von uns geschasst. Es kann uns doch nur recht sein, jetzt nicht auch noch andere Leute in unserem Team zu haben. Unsere Leute arbeiten gut und zuverlässig.

Der Tag des Umzugs rückt näher. Am 21. November 2015 kommt die neue Abteilung „Operations" mit 122 Mitarbeitenden zum ersten Mal zusammen – 48 Mitarbeitende kommen zum ersten Mal aus Fribourg angereist. Für alle Mitarbeitenden – also auch für die Zürcher – erfolgt ein räumlicher Umzug innerhalb des Gebäudes in ein Grossraumbüro. Hannes Dubacher reflektiert:

> Damit wollte ich bewirken, dass auch die Mitarbeitenden in Zürich erkennen, dass sich etwas ändert. Wir haben viel gemacht, damit die Leute rasch arbeitsfähig sind.

Die Ankunft … haben sich manche anders vorgestellt
Als Begrüssungsakt am ersten Tag in Zürich werden Kaffee und „Gipfeli" organisiert. Die Fribourger Mitarbeitenden sprechen aufgrund der Anforderungen im KDZ alle sehr gut Deutsch und verstehen auch Schweizerdeutsch, dennoch ist ihnen ihre Herkunft aus der Romandie, der französischen Schweiz, wichtig. Sie warten vergeblich auf ein „Bonjour", eine, wenn auch kleine, Begrüssung auf Französisch. Die Begrüssung auf Schweizerdeutsch durch Hannes Dubacher fällt freundlich, aber sehr knapp aus. Alle Mitarbeitenden finden auf ihrem Arbeitsplatz ein Blatt mit den wichtigsten administrativen Informationen sowie ihre leicht modifizierten Stellenbeschreibungen.

Maurice Garnier, Teammitglied von Michel Volet, schleicht an seinen neuen Arbeitsplatz. Als Volet ihn anspricht und wissen will, wie es ihm gehe, meint er nur lakonisch:

> Ich bin ja ganz grundsätzlich begeisterungsfähig, das weisst du. Aber ein bisschen was muss man schon tun, damit ich mich begeistere. Heute bin ich nicht begeistert.

Begegnungen und Gespräche dieser Art hat Volet nun häufiger; allmählich beginnt er an seiner bisherigen Haltung zu zweifeln.

Bei Georges Godel verstärken sich die negativen Empfindungen bezüglich der Zusammenlegung:

> Ich ärgere mich. Alle sitzen an neuen Arbeitsplätzen, machen denselben Job wie vorher und arbeiten fast mit denselben Leuten wie vorher zusammen. Ich frage mich gerade, weshalb ich heute nun drei Stunden Arbeitsweg auf mich nehmen musste. Und das nicht nur heute, sondern auf Dauer.

Paul Coudret und Lucienne Brandt, beide Mitglieder des Teams von Georges Godel, unterhalten sich im Januar 2016 über den bisherigen Prozess. Paul Coudret ist enttäuscht:

> Ich finde, die Zürcher waren gar nicht auf unsere Ankunft vorbereitet. Sie dachten einfach: „Ja, die Fribourger kommen. Sie gehen dann irgendwann einmal in eine Ecke arbeiten, und für uns geht es einfach weiter wie zuvor." Die Arbeit und die Technik wurden umgesiedelt. Wir sind irgendwie mitgekommen, mehr aber auch nicht … wie Möbelstücke.

Lucienne Brandt pflichtet ihm bei und setzt noch einen drauf:

> Und dann das erste Weihnachtsessen. Klar, das wurde in Zürich gemacht, wo sonst? Mit all den Ansprachen und dem Essen wurde es so spät, dass wir fast nicht mehr nach Hause gekommen sind. Ich habe mir gedacht: „Na dann: Frohe Weihnachten!"

Die Restrukturierung aus heutiger Sicht

Im November 2016, ein Jahr nach der effektiv vollzogenen Zusammenlegung des KDZ und der Zentrale Zürich, reflektiert Teamleiter Georges Godel die erste Zeit in der neuen Abteilung „Operations":

> Gleich zu Beginn hat es Streitigkeiten zwischen den Fribourger und Zürcher Teamleitern gegeben. Unsere Arbeitsabläufe haben einfach mehr Sinn gemacht: einfach, verständlich, effizient. Aber es wurde gar nicht diskutiert. Es war immer klar: Wir mussten uns den Zürchern anpassen. Es wurde immer ins Feld geführt: „Hannes Dubacher will es so." Die Teamleiter kannten ihn von früher. Überprüfen konnten wir es nicht, denn auch unsere Beziehung zu den Bereichsleitern, die vom Geschäft noch nicht so viel verstanden, war eher distanziert, und direkt konnten wir nicht auf Dubacher zugehen. Die Zürcher Teamleiter haben immer zum Ausdruck gebracht, sie seien ja die „Zentrale".

In Bezug auf die Arbeitskultur stellt Teamleiter Georges Godel fest:

> Eine gemeinsame Kultur ist bis heute nicht spürbar. In den Teams ist man ja weiterhin unter sich. Ich finde das nicht gut. Da wir im Grossraumbüro arbeiten, brauchen wir Trennwände, um ungestört zu arbeiten. Interessanterweise stehen die Trennwände zwischen den Teams. Das macht Sinn, weil die Teams ja zusammenarbeiten. Aber es ist dadurch eben auch so, dass die Fribourger durch Trennwände von den Zürchern abgegrenzt sind. Und das zieht sich durch alles durch. Die Fribourger sitzen beim Weihnachtsessen zusammen, gehen nur unter sich in die Kaffeepause und so weiter. Total komisch. Da spricht dann jeder seine eigene Sprache – aber miteinander sprechen wir kaum. Was auch noch komisch ist: In Zürich muss immer zuerst der Chef gefragt werden, bevor die Mitarbeitenden etwas machen. Bei uns Fribourgern läuft alles ein bisschen informeller und dynamischer ab – ich habe gemerkt, dass das hier in Zürich schon immer ein etwas hierarchischer Laden war – mich erinnert das ein bisschen an Grossvaters Zeiten. Modern ist es allemal nicht.

Der für zwei der Fribourger Teams und drei der Zürcher Teams zuständige Bereichsleiter Martin Gubser kommt nach diversen Gesprächen mit seinen Teamleitern und eigenen Beobachtungen zu folgender Einschätzung:

> So wie ich die Situation wahrnehme, ist die Arbeitsmotivation der Fribourger in Zürich gesunken. Vorgesetzte und Mitarbeitende aus Fribourg gehen um 6:04 Uhr auf den Zug und kommen um 7:28 Uhr in Zürich an. Sie haben 5 Minuten zum Arbeitsplatz. Meistens machen sie keinen oder nur einen sehr kurzen Mittag und gehen dann möglichst schon um 15:32 Uhr wieder auf den Zug. Ich verstehe ja, dass sie eine lange Heimreise haben, und es ist auch gut möglich, von zu Hause aus zu arbeiten. Trotzdem habe ich den Eindruck, sie arbeiten hier nur mit halber Kraft.

Teamleiter Georges Godel bestätigt diese Aussage und ergänzt:

> Mitarbeitende, welche in Fribourg sehr initiativ waren, haben ihren Arbeitseinsatz auf ein Minimum reduziert. Sie sind in Zürich irgendwie nur noch anwesend. Sie machen ihren Job, vorwerfen kann man ihnen nichts ...

Anita Weber kommt zu einem ganz anderen Schluss. Sie ist der Auffassung, dass in der Zentrale in Zürich der Umzug auf organisatorischer Ebene gut vorbereitet wurde:

> Es wurden diverse Testläufe sämtlicher technischer Systeme gemacht, damit das ab dem ersten Tag sicher funktioniert. Und so war es dann auch. Sobald die Leute alle bei uns waren, spürte man sofort, dass gearbeitet wird – das lief wie am Schnürchen.

Sie zieht ein positives Resümee aus der Zusammenführung:

> Es ist ganz witzig, aber mir fällt eigentlich gar nicht auf, dass jetzt die Fribourger da sind. Ich kannte ja die Gesichter aus Fribourg über das Projekt. Ja, ja, die Zürcher, das weiss ich, grüssen nicht so. Aber da müssen die Leute eben von sich aus einen Schritt aufeinander zugehen. Klar, der Lateiner und der Deutsche ticken ja nicht gleich. Die sind im Kopf irgendwie anders verkabelt. Von daher ist es sicherlich richtig, dass sie in getrennten Teams arbeiten.

Für das Fribourger Teammitglied Paul Coudret, bekannt für seine markigen Worte, ist die Integration gescheitert:

3 MOBIL macht mobil

Eigentlich müsste das wie bei einer Ehe sein. Beide wollen es und beide sagen ja. Ich habe den Eindruck, dass wir Fribourger wie bei einer Shopping-Tour einfach eingekauft wurden. Was vorher in Fribourg war, das will niemand, aber wirklich gar niemand hören. Ich habe das Gefühl, wir müssen den Zürchern tagtäglich dankbar sein – so nach dem Motto: „Wir haben euch ja gerettet."

„In Zürich lief und läuft alles richtig." Das ist die Antwort, die man hört, wenn man mal einen Änderungsvorschlag macht. Das Problem ist einfach, dass seit unserem Umzug nach Zürich alles irgendwie schwerfälliger läuft. Arbeitsschritte dauern länger, man muss auf umständliche Weise Bewilligungen einholen. Effizienter sind wir heute nun ganz sicher nicht.

Peter Müller, ein neuer Zürcher Teamleiter, der schon vorher bei MOBIL in der Zentrale tätig war, kommt zu diesem Schluss:

Ich finde, dass wir alle diesen Change akzeptiert haben. Aber Euphorie darf hier wirklich keiner erwarten. Die Leute aus Fribourg sind halt dazugekommen. Gebraucht hätten wir sie nicht. Erfolgreich waren sie auch nicht wirklich. Aber wir sind ja keine Unmenschen. Sie sollen schon eine Chance bekommen bei uns.

Bereichsleiter Hannes Dubacher stellt heute fest:

Die Integration hat klar Vorteile gebracht, die Kommunikationswege sind viel kürzer. Man kann nun einfach bei einem anderen Team vorbeigehen und Probleme ansprechen und klären. Aber wir nutzen das bis heute viel zu wenig. Ich frage mich unterdessen auch, ob es die richtige Entscheidung war, die Zürcher und die Fribourger unter sich zu lassen. Wir wollten, dass sich die Fribourger wohlfühlen, und wir wollten insgesamt keine Unruhe stiften – auch bei den Zürchern nicht. Da haben wir uns zu Beginn ein Ei gelegt – heute würde ich das sicher anders machen. Was mir vor Kurzem aufgefallen ist: Bei den Arbeitsprozessen sind wir immer komplizierter geworden. Häufig führen Diskussionen zwischen den Teamleitern zu neuen Regelungen – dabei bräuchte man diese gar nicht, wenn man direkt miteinander kommunizieren würde. Wir haben eine arbeitsfähige Abteilung. Das haben wir gut hinbekommen. Aber „eine Abteilung" ist es noch lange nicht. Das wird nun die Aufgabe für die kommende Zeit werden.

Leitfragen zur Diskussion
1. Beschreiben Sie, wie der Wandel seitens der Führung gestaltet wurde.
2. Wie erklären Sie sich die Demotivation der Fribourger und die fehlende Euphorie der Zürcher?
3. Wie erklären Sie sich, dass die unterschiedlichen Gruppierungen den Restrukturierungsprozess sehr unterschiedlich bewerten?

Das Plaza

Ingo Stolz

Zusammenfassung

Das Hotel Plaza blickt auf eine lange und stolze Geschichte zurück. Es bot seit Jahrzehnten als niveauvolle Luxus-Perle bewährte und beliebte Exklusivität inmitten schönster Natur. Nun aber spürt auch das „zeitlose" und stets erfolgreiche Plaza die veränderten Ansprüche der Kunden. Dies zeigt sich an deutlich sinkenden Buchungszahlen. Gleichzeitig steht ein Wechsel in der Hotel-Führung unmittelbar bevor. Mit bassem Staunen beobachten Kunden, Konkurrenten und Regionalpolitiker, wie geradezu panisch das Plaza auf die veränderten Ansprüche reagiert und den Führungswechsel organisiert. Zunächst wird reflexartig und kurzfristig ein externes Beratungsunternehmen engagiert, das das Plaza wieder auf Kurs bringen soll. Aufgrund mangelnder Auftragsklärung, Analyse, Expertise und Kenntnis des Zielmarktes treffen die externen Berater aber wirkungslose und zum Teil schädliche Entscheidungen. Gleichzeitig wird sichtbar, dass die verkrusteten Strukturen und Arbeitsroutinen des Plaza jegliche Veränderungen geradezu unmöglich machen. Es droht der vollständige Absturz, weil sich das Plaza zunehmend in einem führungslosen Zustand befindet, da niemand der Besitzerfamilie Verantwortung übernehmen will und den destruktiven Entwicklungen entgegensteht. In diesem Moment greifen dann doch die Inhaberfamilie und die Politik ein; das Aushängeschild Plaza darf dem regionalen Tourismus nicht verloren gehen. Die Zusammenarbeit mit dem externen Beratungsunternehmen wird per sofort beendet und ein neuer Hoteldirektor wird eingesetzt. Dessen Massnahmen ermöglichen wieder erste Erfolge.

I. Stolz (✉)
Institut für Betriebs- und Regionalökonomie, Hochschule Luzern, Luzern, Schweiz
E-Mail: ingo.stolz@hslu.ch

Winter 2011/2012
Das Plaza ist das beste und bekannteste Luxushotel eines touristisch besonders attraktiven schweizerischen Alpentales in Appenzell Innerrhoden am Sigelwald. Es ist eine Ikone der Region. Das Hotel blickt auf eine lange Geschichte zurück und geniesst einen hervorragenden Ruf weit über die Landesgrenzen hinaus.

Das Plaza hat sich über die letzten Jahrzehnte kaum verändert. Der Hotelgast weiss, woran er oder sie ist. Während sich die meisten Hotels der Region fortlaufend auf neue Trends einstellen, scheint das Plaza mit dem immer gleichen Rezept erfolgreich zu sein: Exklusivität und Familiarität. Und plötzlich der Schock: 2010 schreibt das Hotel zum ersten Mal in seiner Geschichte rote Zahlen. Die Hotelangestellten trauen ihren Augen nicht. Man hört immer wieder Sätze wie diese:

> Das kann doch nicht sein. Da hat jemand falsch gerechnet.
> Na gut, ein paar Gäste weniger. Aber das ist bei anderen doch aus so. Das schaffen wir schon wieder.
> Jetzt dürfen wir auf keinen Fall das Hotel auf den Kopf stellen. Das Plaza muss bleiben, was es immer war. Das ist unser Erfolgsrezept.

Den Mitarbeitenden ist das Plaza einfach das Wichtigste, für manche sogar ihr Lebensmittelpunkt. Sie und das Plaza sind „eins". Eine Anstellung beim Plaza gilt als sicher und wird als Privileg empfunden. Dazu sind die Arbeitsbedingungen angenehm und die Arbeitsbelastung mässig. Es gibt schöne Uniformen, das Essen während der Arbeit ist gratis. Die Mitarbeitenden finden zuweilen sogar während der Arbeitszeit Raum zum Zeitunglesen, Kartenspielen oder für die Erledigung privater Angelegenheiten ausserhalb des Hotels.

Die wirtschaftliche Grosswetterlage der letzten Jahre hat aber dazu geführt, dass die Gewinne des Plaza stetig sinken. Das Management ist jedoch nicht weiter um die Zukunft besorgt und auch nicht wirklich an neuen Managementkonzepten interessiert. Diese werden als „neumodischer Kram" abgetan. Der Kundenstamm ist gross und die meisten der Gäste würden sicher immer wiederkommen, so die herrschende Meinung.

Der Gemeinderat[1] von Sigelwald wird dagegen langsam unruhig. Das Plaza gilt als systemrelevant für die Gemeinde, denn es ist stets eine sichere Einnahmequelle für die Gemeindekasse gewesen und hat positive Effekte für den gesamten Tourismus der Gegend. Nach vielen kontroversen Diskussionen und Sitzungen um die Frage, ob er sich überhaupt einmischen soll, entscheidet der Gemeinderat, dass nun etwas unternommen werden müsse. Reto Manser, der Gemeindepräsident, geht auf die Besitzerfamilie Kölbener zu. Familie Kölbener ist dankbar für die Initiative des Gemeinderates, stellt sich die Führungsfrage des Hotels doch schon seit einiger Zeit. Mit dem kurz vor der Pensionierung stehenden Hoteldirektor Urs Merz ist der letzte Familienvertreter (er hat in die Familie Kölbener eingeheiratet) im operativen Geschäft des Hotels tätig. Kein anderes,

---

[1]Der Gemeinderat ist die politische Exekutive, respektive die „Regierung" auf Gemeindeebene.

jüngeres Familienmitglied will aktiv in das Management des Plaza einsteigen. So nimmt die Familie Kölbener die Initiative des Gemeinderates als willkommenen Anlass, schon längst anstehende Entscheidungen über die zukünftige Führung des Plaza zu treffen. Und so kommt man rasch überein, dass die Expertise im zeitgemässen Hotelmanagement einfach fehlt, sowohl in der Familie als auch in der bisherigen Belegschaft des Plaza, und es wird daher eine internationale Suche nach einem Managementpartner gestartet. Mit dem Hamburger Beratungsunternehmen Privileged Stays wird schliesslich eine Firma gefunden, die sich darauf spezialisiert hat, prestigeträchtige Traditionshotels im deutschsprachigen Raum zu führen bzw. zu modernisieren oder zu sanieren. Damit ist Privileged Stays an verschiedenen Standorten in Deutschland (Berlin, München), Österreich (Wien) und der Schweiz (Zürich, Bern) sehr erfolgreich. Ende 2011, nach langen und ins Detail gehenden Verhandlungen zwischen der Eigentümerfamilie und Privileged Stays, wird der Managementvertrag für die Dauer von zwei Jahren unterschrieben.

> Ja, das hat schon seine Zeit gebraucht. Es ist ja auch eine Sache von Vertrauen. Aber was lange währt, wird endlich gut. Klar, man kann skeptisch sein, eine Firma, die von so weit her kommt, hier ins Appenzell zu holen, aber am Ende hat sich doch die Kompetenz durchgesetzt. Und auf dem Feld gibt es einfach keine Besseren. Ausserdem bleiben die ja nicht für immer. (Beat Fässler, Mitglied der Eigentümerfamilie)

Privileged Stays soll nun für zwei Jahre das gesamte höhere Management begleiten, um das Plaza wieder auf Vordermann zu bringen. Peter Zech, ein erfahrener Hotelmanager im Dienste von Privileged Stays, wird als neuer Direktor eingesetzt. Urs Merz wird somit ein Jahr vor seiner eigentlichen Pensionierung frühpensioniert. Die Verabschiedung von Merz ist sehr bewegend, denn er ist nicht nur Hoteldirektor, sondern mit seiner Persönlichkeit, Geschichte, seinen Beziehungen und als Repräsentant der Besitzerfamilie eine Symbolfigur des Tourismus der Region gewesen. Und so bleibt der Satz des Vorsitzenden des regionalen Tourismusverbandes allen in Erinnerung: „Der Lotse geht von Bord." Dies ist Ende März 2012 gewesen. Am 1. April ist Peter Zech der neue Hotelmanager.

Die Mitarbeitenden sind trotz der grossen Verbundenheit zu Urs Merz nicht sehr besorgt über die Ablösung des alten Patrons, steht doch die Nachfolgefrage ohnehin an. Und nun weiss man wenigstens, mit wem es weitergehen soll. Das bisherige Hotelmanagementteam fühlt sich aber von den Entscheidungen überrumpelt. Es soll zwar weiterhin im Amt bleiben und mit der Hilfe des Hamburger Teams in die Managementmethoden von Privileged Stays eingearbeitet werden. Jedoch werden die bisherigen leitenden Angestellten in die grundlegenden Entscheidungen nicht einbezogen und auch nicht über die neuen Pläne informiert. Petra Bischofberger, die bisher die Buchungen und die Rezeption geleitet hat, fasst die Stimmung wie folgt zusammen:

> Bisher war Urs Merz immer für uns da. Das stimmt schon, manchmal ging es etwas autoritär zu bei uns, Merz bestimmte halt so ziemlich alles. Aber jetzt, so hat man den Eindruck, reden da plötzlich viele mit. Sogar der Gemeinderat; und die haben ja gar keine Ahnung vom Hotelfach. Mal sehen, ob das dieser Neue, dieser Zech, wieder alles auf Linie bringt. Irgendwie fühlt sich das alles so fremd an.

April 2012

Schnell stellt Peter Zech fest, dass weitreichende Veränderungen in der Arbeitskultur des Hotels nötig sind. Es gibt verkrustete Beziehungsgeflechte altgedienter Angestellter, es fehlt eine professionelle Haltung zum Kunden. Zech sieht die hohen Qualitätsstandards an Luxushotels, die bei Privileged Stays üblich sind, nicht im Entferntesten eingehalten. Ihm ist deshalb klar, dass er schnell diejenigen Mitarbeitenden identifizieren muss, die motiviert und dynamisch genug sind, diese Qualitätsstandards für das Plaza zu erreichen. Gleichzeitig wird ihm deutlich, dass viele der bisherigen Mitarbeitenden, einige davon schon seit über 30 Jahren beim Plaza, nicht genug Motivation und Effizienz an den Tag legen. Sie reden zu lange mit den Hotelgästen und unterhalten sich da und dort immer mal wieder miteinander. Zu allem Unglück sprechen einige der Mitarbeitenden auch kein Englisch – ein „No-Go" für ein Spitzenklassehotel in der heutigen Zeit.

Peter Zech beschliesst ausserdem, den alten Hoteltrakt zu schliessen. Nur der um einige Jahre neuere, modernere und grössere Teil des Hotels soll offen bleiben. Susanne Wiehrs, die Leiterin des Front Office, gibt zwar zu bedenken, dass das Hotel zu gewissen Zeiten und Anlässen komplett ausgebucht sei. Zech weist aber darauf hin, dass für die meiste Zeit des Jahres die reduzierte Bettenzahl sehr gut ausreiche. Als Susanne Wiehrs erwidert, dass im alten Teil des Plaza doch das Herz des ganzen Hotels schlage, wird dies von Peter Zech mit Verweis auf die zu hohen Fixkosten als Emotion abgetan:

> Wir müssen uns die Fakten anschauen und uns nicht von diffusen Emotionen leiten lassen.

Die Schliessung ist damit beschlossene Sache.

Natürlich ist damit auch klar, dass weniger Angestellte benötigt werden. Es wird errechnet, dass für die neue Grösse und die effizienteren Arbeitsstrukturen von den 100 Angestellten nur noch 60 benötigt würden. Den altgedienten Managern bleibt im wahrsten Sinne des Wortes die Luft weg angesichts dieser Zahl:

> 40 Leute weniger. 40 Leute! Ich kann mir das gar nicht vorstellen. Wie sind da unsere Arbeitsprozesse aufrechtzuerhalten? Und wenn ich dann auch noch daran denke, dass hinter dieser Zahl tatsächlich 40 Gesichter stehen, ganz reale Menschen, Schicksale, die doch zu uns gehören. Das ist unbeschreiblich hart! (Urs Sutter, Chef Einkauf)

Das Gerücht der bevorstehenden Streichung von Stellen verbreitet sich wie ein Lauffeuer. Wie die Information zu den Mitarbeitenden durchgedrungen ist, ist unklar, denn es wird zunächst nichts offiziell kommuniziert. Die Entscheidung sollte den Mitarbeitenden erst nach Information des Gemeinderates mitgeteilt werden. Was den Mitarbeitenden aber nun offiziell mitgeteilt wird, ist die temporäre Anstellung von vier Hotelmanagern von Privileged Stays, wie im Managementvertrag festgeschrieben. Ein Mitarbeiter fasst die Stimmungslage der Belegschaft wie folgt zusammen:

> Ich bin mir nicht sicher, ob die Neuen da oben wirklich verstehen, was sie machen. Den wahren Geist des Plaza erkennen und verstehen sie auf alle Fälle nicht. Aber verärgerte Geister rächen sich ja irgendwann. Damit will ich dann aber lieber nichts zu tun haben. Gewollt werden wir Alten ja sowieso nicht mehr. (Reto Rusch, Wäscherei)

Peter Zech ist zuversichtlich, innerhalb von zwei Jahren die neuen Qualitätsstandards zu erreichen. Mit diesem Plan im Kopf verkündet er in einer Betriebsversammlung, dass ab August 2012 alle verbleibenden Mitarbeitenden ein zweimonatiges Training zu durchlaufen hätten und dass zusätzlich Mitarbeitende gesucht würden, die die richtige Arbeitseinstellung mitbrächten. Zech betont:

> Die allzu familiäre Atmosphäre in unseren Prozessen muss zunehmend ersetzt werden durch Qualitätsstandards, und diese erreicht man nur durch Weiterbildung. Wir sind ein Unternehmen, und unser Schlachtfeld ist der moderne Markt. Da sticht nur Qualität, Qualität und nochmals Qualität!

Die starren Beziehungsgeflechte unter den Mitarbeitenden hindern Peter Zech daran, die für seine Ziele Besten auszuwählen. Besieht man sich die Belegschaft genau, so ist festzustellen, dass es insgesamt 14 Familien aus der näheren Umgebung gibt, die je zwei oder sogar mehr Mitarbeitende stellen. Ausserdem ist die Arbeitsbelastung zuungunsten der neueren und jüngeren Mitarbeitenden ungerecht verteilt; die Älteren verschwinden oft zur Untätigkeit hinter die Kulissen des Betriebes. Zech will diese tief verankerten und unproduktiven Arbeitsverhältnisse aufmischen; darin sieht er die Grundursache des stetigen und leisen Niedergangs des Plaza.

Juli 2012
Ende Juli kommen die vier neu berufenen Hotelmanager von Privileged Stays aus Hamburg an; das bestehende Managementteam wird damit faktisch degradiert. Die Neuen beginnen unmittelbar damit, mit strengen Richtlinien die Arbeitsproduktivität der Mitarbeitenden zu evaluieren. Jeder Mitarbeitende, der die neuen Standards von Privileged Stays nicht erreicht, wird aus der ab August geplanten Weiterbildungspipeline herausgenommen und auf Ende November entlassen. Zech fasst zusammen:

> Jetzt fängt es an zu laufen. Ich gebe zu, dass diese Schritte radikal sind, und auch hart für manchen. Am Ende aber kommt es sowohl dem Plaza als auch den verbleibenden Mitarbeitenden zugute. Denn nur mit einer erfolgreichen Institution können wir mit der Konkurrenz mithalten. Und diese Konkurrenz ist eben nicht mehr nur im Nachbarort zu sehen, und auch nicht mehr nur im nächsten Tal oder woanders in der Schweiz. Wir konkurrieren international in einem sich schnell verändernden Luxussegment. Klar brauchen wir da die Werte der Tradition, die ein Hotel wie das Plaza mitbringt. Das schätzt das Publikum. Aber auch diese Tradition müssen wir mit den heutigen Entwicklungen auf internationaler Ebene in Beziehung setzen. Auf dieser Ebene müssen wir bestehen. Tradition bedeutet nicht einfach nur alt zu sein. Sie muss inszeniert und besonders hervorgehoben werden. Nur dann können wir richtig Geld dafür verlangen.

Zur selben Zeit klopft die Reiseagentur Elite Travels beim Plaza an. Elite Travels ist immer eine sehr wichtige Agentur für das Plaza gewesen. Ihr CEO ruft persönlich an, um ein kleines Bankett für eine französische Touristengruppe zu buchen. Der neue Manager des Speiserestaurants, Thomas Delft, teilt dem CEO von Elite Travels aber zu dessen Überraschung mit, dass ihr Angebot zu niedrig sei, und verweigert auf Basis des geforderten Preises einen Deal. Delft fordert vielmehr „den vollen Preis". Delfts Stellvertreter, Thomas Inauen, seinerseits schon viele Jahre für das Restaurant des Plaza tätig, empfiehlt ihm, das Gebot doch anzunehmen. Delft weigert sich aber strikt. Elite Travels fackelt nicht lange und kündigt als Reaktion alle bereits gebuchten Arrangements mit dem Plaza auf.

Schon nach kurzer Zeit unter neuem Management steigt die Arbeitsbelastung merklich an. Die Arbeitsprozesse werden effizienter und effektiver gestaltet. Gleichzeitig verliert das Plaza aber auch Kunden und internes Personal. Zum Beispiel kündigt eine Hotelmanagerin, die schon seit über 25 Jahren für das Plaza tätig gewesen ist, weil sie sich zunehmend übergangen fühlt. Ein Konkurrenzhotel empfängt sie mit offenen Armen. Ihr folgen einige Gäste, die bisher dem Plaza treu verbunden gewesen sind.

September 2012
Das Management sieht sich zu raschem Handeln veranlasst. Die Belegschaft muss einfach noch schneller reduziert werden. Allen Mitarbeitenden, die weniger als fünf Jahre für das Plaza gearbeitet haben, wird ein freiwilliges Entlassungspaket angeboten. Das neue Managementteam sieht dieses Vorgehen als eine attraktive Option, da ein solches Paket für die dienstjüngeren Mitarbeitenden für das Hotel sehr viel billiger zu haben ist als die Kompensation für langjährige Mitarbeitende. Zusätzlich wird klargemacht, dass das Plaza keine neuen Mitarbeitenden mehr einstellen könne. Sieben junge Mitarbeitende nehmen das Paket an. Einer davon sagt:

> Jetzt verstehe ich gar nichts mehr. Erst schien es für uns Junge gut zu laufen nach der Ablösung von Merz. Es kam frischer Wind hinein. Die alten Seilschaften des Plaza hatten es uns Jungen doch sehr schwer gemacht, aufzusteigen und in verantwortungsvolle Positionen hineinzuwachsen. Plötzlich ging es um Qualität und Weiterbildung. Das habe ich als Chance begriffen. Aber kurze Zeit später sind wir doch wieder nur der tiefste Kostenfaktor, der am einfachsten entlassen werden kann. Diese Orientierungslosigkeit macht mir Sorgen. Und da dachte ich, da gehe ich lieber freiwillig, solange ich noch etwas dafür bekomme. Das Entlassungspaket war dann doch die attraktivste Option unter den Umständen im Moment.
> (Reto Sutter, Koch)

Aber es verlassen auch immer mehr erfahrene Mitarbeitende das Plaza, sobald sie eine anderweitige Anstellung finden können. Sie haben Sorge, dass das neue Managementteam auch in Zukunft weitere Stellen abbauen würde. Insgesamt ist die Stimmung unter den Mitarbeitenden von grossen Bedenken geprägt.

Oktober 2012
Zwei der vielversprechendsten Talente des Front Office und des Restaurantteams reichen ihre Kündigung ein. Zugleich haben viele der noch verbliebenen Mitarbeitenden, insbesondere die älteren unter ihnen, Mühe, mit der neuen, hohen Arbeitsbelastung zurechtzukommen. Viele dieser Mitarbeitenden sind zwar schon lange im Geschäft, haben aber oftmals keine Ausbildung im Hotelfach und verstehen nur schwer die neuen Managementkonzepte wie Customer Relationship Management. Man hört Aussagen wie:

> Ich verstehe gar nichts mehr. Worum geht es ihnen eigentlich? Die Kunden kennen uns schon lange, schätzen, dass wir uns Zeit nehmen für sie, und lieben das Ambiente im Hotel. Deswegen kommen sie. (Daniela Sonderegger, Rezeption)

Auch der „deutsche Arbeitsstil", den das neue Hotelmanagementteam mitbringt, erscheint einigen fremd und ungewöhnlich. Ein typisches Statement ist:

> Einerseits will ich, dass ich informiert werde von den Neuen. Und das passiert viel zu selten. Andererseits aber, wenn ich die dann höre mit ihrer norddeutschen Sprache, kann ich gar nicht hinhören. Ich verstehe sie zwar, aber es ist trotzdem, als ob die eine andere Sprache sprechen. Irgendwie finde ich die alle ganz schön arrogant. (Beat Locher, Service)

Auch die Neuorganisation der Pausen zeigt negative Auswirkungen. Aufgrund der Staffelung der Pausenzeiten essen die Mitarbeitenden nicht mehr gemeinsam in ihren Teams. Die Atmosphäre im Pausenraum ist zunehmend bedrückt. Die Mitarbeitenden verstehen es einfach nicht, warum diese Möglichkeit zum gemeinsamen Zusammensein und Austausch abgeschafft worden ist. Obwohl sie nun richtige, festdefinierte Zeitfenster haben, die sogar manchmal länger sind als früher, fühlt sich alles wie ein enges Korsett an.

November 2012
Nur wenige Gäste sind im Plaza zu finden. Wie erwartet bucht auch Elite Travels keine Bankette mehr, was in den Vorjahren gerade in der Nebensaison für gerngesehene Einnahmen gesorgt hat. Auch die Schliessung des alten Teils des Hotels wirkt sich negativ aus, denn gerade das Stammpublikum mag den Charme und die Intimität des alten Hoteltraktes.

November ist der letzte Arbeitsmonat für eine grosse Anzahl von Mitarbeitenden: sowohl für diejenigen, denen im Juli gekündigt worden ist, als auch für diejenigen, die das freiwillige Entlassungspaket angenommen haben. Peter Zech will diesen Entlassungsprozess nun so schnell wie möglich hinter sich bringen, um weitere Unruhe zu vermeiden. Am zweiten Montagmorgen des Novembers werden alle zu entlassenden Mitarbeitenden einbestellt, und es wird ihnen der restliche Lohn bzw. das Entlassungspaket ausgezahlt. Zugleich werden sie aufgefordert, ihre Sachen zu packen, ihre Uniformen abzugeben und das Hotel bis 12 Uhr zu verlassen.

Unter den verbliebenen Mitarbeitenden macht sich immer grössere Unsicherheit breit. Sie haben das Vertrauen verloren, dass jahrelange Arbeit belohnt würde. Sie zeigen deshalb zwei sehr unterschiedliche Gesichter: ein gekünstelt freundliches für das Managementteam von Privileged Stays, und ein sehr besorgtes, wenn sie unter sich sind.

Die Buchungen nehmen kontinuierlich ab. Der Tiefpunkt ist jene Novembernacht, in der nur ein zahlender Gast im Plaza ist, alle anderen Zimmer stehen leer. Alle Vorbuchungen sind nun ausgelaufen, und es kommen kaum mehr neue Buchungen hinzu. Die lokale Tourismusindustrie bekommt die prekäre Lage des Plaza natürlich mit und ist überrascht über dessen rapide negative Entwicklung. Vor allem aber ist sie besorgt, denn das Plaza ist immer ein Zugpferd der Region gewesen. Der Hotelier eines Nachbarhotels, Gernot Hübeli, sagt:

> Zugegebenermassen war ich immer etwas neidisch auf das Plaza. Ich musste mich abrackern, und die hatten scheinbar immer automatischen Erfolg. Wenn man mal oben ist, dann ist man eben oben, so dachte ich. Aber jetzt geht alles sehr schnell und steil bergab. Und das macht mir dann doch Sorge. Das Plaza spielt zwar in einer anderen Liga als ich, aber letztlich brauche ich das Plaza auch. Es zieht Touristen aller Schichten an, einfach weil es da ist und eine Ausstrahlung hat, und viele von diesen Touristen kommen dann eben bei mir unter.

Peter Zech muss zugeben, dass jeder Tag ein grosser Kampf ist. Dennoch glaubt er an die Fortschritte, die gemacht werden. Zumindest er sieht sie.

Die Zahlen sprechen jedoch eine eindeutige Sprache. Das Plaza verliert immer mehr Geld. Die ursprünglichen Pläne der Serviceverbesserung und der Modernisierung und Erneuerung des Plaza geraten deshalb zunehmend in den Hintergrund. Diejenigen Stimmen, die schon immer gegen eine Modernisierung argumentiert haben, gewinnen langsam die Oberhand:

> Für mich war das von Anfang an klar. Wenn man etwas verändern will, muss man sich erst einmal fragen, was man überhaupt als Wert vor sich hat. Denn nur wenn man diese Werte erkennt und erhält, kann Erfolg stattfinden. Auch wenn das Plaza in den letzten Jahren Probleme hatte, so war das Konzept nach wie vor das richtige, die Werte waren richtig. (Beate Zeller, Gemeinderätin)

Für alle, die am Plaza hängen, ob direkt oder indirekt, ist die Mitteilung Ende November am schockierendsten, dass das Hotel im Januar kein Geld mehr haben werde, um die Löhne der Mitarbeitenden zu zahlen, wenn die Buchungszahlen nicht wieder anstiegen.

Obwohl den verbleibenden Mitarbeitenden immer wieder gesagt wird, dass ihre Stellen sicher seien, herrscht eine deprimierende Stimmung. Die Belegung des Plaza pendelt sich im November auf niedrige 6 % ein, wohingegen andere Hotels in der Region trotz Nebensaison eine Belegungsrate von bis zu 40 % haben.

Dezember 2012
Die liquiden Mittel des Hotels sind bereits so gut wie ausgeschöpft. Die ausserordentlichen Kosten sind gross gewesen, insbesondere die Auszahlung der Entlassungspakete und das Gehalt für das vierköpfige Managementteam. Die finanzielle Notlage zwingt Peter Zech, die kostenintensivsten Veränderungsmassnahmen zunächst auf Eis zu legen. Neue Computer werden zwar noch installiert, aber bezahlt werden sie zunächst nicht. Es geht die Angst um, dass sogar die Dezember-Löhne nun nicht mehr bezahlt werden könnten. Zulieferer beginnen sich zu sorgen, ob sie auch weiterhin für ihre gelieferte Ware bezahlt würden.

Und dann geht alles sehr schnell, Panik liegt in der Luft. Noch vor Weihnachten wird eine ausserordentliche Sitzung der Inhaberfamilie unter Beizug des Gemeindepräsidenten einberufen, um die Zukunft des Plaza zu diskutieren. Seit April beobachten alle Beteiligten mit Sorge den steten Rückgang der Buchungszahlen sowie die schlechte Stimmung innerhalb und im Umfeld des Plaza. Zudem wären für die Durchführung der Veränderungspläne noch weitere finanzielle Ressourcen nötig. Man gelangt zu der

Überzeugung, dass die Zeit zum Eingreifen gekommen sei. Die Inhaberfamilie ist nicht bereit, Geldmittel für die Bezahlung des laufenden operativen Geschäfts zur Verfügung zu stellen und gleichzeitig die Strategie von Privileged Stays weiter zu verfolgen. Noch vor Ende der Weihnachtspause erhält Privileged Stays einen Brief mit der sofortigen Aufkündigung des Managementvertrages. Nur Peter Zech bleibt noch eine Weile, um die genauen Terminationsbedingungen mit der Inhaberfamilie auszuhandeln; die anderen vier Hotelmanager von Privileged Stays kommen gar nicht mehr aus der Weihnachtspause zurück. Allen Beteiligten ist klar, dass es nun einen langjährig gedienten Mitarbeitenden braucht, der das Hotel und die Verhältnisse gut kennt. Urs Sutter, Chef Einkauf, wird angefragt, und er sagt mit grosser Freude zu, das Hotel per sofort interimistisch bis im Sommer 2013 zu führen, wenn eine endgültige Entscheidung über einen neuen Direktor gefällt werden soll.

Und tatsächlich: Die Buchungszahlen ziehen wieder an. Im Juni 2013 können 16 der entlassenen Mitarbeitenden wieder eingestellt werden. Das hat auch damit zu tun, dass man den alten Hoteltrakt wieder eröffnet – das spricht sich schnell herum, zumal die Inhaberfamilie für eine konservative Teilrenovation finanzielle Mittel bereitstellt. Die kühlen Rechner können vorweisen, dass der endgültige Verlust des Plaza sowohl für die Inhaberfamilie wie auch für die ganze Region mehr Einbussen mit sich bringen würde, als eine alles in allem überschaubare Investition.

Es wird deutlich, dass das Plaza den von Privileged Stays initiierten Veränderungen standgehalten hat. Aber würde das Hotel auch langfristig in den sich verändernden Marktkräften bestehen? Und: Was hat man eigentlich aus diesem „Vorfall" gelernt? Gerade die letzte Frage lässt den Gemeinderat nicht los, steht doch der nächste Modernisierungsfall an, an dem er auch noch beteiligt ist: das Skigebiet und die Liftanlagen am Hang des Sigelwaldes.

> **Leitfragen zur Diskussion**
> 1. Wie lässt sich das Hotel Plaza charakterisieren, bevor klar wird, dass es um das Hotel wirtschaftlich schlecht bestellt ist?
> 2. Wie lassen sich die Reaktionen der relevanten Stakeholder auf die Information erklären, dass das Hotel rote Zahlen schreibt?
> 3. Wie kommt es zur initialen Entscheidung der Eigentümerfamilie des Hotels Plaza, das Beratungsunternehmen Privileged Stays zu verpflichten?
> 4. Was bringt der Entscheid, das Beratungsunternehmen Privileged Stays zu verpflichten, zum Ausdruck?
> 5. Welche Perspektive hat das Beratungsunternehmen auf das Hotel Plaza? Wie zeigt sich diese Perspektive im Umgang mit den Angestellten des Hotels?
> 6. Wie kann das Verständnis von Wandel charakterisiert werden, das dem Handeln von Privileged Stays zugrunde liegt?
> 7. Welche Auswirkung hat der Mangel an Führung durch die Besitzerfamilie auf den Ablauf und die Auswirkungen des initiierten Veränderungsprozesses?

8. Wie wirken die Personalabgänge und Entlassungen auf das Hotel als Ganzes, und welche Wirkungen haben sie auf die verbleibenden Mitarbeitenden?
9. Dem Hotel Plaza geht es nach dem Weggang des Beratungsunternehmens Privileged Stays rasch besser. Was sollte Urs Sutter aus der Erfahrung des vorliegenden Falles Ihres Erachtens gelernt haben?

5
Weiss die rechte Hand, was die linke tut?

Erik Nagel und Ingo Stolz

Zusammenfassung

Der COO der Eger Pharma AG gibt den Mitarbeitenden in der Westschweiz bekannt, dass die Firma eine Innovationsoffensive startet. In diesem Zusammenhang werde ihr Standort in der Westschweiz aufgelöst und am Standort in der Ostschweiz integriert. Dort soll ein neues, konkurrenzfähiges Diagnostikzentrum entstehen. Die Mitarbeitenden fühlen sich überrumpelt. Die für den Umzug zuständige Tanja Kovcic schafft es, diesen gut vorzubereiten und professionell über die Bühne zu bringen. Dennoch wird schon früh Kritik am Umzug geäussert: Er werde nicht im Sinne der Innovationsoffensive genutzt oder es gehe ausschliesslich um die Anliegen der Westschweiz. Am neuen Standort angekommen, schleichen sich dann rasch alte Gewohnheiten ein; die Motivation sinkt, und es will nicht gelingen, die erhofften Synergiepotenziale zu nutzen. Auch wird deutlich, dass sehr unterschiedliche Vorstellungen darüber bestehen, was unter der Innovationsoffensive überhaupt zu verstehen ist.

---

auf Basis einer studentischen Arbeit von Remo Hegglin, Adrian Link, Diego Michel, Alicia Hegglin.

E. Nagel (✉) · I. Stolz
Institut für Betriebs- und Regionalökonomie, Hochschule Luzern, Luzern, Schweiz
E-Mail: erik.nagel@hslu.ch

I. Stolz
E-Mail: ingo.stolz@hslu.ch

© Springer Fachmedien Wiesbaden GmbH, ein Teil von Springer Nature 2019
E. Nagel und I. Stolz (Hrsg.), *Organisationalen Wandel gestalten*,
https://doi.org/10.1007/978-3-658-27129-9_5

22. August 2012

Pierre Clam, COO (Chief Operating Officer) der Eger Pharma AG, begibt sich zum Standort in Annesole (GE, französischsprachige Schweiz), um die Mitarbeitenden der Diagnostik über den Umzug ihrer Abteilung in die Deutschschweiz zu informieren. Die Eger Pharma AG ist ein internationales Unternehmen mit Standorten in der ganzen Welt. Als Teil der neuen Unternehmensstrategie wurde beschlossen, Neuwil (SG, deutschsprachige Schweiz) als Zentrum der wachsenden Diagnostiksparte auszubauen.

Alle 200 Mitarbeitenden der Diagnostik des Standorts Annesole haben sich im grossen Konferenzsaal versammelt. Pierre Clam richtet seine Worte an sie:

> Liebe Mitarbeiterinnen und Mitarbeiter der Diagnostik hier am Standort Annesole. Unsere Mission bei der Eger Pharma AG ist es, verlässliche und effiziente, aber auch neuartige Nachweisverfahren zu entwickeln. Wir wollen nicht nur besser, sondern wir wollen auch innovativer werden. Sie alle in Annesole tragen mit Ihrer Arbeit dazu bei, dass auch in Zukunft Krankheiten präzise identifiziert werden, sodass sie zielgerichtet behandelt werden können. Damit unsere hoch gesteckten Ziele noch besser erreicht werden, müssen wir als Unternehmen dafür sorgen, dass Sie Ihre Arbeit besonders effizient machen können. Es ist deshalb immer wieder nötig, Komplexität abzubauen und Prozesse zu vereinfachen. Wir wollen das Unternehmen aber nicht nur optimieren. Die Unternehmensleitung hat eine Innovationsoffensive für den Diagnostikbereich gestartet. Dazu wollen wir den Wissensaustausch im Diagnostikbereich fördern. Uns ist klargeworden, dass sich das über die Distanz der beiden Standorte hinweg schwierig umsetzen lässt. Es ist deshalb notwendig, die Abteilung Forschung und Entwicklung im Bereich Diagnostik an einem Standort zu bündeln. Wir werden in Neuwil das neue Zentrum für Diagnostik-Lösungen schaffen und somit den Standort Annesole im Bereich Diagnostik-Lösungen komplett nach Neuwil verlegen. Wir sind überzeugt, dass dies die richtige Strategie für das Unternehmen ist. Wir sind bestrebt, dass so viele Mitarbeitende wie möglich mit nach Neuwil kommen …

Milo Blumer trifft der Schlag. Davon hat er nichts geahnt. Er arbeitet seit zwei Jahren bei der Eger Pharma AG in Annesole, ist damals eigens für diese Stelle aus Deutschland in die Schweiz gekommen. Milo Blumer ist Forschungsgruppenleiter im Bereich Diagnostik. Es ist seine erste Führungsaufgabe und sie macht ihm Spass. Sein Vorgesetzter, der Leiter Research & Development Diagnostik des Standortes Annesole, Adrian Werlen, ist bisher voll des Lobes für ihn. Milo Blumer fühlt sich wohl im Betrieb und er übt seinen Beruf mit Leidenschaft und grossem Engagement aus. Er kam nach Annesole, da sich ihm die Gelegenheit bot, sein persönliches Interessensgebiet, die klassischen Diagnostikverfahren, weiter zu vertiefen. Mit der Ankündigung des COO sieht es plötzlich anders aus:

> Schon wieder wechseln? Was wird nur meine Frau sagen, wenn ich ihr erzähle, dass wir schon wieder aufbrechen müssen. Und was ist mit unseren drei Kindern? Kann ich meiner Familie das zumuten? Aber ich habe ja eigentlich gar keine Wahl. Wieso musste das so unvermittelt kommen? Ich bin doch Mitglied des Kaders. Entweder wir gehen mit nach Neuwil oder ich muss mir einen neuen Arbeitgeber suchen – aber dann müssen wir eh wieder umziehen! Muss das nun sein …?

Viele Mitarbeitende denken ähnlich wie er. Nach der Rede von Pierre Clam tauscht Blumer sich mit einem weiteren Forschungsgruppenleiter, Adrian Bernard, aus. Bernard kommt aus dem Wallis und ist gar nicht erfreut darüber, in die Ostschweiz zu ziehen. Sie beide stellen fest, dass sie bis anhin nur sehr wenig mit den Kollegen aus Neuwil zu tun gehabt haben. Ihnen wurde aber auch nie wirklich aufgetragen, den Austausch mit den Forschungsgruppenleitern aus Neuwil zu suchen. Sie sind überrascht, dass das aus Sicht der Unternehmensführung nun ein grosses Problem ist. Hätte man nicht zunächst versuchen können, die Ziele erst einmal mit den beiden Standorten zu realisieren? Die Forschungsgruppenleiter wurden im Vorfeld auch nicht gefragt, wie sie es sehen. Neben den erschwerenden persönlichen Gründen finden sie es aber dennoch gut, dass die Unternehmung offenbar eine Innovationsoffensive startet.

1. September 2012
Tanja Kovcic, eine langjährige Mitarbeiterin am Standort Neuwil im Bereich Logistik, konnte kurzfristig für die Koordination des Umzugs der Abteilung Diagnostik von Annesole nach Neuwil gewonnen werden, und leitet seit heute offiziell den Bereich Infrastruktur. Wesentliche Eckdaten des Umzugs sind aber offenbar schon vor Bekanntgabe des Umzugs am 22. August geplant worden, denn diese Eckdaten liegen ihr nun zum Arbeitsbeginn an ihrer neuen Stelle vor. Der Zeitplan erscheint ihr ambitiös, aber machbar. Sie freut sich auf die Aufgabe:

> Jetzt kann ich mich umgehend beweisen. In der Logistik kenne ich mich ja nun wirklich aus. Nun kann ich mein Organisationstalent erstmals bei einer Reorganisation unter Beweis stellen. Darauf freue ich mich. Mein Hauptziel hierbei ist die Sicherstellung, dass die Arbeitsprozesse ohne Unterbrechungen fortgesetzt werden können.

Tanja Kovcic ist in diesem Projekt direkt den beiden Standortleitern in Annesole und Neuwil unterstellt. Als Erstes reist sie für eineinhalb Monate nach Annesole, um die Situationsanalyse für den Umzug vorzunehmen. Vor Ort will sie mit den Mitarbeitenden der betroffenen Abteilung sprechen und die technisch recht komplexen Anforderungen an den Umzug erfassen. So will sie sicherstellen, dass die Bedürfnisse auch am neuen Ort berücksichtigt werden. Sie sagt:

> Hoffentlich sind die Techniker und Bereichsleiter dort unten kooperativ, denn wenn meine Umzugsplanung und ihre Projektplanung nicht abgeglichen sind, dann bringt alles nichts.

Ende Oktober 2012
Tanja Kovcic ist seit zwei Wochen wieder zurück in Neuwil. Sie hat ihre Analyse in Annesole abgeschlossen und kann mit den Vorbereitungen in Neuwil beginnen. Die Termine für den Umzug stehen, und die Wünsche und Anliegen der Abteilung in Annesole hat sie genau dokumentiert. Sie merkt aber nun, dass die Zeit in Neuwil irgendwie stehengeblieben ist. Während ihrer Abwesenheit hätte der dortige Standortleiter, Peter Abderhalden, die Belegschaft auf die Ankunft der neuen Mitarbeitenden aus Annesole

vorbereiten sollen. Man hätte sich Gedanken über Bürozuordnung, Einteilung der Labors usw. machen sollen. Sie hatte ja die ihr schon zur Verfügung stehenden Informationen fortlaufend nach Neuwil geschickt. Aber einiges ist liegen geblieben. Sie erkennt beispielsweise schnell, dass es Probleme rund um den Umzug der technischen Diagnostikgeräte gibt: der Transport der hoch sensiblen Geräte nach Neuwil; die Schwierigkeit, die Geräte überhaupt in das Gebäude zu bringen, da es sich um ältere und grössere Geräte handelt; fehlende Anschlüsse für die älteren Geräte etc. So hat Ruedi Merz, Leiter des Facility Management in Neuwil, einige heftige Diskussionen mit der Umzugsfirma ausgefochten. Er scheint sehr gestresst zu sein und fährt in der ersten Teambesprechung Tanja Kovcic auch gleich an:

> Man hätte es sich ja denken können, dass das viel komplizierter wird. Da wird da oben wieder irgendetwas entschieden und wir werden mit den ganzen Problemen alleine gelassen.

Philipp Noser, der Leiter Research & Development Diagnostik in Neuwil, pflichtet Ruedi Merz bei:

> Eigentlich wäre dieser Umzug doch eine gute Gelegenheit gewesen, die Labore ganz auf die Ansprüche der Innovationsoffensive auszurichten. Jetzt werden ganz offenbar alle alten Laboranlagen hier nach Neuwil geschafft. Das kostet unglaublich viel Geld und kostet Ruedi Merz den letzten Nerv. Und wozu eigentlich? Da wurde eine Chance nicht genutzt. Da frage ich mich: Gibt es die neue Strategie denn überhaupt?

Tanja Kovcic ist angesichts dieser Kommentare irritiert. Es gelingt ihr dann nachträglich, Ruedi Merz zu beruhigen. Sie teilt ihm mit, dass es zunächst ihre Aufgabe war, die Anforderungen in Annesole abzuklären, um die Anforderungen für Neuwil überhaupt erfassen zu können. Das leuchtet Ruedi Merz dann auch ein. Die Aussage von Philipp Noser zur Strategie kann sie jedoch gar nicht einordnen. Sie hat sich doch solche Mühe gegeben, Annesole zu verstehen und die Mitarbeitenden zu einem Umzug zu motivieren. Nun läuft in Annesole alles rund, dafür gibt's am Heimatstandort in Neuwil Scherereien. Diese Erfahrung nimmt sie mit in eine Unterredung mit Peter Abderhalden. Sie fragt ihn:

> Bezüglich des Umzugs der technischen Geräte und deren Nutzen in Neuwil – da stimmt irgendetwas nicht. Mit dem Standortleiter in Annesole plane ich alles in Ruhe, und hier heisst es auf einmal, dass es die alten Geräte gar nicht mehr braucht. Wir haben so viel sichergestellt, aber wohl die Bedürfnisse in Neuwil etwas vernachlässigt. Ich war einfach einen ganzen Monat weg von der „Heimatfront". Können Sie mir mehr darüber berichten?

Peter Abderhalden versichert Tanja Kovcic, dass es keine Probleme gibt:

> Bei solchen Standortverlegungen gibt es immer Widerstand. Das ist ganz normal. Die Leute müssen sich eben an die Situation gewöhnen. Da müssen Sie gar nicht gross drauf eingehen.

15. Januar 2013

Milo Blumer und seine Familie besuchen Neuwil. Désirée Dubois, Leiterin HR des Standorts Neuwil, betont:

Wir wollen natürlich dafür sorgen, dass so viele Mitarbeitende wie möglich nach Neuwil umsiedeln. Und so kümmere ich mich sozusagen um den menschlichen Umzug. Zum Glück ist das nicht der erste Standortwechsel bei der Eger Pharma AG. Ich kann also auf bewährte Verfahren zurückgreifen, und muss nicht alles neu erfinden.

Dazu gehört auch die Erkundungsfahrt nach Neuwil, zu der Désirée Dubois eingeladen hat und auf der sich die Familie Blumer nun gerade befindet. Innerhalb von zwei Tagen lernt die Familie die Umgebung von Neuwil, die Wohnsituation und das Schulangebot kennen. Besonders Milo Blumers Frau, wer will es ihr verübeln, war nicht gerade begeistert von dem Gedanken, wieder wegzuziehen. Doch die Informationsbroschüre von Frau Dubois, die auf das finanzielle und koordinative Unterstützungsprogramm auch für den privaten Umzug aufmerksam macht, hat sie überzeugt, sich Neuwil zumindest einmal anzuschauen.

Bis Ende Januar müssen sich die Mitarbeitenden entscheiden, ob sie nach Neuwil ziehen. Insgesamt betreibt das HR um Désirée Dubois von Anfang an einen sehr hohen Aufwand, um möglichst viele Mitarbeitende im Unternehmen zu halten. Immer wieder werden über den Winter Informationsmittage veranstaltet, um auf die Vorteile des Umzugs aufmerksam zu machen.

Am Wochenende nach der Erkundungsfahrt nach Neuwil entscheidet sich Familie Blumer, dort hinzuziehen.

April 2013
Milo Blumer muss den Umzug vorbereiten, dafür sorgen, dass die laufenden Projekte halbwegs planmässig abgeschlossen werden können, und vor dem Umzugstermin neue Mitarbeitende rekrutieren und einarbeiten – denn seit Ende Januar ist klar, dass ein Drittel seines Teams ersetzt werden muss. Zudem haben Peter Abderhalden und Désirée Dubois vereinbart, dass die neuen Mitarbeitenden zwar für Neuwil rekrutiert werden, aber vor dem Umzug noch für mindestens zwei Monate in Annesole eingearbeitet werden müssen. Désirée Dubois fasst das Ziel wie folgt zusammen:

> Es geht ja nicht nur darum, genügend Leute in den Teams zu haben, sondern den Wissensverlust aufs Minimum zu begrenzen.

Milo Blumer ist über diese Entwicklung nicht nur glücklich:

> Was will man machen, wenn so viele nicht umziehen wollen! Jetzt gibt's halt frischen Wind in die Gruppe. Allerdings ist es schon so: Es ziehen eben nicht immer die Besten mit um. Ich denke da insbesondere an Jonas Schneider. Da wäre ich froh gewesen, wenn er nicht mitgekommen wäre. Aber das HR hat sich ja um jeden Einzelnen bemüht, ohne es mit uns zu besprechen. Zudem frage ich mich, ob mit der zusätzlichen Auflage, sich zuerst in Annesole einarbeiten zu müssen, wirklich die besten Diagnostik-Experten rekrutiert werden konnten.

Auch fragt er sich, ob er mit seinem zukünftigen Chef zurechtkommen wird. Im Februar wurde seinem Vorgesetzten, Adrian Werlen, auf den Umzugstermin hin die

Frühpensionierung angeboten. Er wäre sowieso in einem Jahr pensioniert worden. Adrian Werlen meint gleichmütig:

> Dann gehe ich halt ein Jahr früher, wenn sie mich nicht mehr wollen.

Erst im April, also zwei Monate später, erfährt Blumer per Mail, dass Philipp Noser, der Leiter Research & Development am Standort Neuwil, sein neuer Vorgesetzter wird.

Juli 2013

Die Signale aus Annesole sind positiv. Alles scheint wie geplant zu klappen. Auch die Probleme des Transports und der Installation in Neuwil sind gelöst. Nur scheint sich die Stimmung bei der Belegschaft in Neuwil nicht zum Positiven zu wenden:

> Ich höre nur Annesole, Annesole, Annesole. Aber wir sind doch der Hauptstandort. Wir sollten doch sagen, wo es langgeht. Warum betreiben wir einen solchen Aufwand für die Leute aus Annesole? Es funktioniert doch gut bei uns. (Mitarbeiter Forschungsteam Pränataldiagnostik, Neuwil)

Tanja Kovcic hat für das gegenseitige Kennenlernen eine Intranetseite vorbereitet und nun freigeschaltet, sodass sich die Forschungsteams schon vor dem Umzug wechselseitig ihre Arbeit vorstellen können. Milo Blumer wurde angehalten, diese Intranetseite zu füllen. Er ist fleissig dabei, regelmässig Inhalte einzustellen. Aber:

> Es ist schon mühsam, diese ganze zusätzliche Arbeit. Ich muss jede zweite Woche über den Stand der Arbeit Rechenschaft abgeben und Inventarlisten überprüfen. Wer liest das überhaupt? Von anderen Teams habe ich jedenfalls noch keine Rückmeldung auf unsere Arbeit erhalten.

September 2013

Ende Sommer 2013 findet das Kick-off für den tatsächlichen Umzug statt. Tanja Kovcic hat den Umzug in fünf Etappen gegliedert. Während der ersten beiden Etappen werden diejenigen Projekte übersiedelt, bei denen der Aufbau der Geräte arbeitsintensiver ist bzw. bei denen der Transport mit einem hohen Risiko verbunden ist. Nach jeder Etappe findet ein Rapport-Meeting mit den betroffenen Teamleitern, dem Facility Management, Tanja Kovcic und einer Vertretung des HR statt. In den Meetings werden die abgeschlossenen Schritte bewertet und die noch offenen Punkte angesprochen.

Zudem gibt es zum Start jeder Phase eine Orientierungsmail, welche Bereiche umziehen werden, wer jeweils die zuständigen Ansprechpartner in den Teams sein werden und welche Mitarbeitenden gerade den Standort wechseln. Im HR ist man überzeugt, dass diese Mails, zusammen mit den Informationsveranstaltungen im Vorfeld des Umzugs, die Mitarbeitenden gut informieren und involvieren. Um dies zu überprüfen, werden die ankommenden Mitarbeitenden zu ihrer Einschätzung des Ablaufs online befragt. Der Rücklauf der Befragungsbogen ist sehr gering. Das HR fragt sich, ob die neuen Mitarbeitenden ausreichend anerkennen, was der neue Standort Neuwil für die Annesole-Ankömmlinge leistet.

November 2013
Das Team von Milo Blumer ist seit fünf Wochen in Neuwil. In diesen ersten fünf Wochen hat es bereits unter Hochdruck am Abschluss eines Grossprojekts von höchster Priorität gearbeitet. Die Stimmung war in dieser Zeit angespannt, aber gut. Martin Papadopoulos, einer der neu rekrutierten Mitarbeitenden, schildert dies wie folgt:

> Es ist unglaublich, wie das alles geklappt hat, einfach so ganze Labore vom einen ans andere Ende der Schweiz zu verschieben.

Milo Blumer findet sogar, dass die sehr arbeitsintensive Zusammenarbeit seiner Mitarbeitenden beim Umzug sehr förderlich war für die Teamentwicklung.

Dezember 2013
Mit dem Abschluss der Arbeiten am Grossprojekt bricht die Anfangseuphorie in Milo Blumers Team allerdings ein. Trotz der neuen Teammitglieder treten wieder alte Gepflogenheiten auf, die Milo Blumer aufgrund des Umzugs für gelöst gehalten hatte. So ist Jonas Schneider in Neuwil wieder mit allem unzufrieden. Zunehmend beginnt er, einen Teil des Forschungsteams negativ zu beeinflussen. Milo Blumer sieht sich deshalb mehr damit beschäftigt, die Wogen innerhalb des Teams zu glätten, als andere Teams und Mitarbeitende in Neuwil kennenzulernen. Aber genau das war ja die Absicht des Umzugs: Wissensaustausch, Kooperation und dadurch Innovation.

Milo Blumer begibt sich zum ersten formellen Gespräch mit dem Leiter Research & Development Diagnostik, Philipp Noser. Die beiden kennen sich schon aus ersten informellen Treffen, doch dabei ging es nur ganz am Rande um die Arbeit. Obwohl Milo Blumer Probleme mit seinem Team hat, ist er frohen Mutes.

Noser erkundigt sich zuerst nach dem Umzug und bestätigt Blumers Eindruck, dass der Umzug seines Teams im Grossen und Ganzen reibungslos verlaufen ist. Am Ende des Gesprächs schneidet Noser jedoch plötzlich ein neues Thema an:

> Es ist Ihnen vielleicht bekannt, dass ich nicht wirklich glücklich war damit, wie der Umzug so ganz generell betrachtet gelaufen ist.

Blumer reagiert erstaunt:

> Nein, das war mir nicht bekannt. Frau Kovcic hat doch einen hervorragenden Job gemacht, und wir konnten alle Anlagen ohne Unterbrechung hierher transferieren.

Noser geht es aber nicht um die Frage, ob der Umzug reibungslos verlaufen ist, sondern darum, ob er überhaupt nötig war:

> Ja, das ist schon so. Aber man hätte doch gleich die neue Innovationsoffensive umsetzen können. Wir werden ja in Zukunft mehr in innovative und neue Diagnoseverfahren investieren. Wir hätten bei weitem nicht alle alten Diagnostikgeräte aus Annesole hierher transportieren müssen.

Blumer weiss nicht, wie ihm geschieht. Er ist verblüfft und bringt dies auch zum Ausdruck:

> Was wollen Sie damit sagen? Sie wollen mir jetzt nicht eröffnen, dass die klassische Diagnostik reduziert werden soll? Auch wir wollen effizienter und innovativer werden.

Noser geht von einer anderen Einschätzung des Marktes aus und weist Blumer nochmals mit Nachdruck darauf hin:

> Ja, sicher. Aber wenn wir ein paar Jahre nach vorne blicken, Herr Blumer, dann werden wir ja doch mehr Geld machen mit zukunftsweisenden Verfahren wie beispielsweise der DNA-Diagnostik, die dann die klassischen Verfahren ersetzen können. Und das wird wohl Auswirkungen auf alle klassischen Diagnoseverfahren haben, die grossmehrheitlich in Annesole realisiert wurden.

Milo Blumer verlässt den Besprechungsraum konsterniert und fragt sich, ob in diesem Betrieb eigentlich die rechte Hand weiss, was die linke tut.

Januar 2014
Tanja Kovcic konnte die letzte Phase des Umzugs abschliessen. Ihr ist auch zu Ohren gekommen, dass in den letzten beiden Monaten kritisiert wurde, dass alle alten Diagnosegeräte transferiert wurden. Anscheinend würden sie mittelfristig gar nicht mehr gebraucht, so hörte nun auch sie. Tanja Kovcic kann nur noch den Kopf schütteln.

Auch stellt sie fest, dass die Mitarbeitenden aus Annesole anders als die in Neuwil arbeiten. Ein Mitarbeiter vom Standort Annesole teilte ihr vor kurzem seine Eindrücke mit:

> Wir sollen mit den Leuten aus Neuwil vermehrt zusammenarbeiten. Aber wie soll das gehen? Sie arbeiten alle in kleinen Teams, und ich habe den Eindruck, dass die sich total abschotten. Da grüssen sich die Leute kaum untereinander. Wir wurden schon freundlich begrüsst, aber dabei blieb es. Aber was es heisst, wirklich Wissen zu teilen, aufeinander zuzugehen und gemeinsam an Problemen zu arbeiten, da habe ich meine Skepsis, ob die Leute in Neuwil schon so weit sind. Es bringt ja nichts, wenn das von oben propagiert wird, aber unten nicht ankommt.

Tanja Kovcic findet, dass die Unternehmung am Ende des Umzuges wieder am Anfang eines neuen Change-Prozesses steht. Sie macht sich Gedanken darüber, wie das angegangen werden könnte. Sollte sie hier eine Rolle spielen?

5 Weiss die rechte Hand, was die linke tut?

Leitfragen zur Diskussion

1. Beschreiben Sie, wie die Mitarbeitenden von der Unternehmensführung über die bevorstehende Veränderung informiert werden, und interpretieren Sie diesen Vorgang.
2. Beschreiben Sie, wie der Umzug durch Tanja Kovcic und Désirée Dubois organisiert wird und wie die Mitarbeitenden darauf reagieren. Interpretieren Sie das Wandelverständnis der beiden Akteurinnen, wie sich dieses Wandelverständnis konkret in ihren Vorgehensweisen zeigt und wie es sich auf die Mitarbeitenden auswirkt.
3. Beschreiben Sie, wie sich die Führungspersonen (Standortleiter, Leiter Research & Development Diagnostik, Leiter Forschungsgruppen) von Eger Pharma während des Veränderungsprozesses verhalten und wie sie diesen deuten. Interpretieren Sie sowohl das Verhalten der Führungspersonen als auch die Wirkung dieses Verhaltens auf den Veränderungsprozess. Gehen Sie auch darauf ein, in welchem Verhältnis die Deutungen des Veränderungsprozesses der Führungspersonen mit den Deutungen von Tanja Kovcic und Désirée Dubois stehen und wie sich dies auf den Veränderungsprozess auswirkt.
4. Das Gespräch mit Philipp Noser löst bei Milo Blumer Irritationen aus. Wie können Sie das vor dem Hintergrund der Ereignisse erklären?
5. Tanja Kovcic macht sich am Ende des Falles Gedanken, wie es nun mit der Unternehmung weitergehen kann, insbesondere mit der Integration der Teams von Annesole und Neuwil. Wie würden Sie anstelle von Tanja Kovcic weiter vorgehen, um die nun bevorstehenden Veränderungsschritte positiv zu gestalten? Begründen Sie die von Ihnen entwickelte Vorgehensweise.

6 Es begann mit einem Experiment

Léonie S. Mollet und Erik Nagel

Zusammenfassung

Daniel Bosshard unterrichtet an einer gewerblichen Berufsschule und ist mit der Passivität der Lernenden im Unterricht unzufrieden. Er will unbedingt etwas ändern und hat vor, mit einem neuen Unterrichtsverfahren zu experimentieren. Der Rektor signalisiert, dass er ihn dabei unterstützen wird. Für Daniel Bosshard stellen sich rasch Erfolgserlebnisse ein. Nach anfänglicher Skepsis gegenüber dem neuen Unterrichtsverfahren sind auch die Kolleginnen und Kollegen zunehmend interessiert, und Daniel Bosshard findet einen Mitstreiter in Nikola Horvat, der das neue Unterrichtsverfahren ebenso einsetzen will. Allerdings ist die Prüfungskommission von seinen Unterrichtsmethoden gar nicht begeistert und weist seine Unterlagen regelmässig zurück. Daniel Bosshard findet es zunehmend mühsam, jedes Mal gegen die Bedenken der Prüfungskommission argumentieren zu müssen. Nach sechs Jahren kommen die Dinge langsam in Bewegung: Auf Bundesebene wird eine neue Bildungsverordnung beschlossen, es kommt in der Prüfungskommission zu einem personellen Wechsel und in der Berufsschule fangen auch andere Kolleginnen und Kollegen an, nach der neuen Unterrichtsmethode zu unterrichten.

---

auf Basis einer studentischen Arbeit von Léonie S. Mollet, Antonia Hidber, Denise Schatzmann, Elias Vogler.

L. S. Mollet · E. Nagel (✉)
Institut für Betriebs- und Regionalökonomie, Hochschule Luzern, Luzern, Schweiz
E-Mail: leonie.mollet@hslu.ch

E. Nagel
E-Mail: erik.nagel@hslu.ch

Eine Idee nimmt Gestalt an
Es ist Frühlingssemester 2008. Daniel Bosshard will etwas Neues ausprobieren, denn er ist zunehmend unglücklich mit seiner Unterrichtsweise, die er selber als etwas altbacken empfindet. Eines Abends erzählt er seiner Frau:

> Einfach nur vorne stehen und den Stoff vermitteln, das kann es doch nicht sein. Wir reden davon, dass die Lernenden selbständiger werden sollen, und dann machen wir einen Unterricht, der genau das nicht fördert. Ich sehe meine Aufgabe einfach immer weniger darin, den Lernenden alles vorzukauen.

Zudem bereitet es Bosshard Mühe, mit seiner Unterrichtsgestaltung den enorm unterschiedlichen Ansprüchen und Bedürfnissen der Lernenden gerecht zu werden. Deren oft passives Verhalten führt er auf die Art und Weise zurück, wie er unterrichtet. Daniel Bosshard möchte mehr aus dem Hintergrund heraus agieren und die Lernenden dazu animieren, untereinander zu kooperieren. Sie sollen mehr Eigenverantwortung übernehmen. Sein Bauchgefühl sagt ihm, dass sie sich das nötige Wissen auf diese Weise mindestens genauso gut, wenn nicht sogar besser aneignen – zudem trainieren sie mit der geforderten Selbständigkeit übergeordnete Kompetenzen, welche auch für das Arbeitsleben relevant sind. Gerade eine Berufsschule sollte diese Fähigkeiten fördern.

Am liebsten würde Daniel Bosshard gleich loslegen und einen neuen Unterrichtsstil ausprobieren. Aber er ist sich darüber im Klaren, dass er Pierre Gertschen, den Rektor der gewerblichen Berufsschule, zu seinem Vorhaben konsultieren und ihn dafür gewinnen sollte. Daniel Bosshard ist sich aber ziemlich sicher, dass sein Vorgesetzter nichts dagegen hat. Auch Pierre Gertschen findet die bestehende Unterrichtspraxis unbefriedigend. Und auch unter den Lehrpersonen wird immer wieder darüber diskutiert, wie man den unterschiedlichen Lern- und Arbeitstypen im Klassenzimmer besser gerecht werden könnte. Bislang blieb es jedoch bei informellen Diskussionen während der Mittagspause. Als Daniel Bosshard schliesslich mit seiner Idee für einen Pilotversuch an Gertschen gelangt, rennt er offene Türen ein. Der Rektor ermuntert ihn, seine Idee in Form eines Experiments umzusetzen und so konkrete Erfahrungen zu sammeln:

> Mach das ruhig, wie du es dir vorstellst. Die Berufsschule darf und soll sich weiterentwickeln! Das steht ja auch so bei uns im Leitbild.

Das Leitbild hält nämlich fest, dass gesellschaftliche oder bildungspolitische Entwicklungen im Umfeld der Schule in die Schulentwicklung einfliessen müssen. Die Schulleitung wird darin ferner verpflichtet, Lehrpersonen zur kritischen Analyse und zur Optimierung des eigenen Unterrichts zu ermutigen.

Beide vereinbaren, dass Pierre Gertschen auf der kommenden Teamsitzung der Lehrpersonen den Kolleginnen und Kollegen der Berufsschule von Daniel Bosshards Vorhaben erzählt. Seine Unterstützung dafür begründet er damit, dass die Berufsschule neue Wege einschlagen und Experimente für eine zeitgemässe Grundbildung wagen solle. Daniel Bosshard hat den Eindruck, dass die meisten Kolleginnen und Kollegen die

Information wohlwollend zur Kenntnis nehmen, sein Vorhaben darüber hinaus aber auf wenig Resonanz stösst. Während der darauffolgenden Woche wird er gerade einmal von zwei anderen Lehrpersonen auf seine Pläne angesprochen. Ansonsten vernimmt er nur auf informellem Weg, eine andere Kollegin solle gesagt haben, dass das ganze „Gerede von einem Experiment" ziemlich nach „Chemielabor" klinge. Schliesslich müsse man primär immer noch Wissen vermitteln – das würden auch die Betriebe von einer Berufsschule erwarten. Dennoch, Daniel Bosshard lässt sich nicht irritieren und macht sich mit Elan an die Arbeit.

Neben seinem Engagement an der Berufsschule hat Daniel Bosshard ein zweites berufliches Standbein an der Pädagogischen Hochschule; dort bildet er künftige Lehrpersonen für Berufskunde aus. Diese Kombination ist für ihn ein Glücksfall. Er überlegt:

> Nicht nur wegen meines Unterrichts, sondern auch wegen dieser Aufgabe an der PH fühle ich mich – wenn man so will – berufen oder auch herausgefordert, mir zu überlegen, wohin sich der Unterricht in Zukunft entwickeln soll.

Nach den ersten Unterrichtssequenzen mit der neuen Methode stellen sich schon erste Erfolgsmomente ein. Bosshard veröffentlicht Lernziele, stellt passende Materialien und Informationen bereit und lässt diese von den Lernenden alleine oder in Gruppen bearbeiten. Die Resultate werden anschliessend vorgestellt und diskutiert. Daniel Bosshard hat den Eindruck, dass die Lernenden motivierter als sonst mitmachen und sich im Unterricht viel selbständiger verhalten. Sie beginnen, für ihren Lernprozess Verantwortung zu übernehmen, und füllen den Freiraum aus, den ihnen Bossard zur Verfügung stellt. Sie denken mit, fragen nach und vernetzen sich untereinander. Es gibt aber auch andere Reaktionen. Gleich zu Beginn scheinen zwei Lernende den grösseren Freiraum zu nutzen, um den Nachmittag lang möglichst faul herumzusitzen. Daniel Bosshard hatte schon im vorigen Semester den Eindruck, dass sie schlichtweg keine Lust hatten, sich mit dem Stoff auseinanderzusetzen. Er befürchtet, dass die grosse Eigenverantwortung auch überfordern kann, und nimmt sich deshalb bewusst Zeit, die beiden enger zu begleiten.

Daniel Bosshard sucht schon früh Unterstützung für die Analyse seines neuen Unterrichtsstils und spannt dafür Kollegen von der Pädagogischen Hochschule ein. Er weiss, dass er Indikatoren und Belege für die Wirksamkeit der propagierten Lernumgebung brauchen wird, wenn er andere Kolleginnen und Kollegen an der Berufsschule, aber auch Personen ausserhalb der Berufsschule davon überzeugen will. Ein befreundeter Dozent weist ihn darauf hin, dass seine neue Unterrichtsphilosophie und die ersten praktischen Umsetzungen andernorts unter dem Begriff „Selbstorganisiertes Lernen (SOL)" bekannt sind. Dieses Konzept ist zu dieser Zeit in der Schweiz aber noch kaum bekannt.

Bosshard macht sich diese Begrifflichkeit zu eigen und spricht von nun an vom „Konzept des Selbstorganisierten Lernens (SOL)", während er eifrig dazu recherchiert und sein Hintergrundwissen erweitert. Dies gibt ihm wiederum Impulse für seine Unterrichtsgestaltung. Dabei spielt er gegenüber seinem Vorgesetzten stets mit offenen Karten, was von diesem sehr geschätzt wird. Pierre Gertschen drückt es ihm gegenüber wie folgt aus:

> Es ist richtig und gut, dass du mich bis ins letzte Detail aufdatierst. So weiss ich Bescheid und ich kann dich unterstützen, den eingeschlagenen Weg weiterzugehen.

Wie jede Berufsschullehrperson wird auch Bosshard einmal pro Semester von einem Mitglied der Schulkommission im Rahmen einer Unterrichtsbeurteilung besucht. In seinem Fall handelt es sich um einen ehemaligen Berufsbildner, welcher enorm beeindruckt ist, wie Daniel Bosshard mit den Lernenden umgeht. Dem Gremium der Schulkommission erzählt er von Bosshards Ideen. Auch seine Kolleginnen und Kollegen an der Berufsschule beobachten Bosshard. Sie sind zunehmend neugierig und sprechen ihn häufiger auf seinen Unterrichtsstil an. Die Kolleginnen und Kollegen wollen wissen, was da jetzt genau vor sich geht:

> Ich finde es spannend, was du da machst! Lass mich doch dann mal bei Gelegenheit wissen, ob es auch längerfristig fruchtet ...

Doch auch wenn die internen Reaktionen seiner Kolleginnen und Kollegen positiv sind und die Lernenden gute Fortschritte machen – es gibt auch einige kritische oder gar negative Stimmen: Rektor Pierre Gertschen sieht sich mit unzähligen Anrufen von irritierten Berufsbildnerinnen und Berufsbildnern aus den Lehrbetrieben konfrontiert. Die Lernenden würden erzählen, sie könnten in der Berufsschule machen, was sie wollen – das ginge doch nicht! Pierre Gertschen schätzt es in solchen Fällen, dass er unverzüglich Auskunft geben kann und nicht erst einmal nachfragen muss, was bei Daniel Bosshard eigentlich los sei. Gerne leistet er Aufklärungsarbeit gegenüber den Betrieben.

Der zweite Mitstreiter
Nach der anfänglichen Phase des Ausprobierens und Entwickelns wird Daniel Bosshard klar, dass es an der Zeit ist, mit anderen Lehrpersonen aktiv zusammenzuarbeiten. Bald kann er einen anderen Lehrer, Nikola Horvat, für ein erweitertes Experiment gewinnen. Horvat ist nicht nur ein langjähriger und interessierter Arbeitskollege von Daniel Bosshard. Er ist als Teamleiter Berufskunde gleichzeitig verantwortlich für die inhaltliche und organisatorische Konzeption der entsprechenden Unterrichtsmodule. Horvat hatte sich schon diverse Male sehr interessiert gezeigt, und beide haben den Eindruck, dass „die Chemie stimmt". Die beiden Kollegen kennen sich schon lange und schätzen sich als Fachkollegen. Nikola Horvat formuliert dies so:

> Ich finde einfach, dass Daniel ein toller Lehrer ist. Er nimmt die Lernenden ernst, ist selbstkritisch und interessiert an Erfahrungen von anderen. Er will, dass die Lernenden wirklich profitieren, für die Arbeitswelt lernen, aber auch als Menschen vorankommen. Natürlich – er ist schon sehr überzeugt von sich und seinen Ideen. Das ist aber auch gut. Wenn er einen starken Partner hat, dann gibt das gute Diskussionen. Und so einer bin ich – ein starker Partner [lacht].

Sie vereinbaren, dass Daniel Bosshard seinem neuen Mitstreiter nicht nur SOL erklärt, sondern ihn ein Semester lang eng begleitet. Daniel Bosshard legt aber Wert darauf, dass er Nikola Horvat „nicht einfach schult", sondern dass sich im Verlauf des Semesters ein Erfahrungsaustausch entwickelt und so beide von den jeweiligen Erfahrungen profitieren können. Pierre Gertschen ermöglicht den beiden zudem von Beginn an eine optimale Zusammenarbeit:

> Stundenplanmässig habe ich es so eingerichtet, dass die beiden ganz in der Nähe sind – also in angrenzenden Zimmern – und das gleiche Modul unterrichten.

Schon vom ersten Unterrichtstag im neuen Semester kann Daniel Bosshard nur Gutes berichten: Die Lernenden hätten sich über die Chance gefreut, den Unterricht in Zukunft aktiv mitgestalten zu dürfen. Die Reflexionsrunde am Ende des Nachmittags hat ihn dann richtig positiv überrascht:

> Es ist sensationell gelaufen!

Die beiden Kollegen arbeiten von Beginn an richtig gut zusammen. Beide bringen ihre persönliche Note mit ein. Während Daniel Bosshard vor allem mit Gesprächen und Diskussionsrunden arbeitet, bietet Nikola Horvat Visualisierungsmethoden an und lässt die Lernenden Ergebnisse in Grafiken und Lernvideos zusammenfassen. Daniel Bosshard reflektiert später:

> Ich wusste, dass es Zeit braucht, damit er ein Gefühl für die Unterrichtsmethoden entwickeln kann. Nach ein paar Wochen sagte er dann zu mir: „Daniel, das ist unglaublich, was da passiert!" Das hat mich natürlich enorm gefreut und es hat mich ebenso motiviert, den Weg weiterzugehen. Die Bestätigung von einem Kollegen, den ich schätze – ja, das hat schon sehr, sehr gutgetan.

Beide profitieren von der Zusammenarbeit. So gelingt es, immer wieder die Beobachterhaltung einzunehmen. Dies ermöglicht ihnen, Ereignisse zu klären, wie auch Daniel Bosshard feststellt:

> Wenn du die ganze Zeit nur am Machen bist, dann siehst du auch die ganz kleinen Signale von Veränderung nicht. Zum Beispiel wenn ein bisher eher schwacher Lernender ein Aha-Erlebnis in der Schlussrunde wunderbar präzise formulieren kann. Oder auch im Kollegium der Lehrpersonen: Kürzlich wurde ich von einer Lehrperson angefragt, ob ich ihr beim Erstellen eines Auftrags für eine Gruppenarbeit helfen könne. Beiläufig erzählte ich Nikola davon. Erst durch seine Reaktion erkannte ich, wie wichtig diese kleine Episode war: Die besagte Lehrperson hatte während der letzten Jahre ausschliesslich auf Einzelarbeit gesetzt und versuchte sich nun das allererste Mal an einer kooperativen Lernform. Bei unserem gemeinsamen Austausch erkennen wir solche Dinge viel leichter, sehen auch, wo wir uns selber noch verbessern können. Das bringt mich und ihn weiter.

Das Tandem Bosshard-Horvat inspiriert zwei weitere Lehrpersonen dazu, SOL im eigenen Unterricht auszuprobieren. Die beiden begleiten die Kollegen bei deren Vorbereitung und geben ihnen Tipps. Wichtig ist allen, dass sie sich zu einem regelmässigen Austausch treffen und ihre Erfahrungen so verarbeiten können. Allerdings sind nicht alle

Selbstversuche von unmittelbarem Erfolg geprägt. Eine der erfahrensten Lehrpersonen, Peter Göpfert, versucht sich ebenfalls mit SOL. Bald kommt es jedoch bei ihm zu Konflikten mit Lehrbetrieben, weil der Unterricht zu wenig Struktur hat und die Lernenden die Orientierung verlieren. Er resümiert:

> Es war für mich eine ziemlich schwierige Situation. Man kann eben nicht einfach so schnell eine Methode kopieren, mit der ein anderer Lehrer Erfolg hat. Mit der Zeit habe ich dann einige Dinge ändern können. Aber mittlerweile unterrichte ich eher wieder klassisch, wenn man so will. Und ich nutze so ein paar Elemente von SOL. So stimmt es für mich – und ich glaube auch für die Lernenden. Jeder ist eben anders …

Gegenwind von der Prüfungskommission

Mit der Ausweitung des ursprünglichen Pilotprojektes auf verschiedene Lehrpersonen und Module gewinnt das Experiment an Form. Umso wichtiger wird die Zusammenarbeit mit den vorgelagerten Behörden und Kommissionen, welchen die Aufsichtspflicht über die Berufsschule obliegt. Zwischen der Prüfungskommission und Daniel Bosshard bestehen seit der Einführung von SOL in seinem Unterricht erhebliche Spannungen: Die Berufsschullehrpersonen sind im Rahmen der Lehrabschlussprüfungen dazu gezwungen, ihre Beurteilungsmethoden offenzulegen. Die von Daniel Bosshard eingereichten Kompetenzraster und Benotungsmethoden entsprechen in keiner Weise den gewohnten klassischen Prüfungsdesigns und werden wiederholt zurückgewiesen. Daniel Bosshard vermutet von Beginn an, dass die Prüfungskommission mit den Unterlagen wenig anfangen kann. Er sagt sich, dass er jetzt „da durchmuss" und dass es durchaus noch ein paar Jahre dauern kann, bis die Prüfungskommission seine Methoden akzeptiert. Die Erfahrungen in der Unterrichtspraxis sind jedoch zu überzeugend, als dass er an ein Aufgeben denken mag:

> Ich bin mittlerweile so weit, dass ich einfach nicht mehr zurückkann. Ich habe nun schon viel gesehen und zu viel Überzeugendes erlebt. Ich habe mittlerweile eine Armada von Lernenden, die in der Praxis arbeiten und sagen: „Bossi, das hilft uns!" Irgendwie habe ich auch das Gefühl, dass ich den Lernenden gegenüber verpflichtet bin. Die Prüfungskommission ist mir … wie soll ich sagen … einfach nur im Weg.

Um in solchen Situationen nicht den Mut zu verlieren, legt er sich ein persönliches Motivations-Portfolio an. Dort sammelt er positive Rückmeldungen von Lernenden und ermutigende Kommentare von Gleichgesinnten. Die Rückmeldungen von Dozierenden aus der Pädagogischen Hochschule weisen eindeutig in eine Richtung: SOL wird als Konzept immer bekannter, immer mehr Lehrkräfte probieren es aus und haben Erfolg damit. Der beste Rat scheint ihm zu sein, aus unliebsamen E-Mails Papierflieger zu basteln und diese in einem See zu versenken.

Daniel Bosshard legt immer wieder Kompetenzraster und Benotungsmethoden vor, die an SOL ausgerichtet sind. Und er wird jedes Mal von neuem zu einer Nachprüfung der Unterlagen verdonnert. Und jedes Mal begründet er sein Vorgehen mit stoischer Geduld – selbst wenn er sich insgeheim ärgert. Er fährt jedes Mal ein ganzes Arsenal an Begründungen auf und nutzt dazu die ersten Auswertungen, die er zusammen mit der Pädagogischen Hochschule entwickelt hat. Er kann die verstaubten Ansichten der Prüfungskommission, welche auf einem starren Prüfungsraster beharrt, einfach nicht nachvollziehen.

Die Prüfungskommission sucht während dieser ganzen Zeit nie wirklich den Dialog. Mit der Zeit hat Bosshard „keine wahnsinnige Angst mehr vor den Konsequenzen". In einem Gespräch mit Nikola Horvat sagt er:

> Würden sie wirklich einmal sagen: „Den Bosshard muss man jetzt erschiessen" – dann würde ich erwidern: „Schaut mal, schaut mal! Ich meine, ich habe euch x-mal eingeladen vorbeizuschauen, wie eine solche Prüfung im Prozess entsteht, und kein einziger von euch ist jemals aufgetaucht."

Horvat gibt zu bedenken:

> Müssen wir nicht auch ein bisschen Verständnis dafür haben, dass sie Mühe damit haben? Ihnen ist das Ganze doch total fremd.

Daniel Bosshard will das nicht gelten lassen. Das ganze System macht ihn wütend, weil für ihn vonseiten der Behörden ein Klima von Misstrauen und Trägheit vorherrscht. Gerade in dieser Phase ist es ihm besonders wichtig, dass die Schulleitung ihn unterstützt. Die nötige Transparenz und Offenheit pflegen Daniel Bosshard und Pierre Gertschen wie bisher innerhalb des Teams, aber auch gegenüber externen Anspruchsgruppen wie Eltern und Betrieben. Daniel Bosshard hält zudem viele Vorträge an Elternabenden und vernetzt sich mit anderen Schulen. „Das muss doch auch einmal reichen", resümiert er.

Reformen von ganz oben – und ganz unten
Bewegung in die festgefahrene Situation kommt schliesslich von unerwarteter Seite: Es finden Reformen auf Bundesebene statt. Im Rahmen der neuen Bildungsverordnung für die Grundbildung soll die Vergleichbarkeit bestimmter Abschlüsse in der Schweiz sichergestellt werden. Bestandteil davon sind sogenannte Leistungsbeurteilungsvorgaben. Ursprünglich sollten diese bis ins Detail vorschreiben, welche Inhalte wann und wie geprüft werden müssen; das wäre für SOL das Aus gewesen. Bereichsleiter Pierre Gertschen kann sich aber, zusammen mit anderen Betroffenen, erfolgreich gegen ein solches Korsett wehren. Die vehemente Kritik seitens einzelner Berufsschulen hat nicht nur zur Folge, dass die geplanten Vereinheitlichungen der Prüfungssysteme gestoppt werden, sondern führt sogar zu neuen Freiheiten. Nun kann jede Berufsfachschule selber entscheiden, für welches Modul welche Beurteilungsvorgaben gelten sollen. Diese werden in Zukunft von der zuständigen Kommission des Berufsverbandes lediglich überprüft und freigegeben.

Diese Neuerung bleibt nicht lange ohne Folgen: Anlässlich einer Teamsitzung der Lehrpersonen für Berufskunde unter der Leitung von Nikola Horvat wird der Entschluss gefasst, einige berufskundliche Module künftig nur noch mittels SOL durchzuführen und dies auch so in der Modulbeschreibung offiziell festzuhalten. Daniel Bosshard meint dazu:

> Die Strategie, mit Nikola Horvat zu kooperieren, ist einfach voll aufgegangen.

Nach der Überarbeitung der Bildungspläne ist nun also endlich der Zeitpunkt für weitergehende Veränderungen da. Nach mittlerweile sechs Jahren SOL willigt die Prüfungskommission ein und akzeptiert die SOL-Beurteilungsmethoden. Ein Grund dafür ist auch, dass eine Person aus Daniel Bosshards Netzwerk vor kurzem in der zuständigen Kommission Einsitz genommen hat und offenbar gute Überzeugungsarbeit leisten konnte. Daniel Bosshards Tätigkeit in der Ausbildung von Lehrpersonen für Berufskunde hat zudem zur Folge, dass an anderen Berufsschulen ähnliche Konzepte entstehen. Die entsprechenden Personen hinterfragen nun ihrerseits die traditionelle Form von Prüfungen und Qualifikationsverfahren.

Heute ist SOL kein Experiment mehr, sondern eine anerkannte Unterrichtsmethode. Ein entscheidender Punkt für Pierre Gertschen, das Experiment von Beginn an zu unterstützen, war, dass er eine positive Stimmung rund um das Kerngeschäft Unterricht entstehen sah:

> Die Stimmung unter den Lernenden hat mich schon zu Beginn sehr beeindruckt. Da hatte ich natürlich als Rektor Freude daran, dass sich das so positiv entwickelt hat. Ohne Zweifel hat die Einführung von SOL mit den Jahren auch dazu geführt, dass Lehrpersonen wieder vermehrt miteinander diskutieren oder gemeinsam den Unterricht vorbereiten. Das hat jedem Einzelnen und unserer Schule als Ganzes enorm viel gebracht. Gezwungen haben wir niemanden, aber viele sind sehr neugierig geworden und haben etwas Neues ausprobiert.

Daniel Bosshard hat mittlerweile die Berufsschule verlassen. Nachdem er sich zehn Jahre lang intensiv mit Lern- und Entwicklungsprozessen auseinandergesetzt hatte, wollte er den Beweis antreten, dass dies auch in der Privatwirtschaft wertvoll ist. Er unterstützt nun ein Unternehmen bei der Entwicklung einer eigenen Lern- und Problemlösungskultur:

> Wenn man sich wirklich als Spezialist für Lernen und Entwicklung versteht, wird man überall gebraucht.

Und wie sieht es heute an der Berufsschule aus? Nikola Horvat gelingt es besser als Daniel Bosshard, noch mehr Leute ins Boot zu holen. Er ist überzeugt, dass jene Personen, die Veränderungsprozesse initiieren, sich später möglichst klein machen müssen, damit die übrigen Personen ebenfalls Verantwortung übernehmen. Zu Beginn von SOL haben alle auf Daniel Bosshard geschaut und ihn „sein Ding machen" lassen. Er und Nikola Horvat waren immer schon ein bisschen die Stars der Berufsschule. Zusammen galten sie dann als „Dream Team". Nach dem Weggang von Daniel Bosshard führt Nikola Horvat viele informelle Gespräche mit Kollegen, ermuntert sie und kann sogar aufzeigen, dass einige von ihnen gewisse Elemente von SOL sowieso schon im Unterricht praktizieren. Plötzlich ist SOL gar nicht mehr so unerreichbar und so unglaublich besonders. Etwa ein Fünftel der Lehrpersonen unterrichtet zurzeit nach SOL. Sie treffen sich regelmässig zum Austausch, und die zentralen Module im ersten Lehrjahr sind fest als SOL-Module definiert – Tendenz steigend. Gleichzeitig ist zu beobachten, dass die Lernenden die ihnen zugestandenen Spielräume in den weiteren Lehrjahren nur ungern wieder abgeben. Die darauffolgenden Module werden sinnvollerweise auch langsam umgestellt – quasi auf Druck von (ganz) unten.

Leitfragen zur Diskussion

1. Beschreiben und interpretieren Sie, wie das Experiment (SOL) gestartet wird.
2. Wie erklären Sie sich den Widerstand der Prüfungskommission und den Umgang von Daniel Bossard und Nikola Horvat damit?
3. Welche Art von Veränderung findet in der Berufsschule statt, und was hat dazu geführt, dass das Experiment auch effektiv realisiert und ausgewertet werden konnte?
4. Wer hätte in diesem Prozess welche Rolle wahrnehmen müssen, damit die Veränderungen rascher in der Berufsschule Verbreitung finden?
5. Wie erklären Sie sich, dass es so lange gedauert hat, bis die Prüfungskommission ihren Widerstand aufgab und mehreren Kolleginnen und Kollegen die SOL-Methoden übernommen haben?

Und es bewegt sich doch nichts

Sabrina Wyss und Erik Nagel

Zusammenfassung

Es ist ein Meilenstein in der Entwicklung des Zweckverbands ZARB: Die Delegiertenversammlung stimmt der von der Geschäftsleitung vorgeschlagenen neuen Strategie zu. Dennoch lässt sich ein Grundkonflikt auch damit nicht lösen: Schon bei der Gründung hatte die Stadt Belau das Gefühl, dass ihre Anliegen nicht aufgenommen wurden, und pocht weiterhin darauf, gewisse Dienstleistungen selber zu erbringen. Genau deswegen ist der Geschäftsführer des ZARB, Urs Haller, auch unzufrieden, da so Effizienzgewinne nicht realisiert werden können. Der Zweckverband ist in zwei Lager gespalten, und Spekulationen über Motive und Verhaltensweisen sowie gegenseitige Vorwürfe schiessen ins Kraut. Die Fronten sind verhärtet und der operative Alltag wird von einigen als mühsam wahrgenommen. Doch dann gibt es auf operativer Ebene einen neuen Anbahnungsversuch seitens des ZARB. Der Vertreter der Stadt Belau ist der Kontaktaufnahme gegenüber grundsätzlich positiv gestimmt, sieht aber ähnliche Grundsatzprobleme wie in der Vergangenheit. Es stellt sich die Frage, ob und wenn ja wie die Zusammenarbeit trotzdem verbessert oder intensiviert werden kann.

---

auf Basis einer studentischen Arbeit von Fabian Häfliger, Daniele Vergari und Claudia Weber.

S. Wyss
Institut Sozialmanagement, Sozialpolitik und Prävention, Hochschule Luzern, Luzern, Schweiz
E-Mail: sabrina.wyss@hslu.ch

E. Nagel (✉)
Institut für Betriebs- und Regionalökonomie, Hochschule Luzern, Luzern, Schweiz
E-Mail: erik.nagel@hslu.ch

© Springer Fachmedien Wiesbaden GmbH, ein Teil von Springer Nature 2019
E. Nagel und I. Stolz (Hrsg.), *Organisationalen Wandel gestalten*,
https://doi.org/10.1007/978-3-658-27129-9_7

Strategie versus Statuten

Der 13. Mai 2014 ist ein Meilenstein in der Geschichte des ZARB (Zweckverband Abfall & Recycling Belau). Die Delegiertenversammlung des Zweckverbands stimmt der von der Geschäftsleitung vorgeschlagenen neuen Strategie zu. Die vollständige Bewirtschaftung der Siedlungsabfälle des Zweckverbands, dem die Stadt Belau sowie ihre umliegenden Gemeinden angehören, soll nach dem Leitsatz „Vom Sammelpunkt über die Verwertung bis hin zur Deponie" erfolgen. Sie stimmt aber auch einer Statutenänderung zu.

Zur Entscheidung stehen zwei Anträge: Erstens eine von der Geschäftsleitung über zwei Jahre mit den Gemeinden entwickelte neue Strategie, die eine Intensivierung der Zusammenarbeit zwischen den Gemeinden zum Ziel hat, und zweitens eine Statutenänderung des Zweckverbandes. Bei dem von der Stadt Belau kurzfristig vor der Delegiertenversammlung eingebrachten Antrag zur Statutenänderung geht es insbesondere um den neu aufzunehmenden Zusatzartikel 28 Abs. 2; mit dem Zusatzartikel soll explizit festgehalten werden, dass es den Gemeinden weiterhin freistehe, gewisse Dienstleistungen, z. B. das Sammeln und Verwerten von Abfällen und Wertstoffen (wie Altglas, Alu oder Karton), selber auszuführen. Die beiden Anträge werden dann an der Delegiertenversammlung kontrovers diskutiert. Viele Delegierte argumentieren, dass der Zusatzartikel einen Widerspruch zur neuen Strategie darstelle; es gefällt ihnen nicht, dass sich der Belauer Stadtrat, Urs Zeuger, so vehement für den neuen Zusatzartikel und damit für den Erhalt der Sammeldienste beim Tiefbauamt einsetzt. Einzelne Delegierte tun ihren Unmut kund und bezeichnen das Agieren des Belauer Stadtrats als späten Blockadeversuch einer weitsichtigen Entscheidung für eine neue Strategie. Der Gemeinderat Phillip Gerber kann die Argumente partout nicht nachvollziehen:

> Dieses Argument – von wegen es brauche eine Balance der Privatwirtschaft und der öffentlichen Seite, damit man die Entsorgungssicherheit gewährleisten könne – das ist doch Blödsinn. Darum ging es nie. Die wollten lediglich keine Aufgaben abgeben. So einfach ist es!

Anderen ist es jedoch schlichtweg egal, wie sich die Stadt Belau organisiert. Man solle die Stadt doch einfach machen lassen. Und weil der Zusatzartikel nur einen so kleinen Bereich betrifft, ist man sich sicher, dass man die strategischen Ziele der Kooperation dennoch umsetzen könne. Es ist zudem schlichtweg undenkbar, den Zweckverband gegen die Interessen der Stadt Belau weiterzuführen.

So dauert die Diskussion auf der Delegiertenversammlung eine ganze Weile, die Stadt Belau auf der einen, die Unterstützer der neuen Strategie und des ZARB auf der anderen Seite. Die Diskussion endet dann eher abrupt: Der Vorsitzende hat noch einen wichtigen Termin und muss die Debatte deshalb schnell zu einem Ende bringen. Es kommt zu einer unvermittelten Abstimmung, anlässlich derer die neue Strategie sowie die Integration des Zusatzartikels verabschiedet werden. Zudem wird protokollarisch festgehalten, dass man „zum geeigneten Zeitpunkt über eine weitergehende Kooperation zwischen dem ZARB und der Stadt Belau" Gespräche aufnehmen könne.

7 Und es bewegt sich doch nichts

Unzufrieden mit der Entscheidung

Urs Haller ist nicht zufrieden mit der Entscheidung der Delegiertenversammlung. Er führt den ZARB seit seiner Gründung und hat für ihn mehr erreicht, als die meisten erwartet hatten. Seitdem der ZARB für die Bewirtschaftung der Abfälle verantwortlich ist, haben sich die Abfall- und Recyclingkosten für die Gemeinden reduziert, wodurch mehr Mittel für andere Vorhaben frei werden. Urs Haller ist stolz darauf, was er bisher erreicht hat. Zugleich ist er der Auffassung, dass das Potenzial des ZARB noch lange nicht ausgeschöpft ist. Dieses Potenzial sieht er insbesondere bei der Stadt Belau selbst, die schon in den vergangenen Jahren „ihre Extrawürste gebraten hat und sie auch in Zukunft braten wird", indem sie vom Zusatzartikel 28 Abs. 2 Gebrauch machen würde. Ohne diesen Zusatzartikel und mit der neuen Strategie hätte die Stadt stärker in den ZARB integriert werden können. Urs Haller schätzt die Kooperationsmöglichkeiten wie folgt ein:

> Es gäbe viele Möglichkeiten, die Sammlung effizienter zu gestalten. Ich denke da schon allein an die Fahrzeuge, welche eingespart werden könnten. Der ZARB hat einen hochmodernen Fahrzeugpark, und das Tiefbauamt der Stadt Belau unterhält auch noch einen. Mit unserer strategischen Neuausrichtung setzen wir ein Zeichen, dass wir bereit sind, die Kooperation neu in Angriff zu nehmen.

Die Stadt Belau hat schon seit Jahren gewisse Dienstleistungen der Abfallsammlung der ZARB nicht in Anspruch genommen. Urs Haller und vielen Mitarbeitenden des ZARB ist das schon lange ein Dorn im Auge. In Belau soll nun nach wie vor das Tiefbauamt für den Sammeldienst zuständig sein, und nicht der ZARB.

Der Zweckverband – ein Kind der guten Zusammenarbeit

Der Zweckverband ZARB ist 2002 aus dem Zusammenschluss von 26 Verbandsgemeinden hervorgegangen. Der Verband trägt die Gesamtverantwortung für die Bewirtschaftung der Abfälle dieser Gemeinden. Zum Leistungsauftrag des Dienstleistungsunternehmens gehören die Organisation und der Betrieb von Hol- und Bringsammlungen für Abfall- und Wertstoffe sowie der Betrieb der 14 Recyclinghöfe („EcoPoints"), der 121 unbedienten Sammelstellen in der Region sowie der Kehrichtverbrennungsanlage. Zudem informiert der ZARB die Öffentlichkeit über Formen der Abfallvermeidung und -verwertung.

Man hatte sich bereits in den 60er Jahren für den Bau und Betrieb der regionalen Kehrichtverbrennungsanlage zusammengeschlossen. Mit der Einführung der Sack- und Gewichtsgebühr für Abfälle im Jahr 1998 wurde die Finanzierung auf eine gemeinsame Basis gestellt und verursacherorientiert organisiert. So bot sich dann auch die Möglichkeit, die Zusammenarbeit auszubauen und durch eine effizientere Gestaltung der Logistik sowie das Zusammenlegen der Sammelstellen und der Öffentlichkeitsarbeit Kosten einzusparen. Die Gründung des ZARB ist demnach die logische Folge dieser Entwicklung. So sieht es auch der Gemeinderat aus Obligen, Peter Hofer:

Für uns als Gemeinde erschien der Zusammenschluss wirklich lukrativ. Wir sind jetzt nicht die kleinste Gemeinde, aber warum sollten wir das alles alleine machen, wenn andere denselben Auftrag haben und man das zusammen und dann noch günstiger machen kann. Es ist ja nicht so, dass du dir als Gemeinde eigene Fahrzeuge leisten kannst. Also musst du sowieso auslagern. Der ZARB schien uns, und das hat sich auch bestätigt, eine gute Möglichkeit zu sein, die Kosten für die Abfallbewirtschaftung zu senken. Man muss den Steuerzahler wirklich nicht mit mehr als nötig belasten. Zudem können wir nun viel besser die Bevölkerung sensibilisieren, noch mehr Müll zu vermeiden.

Plötzlich die Blockade der Stadt Belau
Die Delegiertenversammlung des ZARB besteht aus Leuten wie Peter Hofer, d. h. insbesondere aus Gemeinderäten der beteiligten Gemeinden. Nur die Stadt Belau hat aufgrund ihrer Grösse zwei Delegierte, den Stadtrat Urs Zeuger und den Leiter des Tiefbauamts, Jürg Lüthi. Die Delegiertenversammlung hat bei der Gründung 2002 die Statuten des ZARB verabschiedet. Peter Hofer erinnert sich:

> Das war wirklich eine Sache. Eigentlich war alles sehr gut vorbereitet und fast schon beschlossen. Und plötzlich machte die Stadt Belau diesen Druck. Es war auf einmal unklar, ob das ganze Vorhaben nicht doch noch scheitert. Also für mich kam das aus dem Nichts. Zuerst war die Stadt an Bord und dann drehte sich der Wind ganz plötzlich.

Dabei liefen die Vorarbeiten rund und ohne Anzeichen dafür, dass sich die Stadt Belau querstellen würde. Durch eine Vorfinanzierung der Verbandsgemeinden konnte der ZARB bereits vor der Verabschiedung der Statuten als Organisation beginnen, die einzelnen Tätigkeitsbereiche aufzubauen. Der Elan von Urs Haller und seinem Team ist gross. Es werden externe Fachleute sowie Zuständige anderer Zweckverbände miteinbezogen, Bestandsanalysen erstellt und Szenarioberechnungen vorgenommen. Aufgrund dieser umfangreichen Vorabklärungen und Vorarbeiten ist unter anderem vorgesehen, dass das Sammeln von Abfällen an private Anbieter ausgelagert werden soll. Per Ausschreibung wurden diejenigen privaten Anbieter gefunden, die den Auftrag am kostengünstigsten umsetzen können.

Als man beim Tiefbauamt der Stadt Belau davon hört, ist man entsetzt. Das Tiefbauamt ist bisher für die Kehricht- und Wertstoffentsorgung der Stadt Belau zuständig gewesen und bewirtschaftet mehr Haushalte und mehr Gewerbe als die anliegenden Gemeinden zusammen. Jürg Lüthi, der Leiter des Tiefbauamts, empört sich:

> Man hat uns nie miteinbezogen, nie nachgefragt, was wir von den Plänen halten. Nur unsere Bestände und Zahlen waren wichtig. Aber wie wir die Logistik lösen und was es alles zu bedenken gibt, wollte niemand wissen.

Beim Tiefbauamt ist man zwar davon überzeugt, dass der Zusammenschluss für die Abfallbewirtschaftung Vorteile haben könne. Doch es hat über all die Jahre immer eine gewisse Distanz zum ZARB gepflegt und den Verband mit Skepsis beobachtet.

7 Und es bewegt sich doch nichts

Die Suche nach Gründen für den neuerlichen Widerstand

Kurz nach der Delegiertenversammlung vom 13. Mai 2014 und dem Beschluss, der neuen Strategie und dem Zusatzartikel zuzustimmen, treffen sich Peter Hofer, Gemeinderat aus Obligen, und Phillip Gerber, Gemeindepräsident aus Kandelegg, bei einer Abendveranstaltung. Sie suchen nach Gründen für den jüngsten Widerstand der Stadt Belau. Peter Hofer äussert seine Vermutung:

> Es heisst, ihnen sei von Seite des ZARB vorgeworfen worden, dass sie absolut ineffizient arbeiten, und das hat sie wohl verletzt. Sie machten das ja schon lange in grossem Umfang und hatten viele Erfahrungen. Da muss man einem Typen wie Lüthi nicht mit Ineffizienz kommen. Wahrscheinlich muss man einem Typen wie Lüthi eh nie mit Effizienz kommen.

Phillip Gerber ist anderer Meinung:

> Na ja, ich denke, die hatten einfach Angst, dass ihre Organisation plötzlich viel kleiner wird. Da ging es doch um den Machterhalt der Städter. Als sie merkten, dass sie keine Vormachtstellung mehr haben, haben sie begonnen zu blockieren. Sie wollten sich dem Wettbewerb einfach nicht stellen.

Einig sind sich Peter Hofer und Phillip Gerber darin, dass die Persönlichkeiten der beiden leitenden Führungskräfte vom Tiefbauamt und vom ZARB unmittelbar zur Auseinandersetzung beigetragen haben – es sich also in erster Linie um ein persönliches Problem handle. Peter Hofer resümiert:

> Das sind zwei spezielle Typen, der Lüthi und der Haller. Beides Alphatiere. Beide haben nur ihre eigenen Ziele und Organisationen im Kopf. Die hatten von Anfang an das Heu nicht auf der gleichen Bühne.

Die beiden Protagonisten

Urs Haller vom ZARB hat zwar auch schon Berufserfahrung bei einer öffentlichen Institution gesammelt, fühlt sich aber eigentlich als „Mann aus der Privatwirtschaft". Er hat seine betriebswirtschaftliche Ausbildung an der Hochschule sehr genossen und jahrelang erfolgreich in einem grossen Logistikunternehmen gearbeitet. Die Stelle an der Spitze eines Zweckverbands hat er dann mit der Zusicherung angetreten, dass sein unternehmerischer Geist genau das sei, was man sich für den ZARB wünsche.

Jürg Lüthi leitet das Tiefbauamt der Stadt Belau seit 22 Jahren. Aus seinen „linken Überzeugungen" hat er nie ein Geheimnis gemacht. Während seines ETH-Studiums zum Bauingenieur sind viele Studierende in Zürich mehr mit Protestieren als mit dem Studium beschäftigt. Doch Jürg Lüthi hat schon bald gemerkt, dass die Krawalle und vor allem die damit verbundene Gewaltbereitschaft nicht seinem Naturell entsprechen. Er wollte nicht auf der Strasse protestieren, sondern Veränderung in den Institutionen selbst bewirken. Lüthi entschied sich also nach dem Studium, in seine Heimatstadt Belau zurückzukehren, um dort die Dinge langsam, dafür aber langfristig zu verändern. Und so begann er seine berufliche Laufbahn beim Tiefbauamt der Stadt und arbeitete sich dank seines Sachverstands und seiner ausgewiesenen Führungskompetenzen hoch. Seine politischen Positionen mässigten sich im Verlauf der Jahre, dennoch hat er sich immer wieder für ausserordentliche Projekte in der Stadt eingesetzt. Beispielsweise ist die Stadt Belau in der Abfallbewirtschaftung Vorreiter im Bereich Recycling. Oder er organisiert das Sammeln von Grüngut gemeinsam mit der Gassenarbeit und der Regionalen Arbeitsvermittlung Belau. Menschen, die sonst keiner geregelten Arbeit nachgehen, oder Langzeitarbeitslose sammeln einmal in der Woche gemeinsam mit Mitarbeitenden der Stadt die Grüngutabfälle ein. Es sind solche Projekte, welche ihm bei der Stadtregierung viel Anerkennung eingebracht haben.

Eine engere Zusammenarbeit wäre durchaus sinnvoll
Mit dem Beschluss der Delegiertenversammlung von 2014 steht fest, dass das Tiefbauamt der Stadt Belau auch in Zukunft die Sammeldienste der Stadt unabhängig vom ZARB organisieren kann. Das Angebot des Tiefbauamts umfasst den Sammeldienst für Haushalte und separate Touren für das Gewerbe. Gesammelt wird Grüngut, Karton, Papier und Glas, beim Gewerbe auch Weissblech und Alu. Dafür hat das Amt zehn Fahrzeuge zur Verfügung, die den Grössenverhältnissen der Stadt entsprechen. Der EcoPoint der Stadt, die unbedienten Sammelstellen sowie Teile des Gewerbeabfalls werden vom ZARB betrieben.

Die teilweise Ausnahme der Stadt Belau von Leistungen des Zweckverbands ist insbesondere für die operative Leitung der Abfallwirtschaft des ZARB mühsam. Nachdem die Entscheidung der Delegiertenversammlung kommuniziert worden ist, ärgert sich der Leiter des Bereichs Sammeldienst des ZARB, Thomas Eberli. Er kann nicht verstehen, dass man in dieser Sache nicht mit der Stadt Belau zusammenarbeiten können sollte. Wichtige Entwicklungsschritte sind so blockiert. Ein Beispiel: Der ZARB hat zwei Transportunternehmen mit dem Sammeln und Abführen der Abfälle beauftragt. Die Fahrzeuge der Transportunternehmen verwenden „KIT", ein System, mit welchem der ZARB Daten über Standorte und jeweiliges Lade- oder Containergewicht generieren kann. Das System, welches die Stadt verwendet, ist bei weitem nicht so ausgeklügelt, und so hat der ZARB keine Vergleichsdaten für die Abfälle in der Stadt. Würde die Stadt die Abfälle ganz unabhängig bewirtschaften, wäre das kein Problem. Doch weil es Überschneidungen gibt und weil die Daten der sonstigen Abfallsammlungen auch für die Auslastung der EcoPoints relevant sind, lässt Thomas Eberli die Sache nicht kalt. Der ZARB hat bereits so viel zur effizienten Bewirtschaftung der Abfälle beigetragen. Weshalb sollte es hier nicht weitergehen?

Bei der Stadt Belau hat Kurt Marti seit einigen Jahren die operative Leitung des Sammeldienstes inne. Er ist zudem Ressortleiter Werkdienste und hat unmittelbar mit dem ZARB zu tun. Im Tiefbauamt galt schon immer die Devise, dass man den ZARB einfach machen lassen solle. Diese Haltung ist für Kurt Marti aber nur schwer umzusetzen, da er sich ja schon in Bezug auf die Bewirtschaftung der Sammelstellen immer wieder mit dem ZARB absprechen musste und auch weiterhin muss. Natürlich ist auch er dem ZARB gegenüber kritisch, doch anerkennt er durchaus die guten Projekte und

Erfolge des Verbands. So weist die neu eröffnete Kehrichtverbrennungsanlage eine sehr gute Energieeffizienz auf, indem sie beispielsweise noch besser die Abwärme nutzt. Diese Stossrichtung deckt sich ja auch mit dem Anliegen des Tiefbauamts. Für Kurt Marti ist eine engere Zusammenarbeit mit dem ZARB durchaus denkbar.

Erste Anbahnung der Zusammenarbeit
Ein Jahr nach der Entscheidung für eine neue Strategie und die Aufnahme des Zusatzartikels in die Statuten startet der ZARB das Projekt „Kooperation ZARB und Stadt Belau (KASB)" – ganz im Sinne der am Ende der Delegiertenversammlung 2014 protokollierten Absicht zur Zusammenarbeit. Urs Haller fragt Thomas Eberli um die Projektleitung an, und dieser sagt auch zu. Eberli will im Projekt KASB die Kommunikation mit dem Tiefbauamt behutsam aufbauen. Er war auch schon in einem früheren Projekt engagiert, in dem die Zusammenarbeit mit der Stadt optimiert werden sollte. Das Projekt kam damals jedoch nicht vom Fleck und verlief schliesslich im Sand. Thomas Eberli koordinierte sich ehedem mit Kurt Marti auf operativer Ebene und ist ihm schon mehrere Male begegnet. Er ist nun überzeugt, dass er mit ihm klarkommen wird, und will auf ihn zugehen und ihn über das Projekt und das von ihm geplante Vorgehen informieren. Kurt Marti reagiert beim ersten Telefonat wie erwartet interessiert, aber zugleich auch etwas verhalten.

Urs Haller weiss, dass die Vorgehensweise von Thomas Eberli richtig ist. Sie entspricht ihm aber trotzdem nicht. Er hatte schon immer Mühe mit der Trägheit der Verwaltung. Gerne würde er „den städtischen, den kantonalen und den Bundesbehörden etwas Feuer unter dem Hintern machen".

Aber auch wenn er Thomas Eberli immer als ein wenig zu vorsichtig beurteilt hat, so ist er der Überzeugung, dass er mit ihm den richtigen Projektleiter für die KASB eingesetzt hat. Eberli leitet nicht nur die Abteilung, die von der Zusammenarbeit in erster Linie betroffen ist, sondern er hat auch einen guten Draht zum Verantwortlichen beim Tiefbauamt. Die bisherigen Versuche, die Zusammenarbeit voranzubringen, hatte Haller ja selber geleitet. Sie waren aber nicht von Erfolg gekrönt. Er nimmt sich nun ganz bewusst zurück und lässt Thomas Eberli die Entscheidungen über das Vorgehen treffen.

Thomas Eberli nimmt sich Folgendes vor:

> Mir ist es wichtig, dass wir nicht wieder drauflosschiessen. Darauf will ich bei den Vorarbeiten achten. Ich will zeigen, dass auch wir offen sind und verschiedene Möglichkeiten in Betracht ziehen. Selbstverständlich gibt es hier im ZARB einen klaren Favoriten für die zukünftige Zusammenarbeit. Aber verordnen können wir das nicht.

Thomas Eberli macht sich an ein Konzeptpapier. Er will zuerst überprüfen, welche Zusammenarbeitsfelder die beiden Organisationen in Zukunft vertiefen können. Gleichzeitig möchte er das Tiefbauamt von einer intensiveren Zusammenarbeit überzeugen. Er ist sich sicher, dass beide Parteien ein Interesse daran haben sollten, die Abfallbewirtschaftung effizient, kostengünstig, umweltfreundlich und bedürfnisorientiert zu organisieren, und stellt folgende Ziele zur Diskussion:

- Kostensenkung um 20 %
- Effizienzsteigerung durch koordinierte Einsatzpläne, Verringerung von Schnittstellen und Nutzung von Synergien
- Verstärkte Kommunikation und Transparenz der Leistungserbringung (Datenübermittlung und -auswertung)
- Verringerung des CO_2-Ausstosses um 10 % durch gemeinsame Touren
- Kundenfreundlichkeit verstärken: gemeinsamer Auftritt
- Soziale und gemeinschaftliche Umsetzung

Darüber hinaus hat er auch ein paar Umsetzungsvorschläge erarbeitet.

Thomas Eberli ist es wichtig, dass Kurt Marti weiss, dass man beim ZARB für Gespräche offen ist, und nicht bereits mit einem vorgefertigten Plan in die Verhandlungen geht. Er ist sich auch bewusst, dass Kurt Martis Wissen über die technische Abwicklung der Logistik des Sammeldiensts für die erfolgreiche Kooperation von grossem Nutzen sein wird. Er freut sich darauf, mit Kurt Marti dieses Projekt angehen zu können, und denkt sich:

> Wenn wir reden, dann geht es um die Arbeit, nicht um Politik. Und wir beide sind interessiert an guten Lösungen!

Und es geht doch wieder nur um Effizienz
Am Abend vor der Auftaktsitzung für die mögliche Kooperation mit dem ZARB liest Kurt Marti den Konzeptentwurf von Thomas Eberli. Auch er sieht der Zusammenarbeit positiv entgegen, weil er seinen Berufskollegen beim ZARB sehr schätzt. Von den hohen Kompetenzen in der Disposition kann die Stadt viel profitieren. Dennoch stösst er sich an der Art, wie man beim ZARB solche Projekte angeht. Er ist der Ansicht, dass soziale Aspekte zwar immer erwähnt werden, aber in den Umsetzungsvorschlägen nur noch schwer oder gar nicht zu finden sind:

> Schlussendlich geht es dem ZARB doch immer nur darum, die Kosten zu senken. Bei den Leuten lässt es sich halt gut sparen.

Würde man den Betrieb nur unter Effizienzkriterien führen, rechnet Kurt Marti mit einem Abbau von mindestens zehn Stellen. Zudem könnte beispielsweise die Zusammenarbeit mit der Gassenarbeit und der Regionalen Arbeitsvermittlung Belau nicht fortgeführt werden. Einen Lösungsvorschlag von Thomas Eberli beurteilt Kurt Marti wie folgt:

> Clever, wie Thomas ist, hat er da auch eine Lösungsmöglichkeit mit einem Pool von Chauffeuren für die Entsorgung und den Winterdienst erarbeitet – aber da wird doch auch ihm klar sein, dass man dort nicht alle integrieren kann, die für uns arbeiten.

Auch wenn er wollte, könnte er solche Vorschläge beim Tiefbauamt niemals durchbringen. Was Kurt Marti jedoch wirklich nicht nachvollziehen kann, ist der Zeitpunkt, zu dem die Kooperation eingerichtet werden soll. Jürg Lüthi geht in einem Monat in Pension. Der Projektauftakt fällt also gerade in die Zeit des Übergangs und des Neustarts der designierten neuen Leiterin des Tiefbauamts. Kurt Marti fragt sich nun, wie er Thomas Eberli antworten soll und wie das Projekt nun gut aufgegleist werden kann.

Leitfragen zur Diskussion

1. Beschreiben und interpretieren Sie die Perspektiven des ZARB und der Stadt Belau.
2. Wie erklären Sie sich die Unzufriedenheit von Urs Haller mit dem Entscheid der Delegiertenversammlung vom 13. Mai 2014?
3. Wie erklären Sie sich, dass es zu Spekulationen und Vorwürfen kommt und sich die Akteure übereinander ärgern? Und welche Wirkung hat dies?
4. Wie ist es zu interpretieren, dass der Zweckverband „ein Kind der guten Zusammenarbeit" ist, sich aber die Stadt Belau einer weitergehenden Kooperation entzieht?
5. Wie interpretieren Sie den neuen Anbahnungsversuch vom ZARB (Thomas Eberli)?
6. Weshalb reagiert die Stadt Belau (Kurt Marti) ambivalent auf den Vorschlag?
7. Wie müsste der weitere Prozess gestaltet sein, damit sich das Verhältnis des ZARB und der Stadt Belau verbessert?

Getrennt gemeinsam, gemeinsam getrennt

8

Sabrina Wyss und Erik Nagel

Zusammenfassung

Das IT-Unternehmen DELTA verfügt über eine sehr gute Reputation im Markt, stellt aber fest, dass es bei Projekten in der Finanz- und Bankenbranche auf ein Partnerunternehmen angewiesen ist, um integrierte Dienstleistungen anzubieten. Der CEO Urs Wimmer kennt und schätzt den Inhaber und CEO der BankIT, Alois Müller. Das Joint Venture beider Firmen ist bei der Realisierung der dann folgenden Kundenmandate ein voller Erfolg. Nach vier Jahren übernimmt dann DELTA die BankIT, wobei die BankIT als Tochterfirma weitergeführt wird; die Veränderungen sollten sich zu Beginn für die Mitarbeitenden in Grenzen halten. Vereinzelte Managementinstrumente der DELTA werden dann auch bei der BankIT eingeführt. Wahrgenommene oder vermutete Doppelspurigkeiten zwischen beiden Firmen werden thematisiert und angegangen. Im weiteren Verlauf der Zusammenarbeit wirken die BankIT-Mitarbeitenden auf die DELTA-Mitarbeitenden zunehmend reservierter. Im Gespräch unter den BankIT-Mitarbeitenden zeigt sich dann, dass diese gar nicht erfreut sind; sie vermissen das familiäre Klima der BankIT und fühlen sich schlecht informiert. Der Teamleiter Niklas Kutschera befürchtet, dass ihm seine besten Mitarbeitenden verlorengehen, und fragt sich, wie er dieser Entwicklung Einhalt gebieten kann.

---

basierend auf einer studentischen Arbeit von Lukas Arnet, Peter Berchtold, Sandro Betto, Jan Bott und Markus Meier.

S. Wyss
Institut Sozialmanagement, Sozialpolitik und Prävention, Hochschule Luzern, Luzern, Schweiz
E-Mail: sabrina.wyss@hslu.ch

E. Nagel (✉)
Institut für Betriebs- und Regionalökonomie, Hochschule Luzern, Luzern, Schweiz
E-Mail: erik.nagel@hslu.ch

© Springer Fachmedien Wiesbaden GmbH, ein Teil von Springer Nature 2019
E. Nagel und I. Stolz (Hrsg.), *Organisationalen Wandel gestalten*,
https://doi.org/10.1007/978-3-658-27129-9_8

Stolz, bei einer starken Firma zu arbeiten
Katia Auer unterschreibt im Juni 2010 ihren Arbeitsvertrag und mit ihm die Non-Disclosure-Vereinbarung als Application-Managerin und Teamleiterin bei DELTA. Sie wird von DELTA für das Grossprojekt CORONET rekrutiert. Auer freut sich sehr auf diese neue Anstellung, denn bei DELTA soll sie ihr Wissen nun endlich voll einsetzen können. DELTA eilt als Arbeitgeber ein hervorragender Ruf voraus. Die Bezahlung stimmt, die Projekte sind spannend, Familie und Beruf würden sich vereinbaren lassen und DELTA hat im Bewerbungsverfahren keinen Zweifel daran gelassen, dass das Unternehmen sie will. Katia Auer hat sich im Bereich der Entwicklung und Betreuung von Anwendersoftware auf Finanz- und Bankingprodukte spezialisiert, Bereiche, in denen sie in Zeiten der Digitalisierung der Wirtschaft grosses Zukunftspotenzial und damit gute Entwicklungschancen für sich selber sieht. Sie denkt sich:

> Das ist ein eindeutiges Commitment von DELTA. Sie wollen den digitalen Shift in der Finanzbranche klar mitgestalten. Das ist wirklich ein gutes Zeichen. Da bin ich gerne mit dabei. Das bringt mich auch persönlich weiter. Zudem hat DELTA einen hervorragenden Ruf in der IT-Branche. Die Leute steigen da ein und es gefällt ihnen zumeist so gut, dass nur sehr wenige die Firma wieder verlassen. In der schnellen IT-Welt ist das ein guter Gegenpol.

DELTA wurde 1996 gegründet und ist heute Anbieter verschiedener IT-Dienstleistungen an der Schnittstelle Business zu IT. DELTA verfügt über eine ausserordentlich gute Reputation bei generalistischen IT-Lösungsdesigns in komplexen Geschäftssituationen. DELTA verfügt über Know-how in den Bereichen Workflow-Automatisierung, Enterprise Resource Planning, Customer Relationship Management und Supply Chain Management. Zu DELTAs Kunden zählen Grosskonzerne aus diversen Branchen; der Umsatz beträgt 2015 rund 130 Mio. EUR, der mit 500 Mitarbeitenden an den Standorten München, Zürich und Wien erwirtschaftet wird. Seit 2012 wird das Unternehmen von Benjamin Wimmer geleitet. Die besondere Stärke der Firma besteht darin, neue IT-Ansätze in unmittelbar umsetzbare Konzepte zu überführen. Das Unternehmen DELTA weiss, dass es fortlaufend seine Kompetenzen weiterentwickeln und ausbauen muss, um seine Marktposition halten zu können. Benjamin Wimmers eigener Hintergrund und seine Kontakte in die IT-Branche sowie zu diversen Unternehmen und öffentlichen Verwaltungen spielen dabei eine ausserordentlich grosse Rolle.

DELTA hat 2008 begonnen, sich neu in der Finanz- und Bankenbranche zu engagieren, und dazu die in dieser Branche tätige kleinere Firma FiB-IT akquiriert. Dank den 30 neuen Mitarbeitenden von FiB-IT und den verhältnismässig treuen Stammkunden kann ein erstes Service-Portfolio für Finanzdienstleister aufgebaut werden.

Zusammen erfolgreich in allen Belangen
Dennoch zeigt sich rasch, dass sich die Kunden aus der Finanz- und Bankenbranche mehr von DELTA erwarten, als das Unternehmen bieten kann – und zwar trotz der durch die Übernahme eingekauften Expertise von FiB-IT. Der rasante Strukturwandel in der Finanzbranche verlangt von Finanzinstitutionen, neue, digitale Lösungen rasch

umzusetzen. Damit verbunden ist beispielsweise auch ein Outsourcing von Geschäfts-, Support- und gegebenenfalls auch Kernprozessen. Von Kundenseite hört DELTA vermehrt den Wunsch nach umfassenden Dienstleistungspaketen zur vollständigen Abwicklung solcher Prozesse, doch dafür fehlen DELTA insbesondere im Bereich des Outsourcing die Kompetenzen.

Konkret wird diese Entwicklung im Jahr 2010 dadurch, dass ein Grosskonzern nebst den ganz grossen IT-Dienstleistern auch DELTA einlädt, in einem kompetitiven Ausschreibungsverfahren eine Offerte für sein Projekt CORONET einzureichen. Bestandteil dieses Projektes ist auch das Outsourcing von Dienstleistungen und Prozessen. Benjamin Wimmer ist sofort klar, dass er hier auf einen guten und starken Partner angewiesen ist. Ihm ist bekannt, dass BankIT eine hervorragende Reputation in diesem Bereich hat und ein idealer Partner für das Projekt sein könnte, und so nimmt er direkt mit BankIT Kontakt auf. Er kennt Alois Moser, den Inhaber und CEO der BankIT, schon seit einigen Jahren über sein berufliches Netzwerk und gemeinsame Podiumsdiskussionen. Benjamin Wimmer schätzt Alois Moser als guten Firmenchef ein, empfindet ihn als fachlich kompetent, aber auch die Chemie stimmt zwischen den beiden:

> Wir kennen uns schon ein wenig und ich habe Alois als seriösen und vertrauenswürdigen Menschen kennengelernt. Wir sind auf derselben Wellenlänge – wir segeln beide gerne [lacht], ab und zu auch gemeinsam – und rauchen gerne mal eine Zigarre zusammen. Auch unsere Ehefrauen sind sich sympathisch. Es passt einfach ... Ausserdem weiss ich genau, in welchem Business die BankIT tätig ist. Wir können durch die Zusammenarbeit in diesem Projekt nur gewinnen. Sie können etwas, was wir nicht können, und ihnen gelingt es, mit uns an Grosskunden zu gelangen – was ihnen vorher nicht möglich war, weil sie alleine schlichtweg zu klein sind. Eine echte Win-win-Situation.

Kurz darauf kann dem Kunden eine überzeugende Offerte eingereicht werden und das Joint Venture von DELTA und BankIT erhält den Auftrag zur Realisierung von CORONET. 25 Mitarbeitende von DELTA und 12 Mitarbeitende von BankIT arbeiten an dem Projekt CORONET. Das Projekt wird mit Erfolg abgeschlossen und sorgt für eine gute Reputation beider Firmen. Bereits während des Projektverlaufs von CORONET spricht sich der Erfolg bei den Banken herum und DELTA wird von einem weiteren Grosskunden für ein ähnliches Projekt angesprochen und nach erfolgreichem Abschluss von CORONET auch beauftragt. DELTA tut sich aufgrund der positiven Erfahrung wieder mit BankIT zusammen. Auch das zweite und drei weitere Projekte können erfolgreich gemeinsam gestartet und abgeschlossen werden. Die Auftraggeber beurteilen die Projekterfolge sowohl in Bezug auf den Output als auch atmosphärisch sehr positiv.

Es wird integriert

Im Juni 2014, also vier Jahre nach Start der ersten Zusammenarbeit, haben es die Mitarbeitenden schwarz auf weiss: DELTA übernimmt die BankIT. Vier Jahre nach der ersten Zusammenarbeit unterschreibt dann auch Niklas Kutschera, Teamleiter bei der BankIT, eine Non-Disclosure-Vereinbarung für DELTA. Schon lange hat man gemunkelt, dass DELTA wohl Interesse an der BankIT habe. Niklas Kutschera hat bezüglich der Integration gemischte Gefühle:

> Es war ja wirklich nur eine Frage der Zeit, bis DELTA uns übernehmen würde, nachdem wir schon so lange und erfolgreich kooperiert hatten. Ich verspreche mir eigentlich auch sehr viel von der Übernahme. DELTA möchte seine Marktposition ausbauen und das ist auch für uns die Chance, an der Spitze mitzumischen. Es sieht aus, als ob wir unser Wissen wie bisher einbringen können. Ich müsste mich also eigentlich wirklich freuen, aber irgendwie ist es doch etwas gewöhnungsbedürftig. Ich habe mich ja eigentlich einmal für einen kleineren Arbeitgeber entschieden. Bei uns geht es familiär zu und her, wir brauchen keine langen, formalen Entscheidungsprozesse. Unser Chef – der traut uns. Wir müssen nicht viele lange Berichte schreiben, sondern können unseren Job machen – d. h. wir können für den Kunden entwickeln, organisieren und programmieren. DELTA ist da ... ich weiss auch nicht ... hat einfach viel mehr Formulare, und die Angestellten müssen häufig den Chef fragen, ob etwas okay ist.

Die BankIT AG ist 2002 gegründet worden und hat unter der Leitung von Alois Moser im Jahr 2015 einen Umsatz von 14,7 Mio. EUR erwirtschaftet. In der BankIT sind zu dem Zeitpunkt 45 Mitarbeitende beschäftigt. Ihr geschäftlicher Schwerpunkt liegt schon immer bei IT-Outsourcing-Lösungen für Banken. Der BankIT gelingt es, rasch das Vertrauen ihrer Kunden zu gewinnen – durch gut umsetzbare, sichere Lösungen, professionelle Projektabwicklungen sowie durch die persönlich gestalteten Kundenbeziehungen. Genau dieses Vertrauen erweist sich im Bankenbereich als entscheidend, denn beim Outsourcing muss ein Finanzinstitut sicher sein, dass mit sensiblen Daten 100-prozentig sicher umgegangen wird. Fehler oder Unregelmässigkeiten würden bei der betreffenden Bank zu einem enormen Imageschaden führen. Das hat das Beispiel der Coop-Bank im Juni 2014 gezeigt – also genau zum Zeitpunkt des Zusammenschlusses von BankIT mit DELTA –, als die Bank ihren Kunden Kontoauszüge anderer Kunden zustellte.

Alois Moser ist sich der Kernkompetenzen der BankIT sehr wohl bewusst, aber auch der Tatsache, dass sein Unternehmen aufgrund der geringen Grösse und der Spezialisierung alleine am Markt kaum mehr Erfolg haben kann. Er ist zudem der Gründer und Alleineigentümer, eine familieninterne Nachfolgerin oder ein familieninterner Nachfolger ist nicht in Sicht. Bei der Akquisition der auch für sie relevanten Mandate kann die BankIT nur mit Partnern wie DELTA erfolgreich sein:

> Wir können ja nicht mehr allein im Markt überleben. Die Banken fordern Komplettlösungen, und das geht weit über unsere Kernkompetenz hinaus. Ausserdem, wenn wir das hier klug umsetzen, können wir uns als unverzichtbaren Teil intelligent in die Wertschöpfungskette der DELTA integrieren.

Benjamin Wimmer wiederum sieht die Integration als Chance, den Banken in Zukunft Gesamtlösungen anbieten zu können, sowie als Option, die Dienstleistungspalette von DELTA grundsätzlich weiter auszubauen. Deshalb macht Benjamin Wimmer Alois Moser das Angebot, die BankIT als 100-prozentige Tochterfirma in DELTA zu integrieren. Moser soll weiterhin die Tochterfirma leiten.

Die Integration in kleinen Schritten

Die DELTA-Geschäftsleitung definiert die Rahmenbedingungen für die Übernahme und beauftragt Daniel Gruber von DELTA mit der Umsetzung. Er ist schon für die Integration der FiB-IT zuständig gewesen und hat aus Sicht der Geschäftsleitung seine Aufgabe erfolgreich erledigt. Die zentralen Vorgaben an ihn fasst er in die folgenden Worte:

> Für die Mitarbeitenden soll sich so wenig wie möglich ändern. Wir möchten eine sanfte Integration der BankIT, die rasch umgesetzt wird, ohne das operative Geschäft zu beinträchtigen. Dennoch soll allen klar werden, dass wir am selben Strang ziehen: Gemeinsam erweitern wir unsere Kompetenzen, um unsere Marktposition weiter auszubauen.

Die erste Phase der Veränderung wird wie folgt initialisiert: Am 15. Juni 2014 um 11 Uhr wird unternehmensweit per Video-Botschaft von Benjamin Wimmer und Alois Moser über die Integration und die kommenden Veränderungen informiert. Zudem wird schriftlich per E-Mail und Intranet informiert. Niklas Kutschera und die anderen Teamleiter der BankIT organisieren umgehend ein Mittagslunch sowie ein Treffen am Nachmittag für ihr Team, in welchem sie persönlich auf die Veränderungen eingehen. Kutschera erklärt dies so:

> So tickt die BankIT nun mal. Wir sind klein und persönlich. Meine Leute sollen die Möglichkeit haben, Rückfragen zu stellen und ihre Meinung einzubringen. Es wäre falsch, bei dieser grossen Veränderung plötzlich neue Wege zu gehen.

In derselben Woche lädt Daniel Gruber zu zwei Präsentationen von Benjamin Wimmer und Alois Moser ein. So können sich die Mitarbeitenden noch direkter bei den Führungspersonen informieren.

Es wird mitgeteilt, dass die BankIT als Tochterfirma und mit eigenem Brand weitergeführt werde und eine neue Organisationseinheit der DELTA sei. Ihr Standort werde beibehalten. Die Veränderungen sollten sich für die Mitarbeitenden „zumindest zu Beginn" in Grenzen halten. Auch bei der Zusammensetzung der Teams werde sich aufgrund der Integration der BankIT nichts ändern. Das erleichtert die Kommunikation der Integration für Daniel Gruber immens. Er weiss, wie wichtig das Team für die Motivation der Mitarbeitenden ist:

> Wir wollen den Mitarbeitenden der BankIT das Gefühl geben, dass sie Teil von DELTA sind und nicht die Kleinen, die sozusagen vom Grossen geschluckt werden. Da hilft es natürlich sehr, dass sie weiterhin in den Teams und an den Aufgaben arbeiten können, die sie schon kennen.

In der zweiten Phase will Daniel Gruber „den Puls spüren" und stellt sicher, dass die in der DELTA ohnehin fällige Umfrage zur Mitarbeiterzufriedenheit auch in der BankIT durchgeführt wird. Zudem führt er in enger Abstimmung mit Benjamin Wimmer und Alois Moser die internen Zeiterfassungssysteme und Projektreportings bei der BankIT ein; diverse Schulungen werden angeboten und eine Hotline für Fragen wird eingerichtet. Auf Brown Bag Lunches können die Führungskräfte beider Unternehmen die

Visionen der DELTA besprechen und allfällige kulturelle Unterschiede diskutieren und verstehen lernen. Daniel Gruber ist der Überzeugung, dass sich so ...

> eine starke gemeinsame Kultur entwickeln wird. Dann werden wir – das ist mit Alois auch schon so vorbesprochen – so ziemlich geräuschlos die Eigenmarke BankIT aufgeben können. Die Kunden werden wir rechtzeitig informieren – sie werden sich dann daran gewöhnt haben. Kein Problem.

Erst in einer dritten Phase sollen sich Daniel Gruber und ein noch zu konstituierendes Team um etwaige Doppelspurigkeiten kümmern und prüfen, ob und wenn ja wo die Strukturen gestrafft und optimiert werden können. Daniel Gruber mutmasst:

> Benjamin und Alois haben mir gesagt, dass das keine Eile habe. Wir haben das auch noch nicht weiter konkretisiert. Intern habe ich das sonst auch mit niemand anderem besprochen. Aber ich schätze schon, dass ein Grossteil der Mitarbeitenden der BankIT in neue Teams integriert wird. Es werden bei der BankIT sicher auch einzelne Leute freigestellt. Das ist ein wichtiger, notwendiger Schritt, sonst bringt die Integration ja keinen rechten Nutzen.

Es ist irgendwie ein bisschen anders als vorher
Heute, knapp ein Jahr nach der Integration der BankIT, kommt Moritz Rieder, Solution Designer im Team von Katia Auer, in der Kaffeepause eher zufällig mit ihr auf die Integration der BankIT zu sprechen. Sie werden sich schnell einig, dass DELTA als Folge der Integration schlagkräftiger geworden ist und bei Banken spannende neue Dienstleistungsmandate hat akquirieren können. Die Zusammenarbeit mit BankIT ist weiterhin sehr konstruktiv, auch wenn sich etwas verändert hat. Moritz Rieder versucht, dafür die richtigen Worte zu finden:

> Die Zusammenarbeit ist weiterhin gut, aber irgendwie wirken die BankIT'ler reservierter. Ich kann es nicht ganz fassen. Vorher waren wir zwei Firmen und es war irgendwie lockerer, unkomplizierter. Heute sind wir ja eigentlich eine Firma und nun ist es auf der Arbeitsebene immer noch gut, aber irgendwie ist die Leichtigkeit, die Unbeschwertheit weg.

Katia Auer nickt und stimmt ihm zu:

> Ja, das stimmt. Ich kann mir das auch nicht recht erklären. Aber sieh's doch mal positiv: Kennst du Lars Oberson? Er ist aus dem Team von Niklas Kutschera. Der macht ja im Prinzip dasselbe wie ich hier und der versteht wirklich etwas von der Sache. In den Projekten konnte er einfach da weitermachen, wo ich aufgehört habe – ohne Probleme. Stell dir das mal vor mit Leuten von irgendeiner anderen Firma, mit denen wir in kleineren Projekten zusammengearbeitet haben. Das wäre so unkompliziert nie möglich gewesen, keine Chance.

Sie lachen. Das Thema hat sich im Gespräch aber schon erschöpft. Es ist für sie ja kein echtes Problem sichtbar. Sie diskutieren lieber darüber, ob ein Präsident der Vereinigten Staaten twittern sollte oder nicht.

Das ist nicht mehr meine Firma
Der Zufall will es, dass Lars Oberson beinahe zeitgleich zum Gespräch von Moritz Rieder und Katia Auer über die Integration nachdenkt. Es steht – über ein Jahr nach der Übernahme – so viel Unausgesprochenes im Raum. Er verfügt über sehr ähnliche Qualifikationen wie Katia Auer und Moritz Rieder. In der offiziellen Kommunikation ist die Rede davon gewesen – das hat er sich gut gemerkt –, dass sich für die Mitarbeitenden „so wenig wie möglich ändern" solle. Und er erinnert sich an den Nachsatz „zumindest zu Beginn" sollten sich die Änderungen „in Grenzen halten". Was bedeutete das und was bedeutet das heute? Da gibt es mittlerweile eine ganze Reihe von Überschneidungen. Würde wirklich einmal ein grösseres Projekt nicht kommen, würden ja wohl eher Leute von der BankIT gehen müssen und nicht jene von DELTA. Lars Oberson weiss, dass er und die meisten seiner Kollegen der BankIT top kompetent sind und sich auch ständig weiterqualifizieren. Den Eindruck hat er von DELTA nicht; die DELTA-Leute profitieren vor allem von ihnen. Sie, die BankIT-Leute, können problemlos Arbeiten übernehmen, wenn DELTA-Mitarbeitende kurzfristig in andere Projekte umdisponiert werden, aber das geht nicht umgekehrt. Ist BankIT ... oder besser DELTA ... noch sein Unternehmen? Alois Moser scheint sich auch so langsam aus der Verantwortung zu nehmen. Lars Oberson konstatiert, dass er doch „nur noch so etwas wie ein Abteilungsleiter ist, der den Titel CEO behalten hat". Lars Oberson fragt sich, ob er langsam anfangen sollte, sich nach einem neuen, pfiffigen IT-Unternehmen umzusehen, so wie es die BankIT einmal war. Er geht in die Cafeteria, um dort seine Kollegin Sophie Hunger zu treffen.

Kurze Zeit später macht sich auch Niklas Kutschera gut gelaunt auf den Weg dorthin. Seit einem halben Jahr ist er nicht mehr so viel vor Ort, da er ein komplexes Projekt leitet, von diesem stark absorbiert wird und viel direkt beim Kunden ist. Die Integration der BankIT in die DELTA hat sich für ihn als voller Erfolg herausgestellt. Wenn nun auch sein eigenes Projekt reüssiert, winken noch grössere Projekte in der Finanzbranche, die sich ja in einem radikalen Umbruch befindet. In den nächsten Tagen wird er nun aber erst einmal Gespräche mit seinem Team führen, um bei seinen Leuten den Puls zu spüren. Die ersten Eindrücke vor Ort sind durchwachsen. Bei den ersten Begrüssungen wirken die ehemaligen BankIT'ler irgendwie bedrückt, aber das kann Niklas Kutschera seine gute Laune nicht verderben. Vielleicht überinterpretiert er ja auch die ersten Begegnungen.

Oben in der Cafeteria angekommen sieht er zufällig seine beiden besten Teammitglieder: Sophie Hunger und Lars Oberson. Er steuert auf sie zu. Sie sind in ein intensives Gespräch verwickelt.

Bei den beiden hat sich in den letzten Wochen so einiges angestaut und beide sind froh, ihre Bedenken endlich miteinander teilen zu können. Sie haben ein gutes Verhältnis zu Niklas Kutschera und lassen ihn direkt an ihrem Gespräch teilnehmen. Oberson spricht ihn an:

Hallo Niklas. Schön dich zu sehen. Wir sind grad mitten im Gespräch ... Sophie und ich haben gerade festgestellt, dass wir nun definitiv bei DELTA angekommen sind. Aber das war kein freudiges Willkommen, sondern eine harte Landung, wenn du so willst. Die DELTA kommt uns wie ein riesiger Tanker vor – du korrigierst mich Sophie – extrem formalisiert, mit Berichterstattung hier und dort, Mitarbeiterbefragung statt einem kurzen Schwatz auf dem Gang, wie es einem geht. Alois ist auch komplett von der Bildfläche verschwunden. Wir können zwar weiterhin unseren Job machen, aber das ganze Umfeld wirkt irgendwie wie ein behäbiger Apparat. Wir schaffen nun auch immer seltener mit BankIT'lern in einem Projekt. Und die DELTA-Leute, sorry, dass ich das sagen muss, haben einfach nicht so viel auf dem Kasten wie wir.

Sophie Hunger ergänzt das Stimmungsbild ihres Kollegen:

BankIT gibt es ja gar nicht mehr. Uns gibt es gar nicht mehr ... die BankIT – das war mein Ding! Zudem droht da noch irgendwie eine 'Optimierung', was das auch immer heisst. Fliegen dann Leute raus und fliegen wir raus, weil wir ja nur die 'Zugekauften' sind? Diese miese Informationspolitik ärgert mich – ich fühle mich – auf gut Deutsch – verarscht. Man weiss, es gibt dort drüben Leute, die ähnliche Jobs machen wie wir. Im Unterschied zu uns gehören sie aber zu DELTA. Magdalena, die im Team von Katia arbeitet, hat mal erzählt, dass einer der Vorteile, bei DELTA zu arbeiten, die Jobsicherheit ist. Das sind ja fast schon Zustände wie in der Verwaltung vor 20 Jahren. Ich meine – wenn sie dann Leute entlassen, wo werden die das wohl tun! Das lasse ich nicht mit mir machen.

Niklas Kutschera wird ganz flau im Magen. Damit hat er nun gerade gar nicht gerechnet. Seine besten Leute sind kurz vor dem Absprung. Zu gerne würde Niklas die beiden beruhigen und ihnen sagen, dass ihre Arbeitsplätze sicher sind. Aber das beschäftigt sie ja nicht mal vorrangig. Sie werden woanders mit Handkuss genommen – da ist er sich sicher. Im Unterschied zu Sophie Hunger und Lars Oberson weiss er, dass es mit Sicherheit zu personellen Veränderungen kommen wird. Welche dies im Detail sein werden oder wann sie stattfinden, ist allerdings auch ihm nicht bekannt.

Was ist da falsch gelaufen? Wieso hat er diese Stimmung nicht früher mitbekommen? Kann er hier noch etwas tun, sie in seinem Team behalten? Wie kann es sein, dass er hier aufblüht und sie Trübsal blasen? Dabei sind beide doch so quirlige, positiv denkende und zudem hoch kompetente Kollegen. Geht das auch noch anderen BankIT'lern so? Wenn ja, dann wird DELTA definitiv ein Problem bekommen. Denn solche Leute wie Lars Oberson und Sophie Hunger machen einen echten Unterschied bei den Projekten.

Er hat ja in den letzten Monaten einen guten Kontakt zu Benjamin Wimmer aufgebaut. Es muss dringend mit ihm sprechen.

Leitfragen zur Diskussion
1. Beschreiben Sie die beiden Firmen DELTA und BankIT. Was zeichnet beide Unternehmen bzgl. ihres Selbstverständnisses aus?
2. Beschreiben Sie die Marktentwicklungen und Begründungen, die zu einer fortlaufenden Zusammenarbeit der beiden Firmen führen?

3. Was zeichnet die Phase des Joint Ventures aus?
4. Beschreiben Sie, wie die Übernahme der BankIT gegenüber den Mitarbeitenden begründet und wie sie dann angegangen wird. Interpretieren Sie die Begründungen und die Vorgehensweise.
5. Beschreiben und interpretieren Sie, wie sich die beiden Mitarbeitendengruppierungen der DELTA und der BankIT gegenseitig wahrnehmen und was die Hintergründe dieser Wahrnehmungen sind.
6. Welche Wirkung haben die Managemententscheidungen und die interne Kommunikation auf die beiden Mitarbeitendengruppierungen der DELTA und BankIT und wie lässt sich dies verstehen?
7. Wie können Niklas Kutschera und das Management der DELTA nun vorgehen?

9 Schloss Horgen

Ingo Stolz

Zusammenfassung

Das Internat „Schloss Horgen" ist das Lebenswerk von Peter Lohn. Seit den späten 70er-Jahren hat er als Schulleiter dieser privat geführten Institution zu internationalem Ansehen verholfen. Internationale Eliten haben dem Internat ihren Nachwuchs zur Erziehung und Ausbildung anvertraut. Die wachsende internationale Konkurrenz in diesem exklusiven Schulsegment macht nun aber selbst dem Branchen-Primus Schloss Horgen zu schaffen – die Anmeldezahlen sinken merklich. Grössere Investitionen in das Marketing sollen nun wieder mehr Schüler und Schülerinnen zum Schloss Horgen führen. Peter Lohn initiiert grundlegende Veränderungen. Er entlässt die Marketing-Chefin und besetzt die Stelle neu. Die Stellen einer Kommunikationsmanagerin und Marketing-Koordinatorin werden neu geschaffen. Die Arbeitspakete der Marketing-Office-Managerinnen werden angepasst. Diese Veränderungen werden jeweils ohne Absprache mit den betroffenen Personen initiiert, entschieden und dann auch umgesetzt. Auch kümmert Peter Lohn sich wenig um die Auswirkungen der vorgenommenen Veränderungen. Er zeigt sich neben der Intervention in Struktur und Personal der Marketing-Abteilung desinteressiert in deren operativer Arbeit und merkt als Folge nicht, dass der neue Marketing-Chef sich mehr und mehr der Verantwortung entzieht, dass die Kommunikationsmanagerin vom neuen Marketing-Chef ignoriert wird – und als Folge kündigt – und die Motivation der Office-Managerinnen

---

basierend auf einer studentischen Arbeit von Reto Amstad, Andreas Breitenmoser, Sander Markiet, Vivian Yuwei Song und Yahrin Üstün.

I. Stolz (✉)
Institut für Betriebs- und Regionalökonomie, Hochschule Luzern, Luzern, Schweiz
E-Mail: ingo.stolz@hslu.ch

© Springer Fachmedien Wiesbaden GmbH, ein Teil von Springer Nature 2019
E. Nagel und I. Stolz (Hrsg.), *Organisationalen Wandel gestalten*,
https://doi.org/10.1007/978-3-658-27129-9_9

schwindet. Angesichts dieser Situation ist zunehmend die gesamte Belegschaft des Schloss Horgen beunruhigt. Als sich der Marketing-Chef aber vollständig aus der Verantwortung zieht, kommt es überraschenderweise zu einer gewissen Entspannung der Lage. Denn die Marketing-Koordinatorin Petra Ammann erweist sich als sehr kompetenter Ersatz in der Leitung der Marketing-Abteilung. Sie stösst wichtige und gute Marketing-Initiativen an und gewinnt das Vertrauen der Belegschaft zurück. Jedoch wird ihr die formelle Führung niemals übertragen – diese verbleibt beim bisherigen Marketing-Chef, der sich aber für Promotionsaufgaben nach China abgesetzt hat. Petra Ammanns Einfluss bleibt deshalb beschränkt. Peter Lohn entzieht sich einer nötigen Klärung der Führungsfrage in der Marketing-Abteilung, indem er als Schulleiter zurücktritt. Mit einem neuen CEO soll ein neuer Anfang erfolgen. Jedoch hat Petra Ammann zu diesem Zeitpunkt bereits die Konsequenzen gezogen und gekündigt.

Die Entscheidung
In den ganz schwierigen Momenten ist es immer so gewesen: Peter Lohn sitzt allein auf einer Parkbank direkt am Nordufer des Bodensees, irgendwo im Nirgendwo zwischen Sipplingen und Überlingen. Die wichtigsten Entscheidungen hat er immer hier getroffen. Nun ist es für ihn wieder so weit, eine solche wichtige Entscheidung zu treffen. Es geht um nichts weniger als die Zukunft seiner Internate, seines Lebenswerkes.

Über die letzten drei Jahrzehnte hat Peter Lohn eines der international anerkanntesten Internate aufgebaut. Angefangen hat es in den späten 1970er-Jahren mit einem Schulhaus – dem Schloss Horgen – und mit knapp 20 Schülern. Nun schicken vermögende Eliten aus der ganzen Welt ihren Nachwuchs in die Schloss Horgen gGmbH (gemeinnützige GmbH), der Peter Lohn als Geschäftsführer vorsteht. Lohn hat beim Aufbau seines Internats-Unternehmens einfach sehr geschickt sein internationales Netzwerk und das Ansehen seines Familiennamens im internationalen Establishment genutzt. Sein Vater ist einer der angesehensten und weitest gereisten Diplomaten Deutschlands und prägt nach dem Zweiten Weltkrieg das neue Gesicht eines demokratischen Deutschlands im Ausland mit. Und so betreut die Schloss Horgen gGmbH heute 400 Schüler in mittlerweile sechs Internaten an separaten Standorten in den Landkreisen Sigmaringen, Ravensburg und dem Bodenseekreis; das Stammhaus Schloss Horgen dient lediglich noch der zentralen Administration. Und obwohl die einzelnen Internats-Schulhäuser durchaus ihre jeweiligen Eigenarten besitzen, so sind doch alle sechs den gleichen übergeordneten Zielen verpflichtet: Einerseits sollen Schüler die weltweit beste Vorbereitung auf das International Baccalaureate erhalten. Andererseits sollen in diesen Schulen die Eliten der Zukunft „zu Weltbürgern geformt werden" (Werbebroschüre Schloss Horgen). Und tatsächlich: Mehrere der heute regelmässig in der Presse stehenden internationalen Entscheidungsträger blicken auf eine Schulkarriere im Schloss Horgen zurück.

9 Schloss Horgen

In Süddeutschland war die Schloss Horgen gGmbH über die ersten zwanzig Jahre ihres Bestehens nahezu konkurrenzlos tätig. Doch dies ändert sich Mitte der 2000er Jahre innerhalb relativ kurzer Zeit. International ausgerichtete Internate sind bisher vor allem in der schweizerischen Genfersee-Region zu finden gewesen. Nun schickt sich der stärkste Vertreter dieser Branche am Genfersee an – mit einem dem Schloss Horgen ähnlichen Konzept –, sich auch in Süddeutschland niederzulassen. Schon seit 2004 verfolgte die Swiss Boarding School Group (SBSG) eine moderate Wachstumsstrategie. Nachdem im Jahr 2008 die SBSG von der britischen Private Equity Gesellschaft Futuron gekauft worden ist, beschleunigt sich dieses Wachstum. So hat die SBSG mit Kapital der Futuron 2009 ein Internat in Bodenseenähe gekauft. Damit betreut sie auf einen Schlag knapp 55 Schülerinnen und Schüler unmittelbar im Stammgebiet des Schloss Horgen. Im Frühjahr 2011 kommt dann der nächste Schritt: die SBSG eröffnet einen neuen, hochmodernen und repräsentativen Internats-Campus für 75 weitere Schüler direkt am Ufer des Bodensees.

Trotz dieser Entwicklungen in unmittelbarer Nachbarschaft zu den Internaten der Schloss Horgen gGmbH sind die Zeichen eines sich vergrössernden Konkurrenzdrucks nicht für alle sichtbar. Susanne Grober, Marketing-Direktorin der Schloss Horgen gGmbH, sagte:

> Für mich ist es einerlei, ob die SBSG hier Internate betreibt oder nur in der Schweiz. Ich verkaufe ein hervorragendes und etabliertes Produkt, das unsere Kundschaft genau so will. Alternativen, die jetzt in unmittelbarer Nähe aufgebaut werden, sind keine Konkurrenz für uns, sondern sprechen höchstens eine andere Kundenschicht an. Und das wiederum kann uns langfristig sogar nützen. Denn die süddeutsche Bodenseeregion wird dadurch bezüglich Internaten allgemein bekannter.

Schon ein weiteres Jahr später aber, im Februar 2012, wird die bedrohliche Präsenz der SBSG für alle vollends offensichtlich. Zum einen kauft sie eine Liegenschaft in Horgenzell und plant dort zum Schulbeginn 2013 einen neuen Internats-Standort zu eröffnen. Mit diesem Kauf droht die SBSG von der fast gleichen Lokalität aus – und eventuell sogar mit einem ähnlichen Namen – um internationale Kundschaft zu konkurrieren. Zum anderen erscheint, quasi auf dem Höhepunkt der Anmeldephase für das im Herbst 2012 startende Schuljahr, ein Ranking der besten internationalen Internate. Das Ranking wird zwar von der in der Branche bekannten Website ‚upclass' erstellt, wurde aber von der SBSG in Auftrag gegeben. Und so ist es nicht verwunderlich, dass die Internate der SBSG nahezu alle in den Top Ten vertreten sind, Schloss Horgen aber nicht. Die Folgen sind sofort zu spüren. Die Admission Officers von Schloss Horgen müssen vermehrt Anrufe von besorgten Eltern entgegennehmen. Und die Anmeldezahlen für den Herbst 2012 brechen im Vergleich zum Vorjahr tatsächlich um 11 % ein, ein ausserordentlich deutlicher Rückgang. Rankings sind für die kompetitive Kundschaft einfach eine sehr wichtige Entscheidungsgrundlage. Da nützt es natürlich auch nichts, dass die mangelnde Validität des Rankings zwei Jahre später vor Gericht nachgewiesen werden kann.

Nun ist auch Peter Lohn alarmiert:

> Meine Leute an der Front – Marketing, Admissions, unser Netzwerk in den Märkten vor Ort – haben mir immer wieder versichert, dass das Schloss Horgen ausser Konkurrenz läuft, dass deshalb keine Gefahr bestehe. Ich habe ja schon gemerkt, dass die SBSG immer offensiver auftritt hier am Bodensee. Aber wir haben nicht reagiert. Ich habe nicht reagiert. Alle haben geschlafen. Darüber ärgere ich mich sehr! Aber wem soll ich die Schuld geben, ausser mir selbst? Ich bin nun einmal der Steuermann. Jetzt muss ich das Boot eben auch wieder alleine aus dem Sturm lotsen.

Peter Lohn geht für längere Zeit mit seinen Gedanken schwanger, was denn nun zu tun sei. Und so ist es für ihn folgerichtig, dass er sich auf jener Parkbank wiederfindet, um wieder einmal eine grundlegende Richtlinienentscheidung zu treffen.

Als er aufsteht und mit selbstbewussten Schritten zu seinem Auto zurückläuft, hat er eine Entscheidung getroffen: Das Produkt selbst, also das Ausbildungskonzept für die Schüler, sei nicht infrage zu stellen. Das funktioniere nach wir vor sehr gut. Es gehe lediglich darum, das gleiche Produkt unter erschwerten Bedingungen und mit härteren Bandagen besser zu verkaufen. Es muss also mehr Geld in das Marketing und die Kommunikation gesteckt werden. Die Weichen dafür würde Peter Lohn schon am nächsten Morgen stellen.

Neue Köpfe und Strukturen
Die Marketing-Abteilung der Schloss Horgen gGmbH hat in der Vergangenheit nur wenige Veränderungen erlebt: Die Website wird hie und da verbessert, neugestaltete und -getextete Broschüren werden erstellt und in Druck gegeben, die in den Kernmärkten stattfindenden Informationsveranstaltungen werden jeweils mit den aktuellsten Daten aufgefrischt und bestehende lokale Kontakte in den Kernmärkten werden gepflegt. Diese Arbeit wird von der Marketing-Direktorin Susanne Grober (50 %-Pensum) und zwei Office-Managerinnen (jeweils 70 %-Pensum) organisiert. Die Office-Managerin Svetlana Trachsel ist für Print, Online und neu auch für Social Media zuständig, die Office-Managerin Regula Töpfer für die Netzwerkpflege und für Events. Susanne Grober sind weiterhin – jeweils auf lokaler Vertragsbasis – drei Sachbearbeiter und Sachbearbeiterinnen mit jeweils 50 %-Pensum unterstellt, die sich direkt in den Kern-Kundenmärkten befinden. Die Stelle einer vierten Sachbearbeiterin in Shanghai ist schon seit zwei Jahren unbesetzt, obwohl die Zahl der chinesischen Anmeldungen in Internaten weltweit rapide zunimmt.

Am Tag nach Peter Lohns „Parkbank-Entscheidung" wird Susanne Grober, kurz vor den Sommerferien 2012, beauftragt, die Stelle eines Kommunikationsmanagers neu zu schaffen, auszuschreiben und so schnell wie möglich zu besetzen, und zwar auf 100 %-Basis. Susanne Grober sagt hierzu:

> Ich weiss gar nicht, was ich in diese Anzeige hineinschreiben soll. Das Stellenprofil dieser neuen Stelle ist mir nicht ganz klar, weil ich auch die Vorgaben von Peter Lohn trotz unseres Gesprächs nicht wirklich verstanden habe. Aber letztlich können wir diese Person schon

gebrauchen. Unser Marketing ist ja gut aufgestellt und zeigt gute Wirkung. Wenn wir nun mehr davon machen können, dann ist sicherlich auch die Wirkung höher; da hat Peter Lohn wohl recht. Wenn die SBSG laut schreit, dann schreien wir eben auch lauter.

Und so soll Karin Vogel zum 1. November 2012 in der neuen Funktion als Kommunikationsmanagerin zu arbeiten beginnen.

Doch Peter Lohn hat noch weitere Entwicklungsschritte im Sinn. Gleich nach den Sommerferien geht er wieder auf Susanne Grober zu, mit der Frage, ob sie sich eine 100 %-Anstellung vorstellen könne. Als sie dies nach reiflichen Überlegungen und Absprachen mit ihrer Familie verneint, legt Peter Lohn ihr nahe, eine neue Stelle zu suchen. Susanne Grober ist schockiert. Es folgen noch zahlreiche Gespräche zwischen ihr und Peter Lohn, jedoch gibt es keinen Verhandlungsspielraum: entweder Aufstockung auf 100 % oder Kündigung. Am 30. September reicht Susanne Grober schwer mitgenommen ihre Kündigung ein, um ihrerseits einer Kündigung durch ihren langjährigen Arbeitgeber zuvorzukommen. Auch das Marketing-Team ist schockiert. Regula Töpfer sagt:

> Bisher habe ich immer gedacht, an einem ganz besonderen Ort zu arbeiten. Wir vermitteln etwas Gutes – nämlich hervorragende Ausbildung – auf eine aussergewöhnliche Art und Weise, nämlich mit Top-Lehrpersonal. Diese hervorragende Qualität unserer Schule kann sich aber nur mit einem exzellenten Support und in einer Arbeitsumgebung entwickeln, in der alle die gleichen Werte teilen und an einem Strang ziehen. Dafür haben wir hier in der Zentrale immer gesorgt, und so habe ich auch unsere Arbeit verstanden. Diese Kündigung ist ein Donnerschlag. Stehen wir einmal etwas unter Druck, bricht gleich Panik aus. Was soll das denn eigentlich alles? Wie soll es denn jetzt weitergehen?

Am 31. Dezember 2012 wird die Kündigung von Susanne Grober wirksam.

Am 1. Februar 2013 beginnt Thomas Unger – der Nachfolger von Susanne Grober – seine Arbeit als neuer Marketing-Direktor der Schloss Horgen gGmbH. Unger macht seine Position gleich vom ersten Tag an sehr deutlich. Svetlana Trachsel und Regula Töpfer sind sich schnell einig:

> Unger redet viel, er erscheint tough und gebärdet sich wie der Chef. Wir hören nur „müssen, müssen, müssen".

Unger beruft wöchentlich mindestens drei längere Sitzungen ein. Dabei werden die verschiedenen Aufgabenbereiche im Marketing genau unter die Lupe genommen und immer wieder diskutiert: welche Aufgaben man eventuell neu strukturieren könnte, welche Schnittstellen man besser gestalten müsste. Unger bringt in diesen Sitzungen immer wieder neue Ideen ein, und am Ende sind mindestens drei Flipchart-Blätter mit neuen Organigrammen und Reporting-Linien vollgezeichnet. Danach formuliert Unger meist relativ vage Pendenzen für das Marketing-Team, und Svetlana Trachsel und Regula Töpfer fragen sich jeweils, was das nun genau heissen solle. Svetlana Trachsel sagt zu Regula Töpfer:

Wir können hier doch nicht alles auf einmal über den Haufen schmeissen. Oder ist es wirklich so, dass wir bisher alles falsch gemacht haben?

Karin Vogel fühlt sich als Kommunikationsmanagerin völlig ignoriert. Sie hat die letzten Monate sowieso schon in der Luft gehangen, schliesslich fällt ihr Stellenbeginn gerade in die Zeit des Wechsels der Marketing-Direktion, und Peter Lohn selbst füllt dieses vorübergehende Führungsvakuum im Bereich Marketing seinerseits überhaupt nicht aus. Er beschäftigt sich vielmehr mit weiteren Verbesserungen des Curriculums und der Didaktik. Die Belegschaft weiss nur zu gut, dass er sich immer wieder für lange Zeitabschnitte mit diesen Arbeiten hinter seinen Schreibtisch zurückzieht; denn das macht er schliesslich am liebsten, wegen dieser Arbeiten ist er vor nun gut 40 Jahren überhaupt in den Lehrberuf eingestiegen. Als Folge jedoch ist sich Karin Vogel im Unklaren darüber, wie sie der Schloss Horgen gGmbH am besten helfen könnte. Und so freut sie sich durchaus, dass mit einem neuen Marketing-Direktor wieder konkrete Ziele gesetzt werden sollen. Ihre Ernüchterung ist deshalb besonders gross, als Unger sie nun vollends marginalisiert. In seinen Vorstellungen von Marketing und Kommunikation scheint für die neue Kommunikationsmanagerin überhaupt kein Platz zu sein. Und so stellt sie drei Wochen nach der Ankunft von Unger fest:

> Ich muss jetzt erst einmal durchschnaufen und muss einfach sehen, wohin der Weg geht. Aber ich kann schon ehrlich sagen: Im Moment bin ich sehr frustriert. Diese Stelle erschien mir voller Opportunitäten, denn es wäre so viel zu verbessern hier, es wäre so viel möglich. Aber mit Thomas Unger laufe ich gegen eine Wand; und in den drei Monaten zuvor bin ich mit Peter Lohn ins Nichts gelaufen.

Ende April 2013 führt Thomas Unger eine neue Struktur des Marketing-Teams ein. Die beiden Office-Managerinnen werden nun geografischen statt wie zuvor den operativen Bereichen zugeordnet. Svetlana Trachsel ist neu für Asien, Afrika und die GUS-Staaten und Regula Töpfer für Europa, Nord- und Südamerika sowie Ozeanien zuständig. Die Sachbearbeiterinnen in den Zielmärkten werden direkt den Office-Managerinnen unterstellt, gemäss der geografischen Zuständigkeit. Die Stelle der Sachbearbeiterin in Shanghai bleibt weiterhin unbesetzt. Karin Vogel bleibt Kommunikationsmanagerin, aber ohne eindeutig definierte Aufgaben. Als sie sich in der Folge bei Peter Lohn einmal direkt beklagt, dass ihr keine Verantwortlichkeiten zugewiesen seien und ihren Ideen generell kein Gehör geschenkt würde, sagt dieser: „Das wird schon, das kommt alles noch. Unger ist der Spezialist."

Insgesamt ist es dem Marketing-Team aber unklar, welche übergeordnete Strategie oder auch nur operative Absicht hinter dieser Reorganisation steht. Svetlana Trachsel fasst zusammen:

> Ich bin einfach enttäuscht, dass die ganze Energie von Unger lediglich in einer Restrukturierung mündete. Denn über diese Restrukturierung hinaus weiss ich nicht, was neu sein soll, was es zu tun gilt, was anders gemacht werden soll, ob überhaupt etwas anders gemacht werden soll. Ich weiss gar nicht mehr, welche Marke ich vertrete, wenn ich das

Schloss Horgen unseren Kunden anpreise. Aber irgendwie scheint ja auch Peter Lohn hinter diesen Veränderungen zu stehen; ansonsten würden sie doch nicht gemacht werden, oder? Ich mach jetzt halt einfach mal weiter, zur Not eben wie bisher. Um alles andere kümmere ich mich erst einmal nicht, sonst mache ich mich noch verrückt.

Schliesslich erhält Karin Vogel im Mai 2013 ihre Kündigung. Dies wiederum kommt für Regula Töpfer gar nicht überraschend:

Ich denke, dass Karin das irgendwie schon erwartet hat. Unger hat sie doch total ignoriert, von Anfang an. Und am Ende hat sie sich auch selbst nicht mehr geholfen. Sie schaute nur noch teilnahmslos aus dem Fenster, wenn wir gemeinsame Meetings hatten. Ich frage mich nur, warum Peter Lohn es zulässt, dass eine neue Position geschaffen wird, nur um diese Position ein halbes Jahr später wieder abzuschaffen. Denn – wenn ich das richtig verstehe – Unger plant die Stelle von Karin nicht mehr zu besetzen. Dabei bräuchten wir eine Person wie sie, die sich mit den neuen und digitalen Kommunikationskanälen auskennt, mit denen wir heute unsere Kunden erreichen. Diese Expertise fehlt uns, und es wäre hier definitiv eine Rolle für jemanden wie Karin vorhanden. Aber Unger wollte davon nichts hören bzw. legte jede von Karins Ideen zur Seite. Er war so weit weg von ihr, wie er weit weg ist von Facebook und solchen Dingen. Letztlich schadet er sich selbst mit dieser Entscheidung. Es ist schon einfach traurig.

Karin Vogel spekuliert ihrerseits:

Unger geht es doch nur darum, seine Meinung unangefochten durchsetzen zu können.

In dieser turbulenten Zeit geht die Nachricht beinahe unter, dass der Vertrag mit dem Sachbearbeiter im Silicon Valley bei San Francisco aufgelöst wird. Während diese Stelle wieder ausgeschrieben wird, bleibt weiterhin unklar, was Thomas Unger mit dem Büro in Shanghai plant bzw. ob er überhaupt eine Marketing-Strategie für China entwickeln will. Er erwähnt immer wieder potenzielle Partner in China, tolle Agenturen, die er dort ausfindig gemacht habe, aber etwas Handfestes ist bisher nicht entstanden.

Eine neue Marketing-Koordinatorin
Kurz vor dem Beginn des Schuljahrs im Herbst 2013 findet wie immer die traditionelle Klausur aller Beschäftigten der Schloss Horgen gGmbH statt, mit den fest angestellten Lehrenden und den Leitungs- und Stabsstellen. Anlässlich dieser Klausur stellt Thomas Unger die neue Organisationsstruktur des Marketing-Teams, die übergeordneten Ziele des Teams sowie die bereits begonnenen und in der nahen Zukunft zu intensivierenden Arbeitsschwerpunkte vor. Selbst einige der Lehrenden – deren Arbeitsstelle letztlich von einer erfolgreichen Rekrutierung von Schülern abhängt – stellen einige besorgte Fragen. Denn so wie die langjährige Lehrerin Beate Rölli hören sie schon seit einiger Zeit immer wieder Gerüchte über die Diskrepanz zwischen Ungers Ideen und deren turbulenter Umsetzung:

Ich habe beispielsweise gehört, dass wir Interviews mit zahlreichen externen Grafikdesignern geführt haben – und das finde ich ja eine gute Sache –, aber dass Unger dann jemanden genommen hat, auf dessen Lebenslauf lediglich der Name, ein Slogan und die Kontaktdaten aufgeführt waren. Solche Geschichten vernehme ich gerüchteweise immer wieder. Die Marketing-Abteilung hat immer still und leise gearbeitet, wie eine schnurrende Maschine. Und jetzt gibt es dieses ganze Gerede.

Ende des Jahres kann Thomas Unger immer noch kaum konkrete Ergebnisse vorweisen, die aus seinen Ideen entstanden wären, ausser eben der Umstrukturierung. So ergibt sich, dass das Marketing-Team trotz neuer Ideen und trotz der Restrukturierung mehr oder weniger arbeitet wie zuvor. Svetlana Trachsel sagt:

> Wir haben gelernt, Unger zu ignorieren. Seine Ideen tun uns letztlich nicht weh, denn wirklich ändern tut er ja nichts. Dafür hat er letztlich weder eine klare Strategie noch den nötigen Durchhaltewillen.

Dann aber kommt doch wieder eine Überraschung: Thomas Unger kündigt einen Tag vor den Weihnachtsferien die Anstellung von Petra Ammann als Marketing-Koordinatorin an, und zwar bereits zum 1. Januar 2014. Für diese wieder neu geschaffene Stelle ist ohne Wissen des Marketing-Teams ein Headhunting durchgeführt worden. Svetlana Trachsel und Regula Töpfer raunen sich zum Abschied in die Weihnachtsferien gegenseitig ein „Fröhliche Weihnachten" zu, mit einem zynischen Grinsen auf den Lippen.

Überraschenderweise erleben die beiden die neue Marketing-Koordinatorin gleich zu Beginn des neuen Jahres als eine äusserst kompetente und führungsstarke Person. Svetlana Trachsel sagt:

> Es wurde gleich offensichtlich, dass Petra extrem gut darin ist, verschiedene Prozesse zu koordinieren und gemäss übergeordneten Kernzielen auszurichten und zu priorisieren. Sie kam in unsere Organisation, wählte schnell vier Kernthemen aus und stellte sicher, dass fokussiert Lösungen erarbeitet werden. Sie band uns ein und unterstützte uns, sodass wir uns wie auf einem gemeinsamen Boot unter Volldampf empfanden.

Für Petra Amman wiederum war der Grad an Desorganisiertheit überraschend:

> Ich fragte Thomas Unger nach dem Marketingbudget, und er gab mir ein Blatt Papier. Ich fragte: „Das ist alles?" Das war kein Plan, sondern nur einzelne Stichworte mit Zahlen versehen, z. B. „Thailand CHF 20'000". Mir war sofort klar, dass diese ganze Organisation – und zwar über das Marketing hinaus – keine klaren Ziele hat. Auch ist mir unklar, wer hier wofür verantwortlich ist. Peter Lohn ist ein Vollblutlehrer und hat das Ganze aufgebaut, mit viel Herzblut, aber den Überblick hat er nicht, dafür ist er viel zu weit weg. Letzte Woche war ich beispielsweise bei ihm im Büro, um seine Sicht auf die Marketingstrategie zu erfragen. Er sagte nur etwas über mehr Werbung, mehr Sichtbarkeit, mehr Aufmerksamkeit. In seinem Fachgebiet der Lehre mag er ja ein Experte sein und durchaus auch innovativ. Aber darüber hinaus … Vielleicht interessiert ihn dies alles auch gar nicht.

Petra Ammann kniet sich dennoch mehr und mehr hinein in die Lösung einer Vielzahl von Problemen. Sie übernimmt Verantwortung für das ganze Team, koordiniert die verschiedenen Marketing- und Kommunikationsaufgaben, trifft Entscheidungen. Wenn ihr die Kompetenzen fehlen, improvisiert sie. Sie macht irgendwann alles, strategisch wie operativ. Sie erklärt gegenüber Regula Töpfer:

> Ich bin hier so langsam Mädchen für alles; das ist okay für mich, das gibt mir die Möglichkeit, mich weiterzuentwickeln. Ich habe in den letzten Monaten eine Marketingstrategie erarbeitet, Projekte definiert, Deadlines gesetzt, die Länderverantwortungen teilweise neu definiert, Offerten eingeholt für alle möglichen Dinge, ich habe die Website mit neuen Inhalten versehen, ein „Responsive Design" unserer Website für Mobiles in Auftrag gegeben, einen Blog eingerichtet …

Thomas Unger lässt Petra Ammann gewähren, bleibt im Hintergrund und macht sein eigenes Ding. Er bleibt formal der Vorgesetzte von Petra Ammann, aber für die Mitarbeitenden wird es von Monat zu Monat klarer, dass Petra Ammann das Marketing leitet. Was führt Unger im Schilde?

Kein Einsitz mehr
16 Monate nach Arbeitsantritt von Thomas Unger ist das Büro in Shanghai noch immer unbesetzt, obwohl im Herbst 2013 auch in den Schulen der Schloss Horgen gGmbH die bisher grösste Anzahl an chinesischen Schülern ihr Schuljahr begonnen hat. Im Juni 2014 reist nun Thomas Unger selbst nach Shanghai, um für den Sommer das Büro neu einzurichten. Schon einen Monat später, im Juli 2014, erreicht Petra Ammann über Peter Lohn Ungers Nachricht, dass er sich für die absehbare Zukunft weiter um die Geschicke in Shanghai kümmern und vorerst nicht aus China zurückkehren werde. Petra Ammann kommt aus dem Staunen nicht heraus!

Dies bedeutete wiederum, dass das Marketing nun faktisch nicht mehr in der erweiterten Geschäftsleitung Einsatz nimmt – aufgrund der physischen Abwesenheit des Marketing-Direktors. Und so kommt es für das Marketing-Team im November 2014 überraschend, dass die Schloss Horgen gGmbH sich ab 2016 freiwillig den britischen National Boarding Standards unterstellen will. Die erweiterte Geschäftsleitung („oder vielleicht einfach Peter Lohn wieder alleine, mit der formalen Unterstützung der erweiterten Geschäftsleitung", mutmasst Svetlana Trachsel) hat dies ohne den Input der Abteilung Marketing entschieden und das Team auch nicht vor der allgemeinen Verkündigung der Entscheidung informiert.

Petra Ammann kann diese Entscheidung nicht verstehen:

> Unsere Kunden fragen nach diesem Standard nicht nach. Vielleicht spielt das bei ein bis zwei Schülern aus Grossbritannien eine Rolle, aber wenn, dann eine untergeordnete. Ich glaube nicht, dass ich auch nur einen Schüler oder eine Schülerin mehr rekrutieren kann als Folge der Befolgung dieses Standards. Denn schliesslich ist damit ja keine offizielle Akkreditierung verbunden, sondern lediglich eine freiwillige Willenserklärung, die unsere Kunden sowieso nicht einordnen können.

Trotz Petra Ammans Einschätzung des geringen Nutzens dieser Entscheidung spürt sie sofort den Druck, dass sie als Folge eine Verbesserung der Anmeldezahlen zu erreichen habe. Sie wird sich angesichts dieser Situation bewusst, dass sie ihre Aufgaben ganzheitlich und mit vollem Engagement ausfüllt, ohne aber über eine Führungsstelle zu verfügen. Alle jene Veränderungen, die sie bisher angestossen hat, waren mit niemandem abgesprochen, auch nicht mit Peter Lohn oder der erweiterten Geschäftsleitung. Die Entscheidung für den National Boarding Standard passt gut in dieses Chaos – da ist sie auch nicht miteinbezogen worden. Sie beschliesst, dass sie nun mit Peter Lohn darüber reden muss. Sie braucht endlich Klarheit.

Und jetzt?
Peter Lohn kommt ihr jedoch zuvor. Noch Ende November 2014 wird allen Mitarbeitenden des Schloss Horgen mitgeteilt, dass er sich als CEO zurückziehen und ein neuer Leiter für die Schloss Horgen gGmbH gesucht werde. Das ist angesichts der Geschichte des Schloss Horgen, die ja unmittelbar mit der Geschichte von Peter Lohn verbunden ist, eine Entscheidung von grosser Tragweite. Svetlana Trachsel fühlt sich wie auf einer Achterbahn:

> Jetzt verlässt der Chef das Schiff, von dem ich immer mehr meine, dass es ein sinkendes Schiff ist. Was kommt als Nächstes für das Schloss Horgen? Und was kommt als Nächstes für unser Marketing-Team? Ich bin ratlos. Ich muss mir jetzt wohl wirklich eine neue Stelle suchen.

Im September 2015 startet mit Reto Felder der neue CEO. Die Anmeldezahlen für das neue Schuljahr sind wieder leicht zurückgegangen. Reto Felder nimmt sich aber fest vor, die Zukunft für die Schloss Horgen gGmbH zu sichern. Er ist überzeugt, dass der Abteilung Marketing dabei eine grosse Rolle zukommt. Jedoch hat das Schloss Horgen mit Petra Ammann und Svetlana Trachsel zwei sehr gute Mitarbeiterinnen verloren, noch bevor er die Stelle angetreten hat. Es geht also in gewisser Weise von Neuem los. Reto Felder ist hochmotiviert, sich den damit verbundenen Herausforderungen zu stellen.

Leitfragen zur Diskussion

1. Was sind die zentralen Charakteristika der Organisation, des Marktes und der Organisationskultur von Schloss Horgen?
2. Wie werden die Mitarbeitenden der Marketing-Abteilung der Schloss Horgen gGmbH seitens der Führung und im Hinblick auf die neue Konkurrenzsituation informiert und eingebunden?
3. Wie lässt sich das Vorgehen der Führung bzgl. Information und Einbindung charakterisieren?
4. Wie können das Verständnis von Wandel und das gezeigte Veränderungsmanagement von Peter Lohn, Thomas Unger und Petra Ammann beschrieben werden?
5. Wie können die im Laufe der Veränderung gezeigten Führungsverständnisse von Peter Lohn, Thomas Unger und Petra Ammann beschrieben werden?

6. Wie interpretieren Sie die Angemessenheit des Veränderungsmanagements und des Führungshandelns von Peter Lohn, Thomas Unger und Petra Ammann?
7. Welche Auswirkungen haben die Charakteristika der Organisationskultur auf den beschriebenen Veränderungsprozess?
8. Warum kann Petra Ammann als Leistungsträgerin in der Marketing-Abteilung die von ihr angestossenen Change-Prozesse nicht optimal vorantreiben und umsetzen?
9. Welche Möglichkeiten hätten Petra Ammann während ihrer Anstellung für das Schloss Horgen eventuell zur Verfügung gestanden, ihre Rolle und Situation so auszugestalten, dass sie den von ihr intendierten Wandel besser hätte vorantreiben und umsetzen können?
10. Wie würden Sie anstelle des neuen CEO Reto Felder weiter vorgehen, um die nun bevorstehenden Veränderungsschritte positiv zu gestalten?

10
Briesen: Veränderungen verändern

Ingo Stolz

Zusammenfassung

Als Zulieferbetrieb in der Automobilindustrie ist die Briesen GmbH sehr erfolgreich. Dies auch deshalb, weil es Briesen in seiner mittlerweile 200-jährigen Geschichte stets verstanden hat, sowohl das Unternehmen als auch das Geschäftsmodell ständig zu erneuern. Eine solche Erneuerung steht auch jetzt bevor. In Zukunft sollen konsequent Lean-Management-Prinzipien in der Produktion und Organisation angewendet werden. Die Unternehmensleitung initiiert ein Projekt zur Umstellung der entsprechenden Prozesse. Als erster Arbeitsschritt wird ein externer Lean-Management-Experte aus Japan als Berater engagiert. Dies erfolgt mit der Begründung, dass schliesslich in Japan bei Toyota das Lean-Management-Prinzip entwickelt worden sei. Der Berater kann aber der Briesen GmbH nicht weiterhelfen, die vorgeschlagenen Lösungen erweisen sich als unpassend, die Belegschaft reagiert als Folge zunehmend negativ auf die beabsichtigte Einführung von Lean-Management-Prinzipien. Die Unternehmensführung beschliesst, noch mal von vorne anzufangen, aber diesmal anders vorzugehen. Die Bedürfnisse in den Produktionsteams werden nun vorgängig analysiert und operationalisiert. Das mittlere Management wird durch Führungsworkshops und Coachings befähigt, die nötigen Veränderungen in ihren jeweiligen Teams einzuführen und umzusetzen. Auch wird fortwährend evaluiert, ob die voranschreitende Veränderung stets auf Kurs bleibt. Durch diese Arbeitsmethoden entsteht bei den Mitarbeitenden ein

---

basierend auf einer studentischen Arbeit von Osman Bangura, Muhammad Haroon, Zalalem Molla und Gerald Marzano.

I. Stolz (✉)
Institut für Betriebs- und Regionalökonomie, Hochschule Luzern, Luzern, Schweiz
E-Mail: ingo.stolz@hslu.ch

neues Vertrauen in die Nützlichkeit der Lean-Management-Prinzipien. Es zeigt sich als Folge, dass die Veränderungen zunehmend von den Mitarbeitenden selbst gestaltet und vorangetrieben werden. Die Briesen GmbH scheint – gemeinsam mit ihren Mitarbeitenden – wieder auf einem guten Weg der Erneuerung zu sein.

Eine Erfolgsgeschichte
Die Briesen GmbH ist eine Erfolgsgeschichte für alle, die den Wirtschaftsstandort in den ländlichen Teilen Brandenburgs nicht abschreiben möchten. Diese Region Ostdeutschlands hat nach der Wende sehr viel ihres produzierenden Gewerbes an die industriellen Zentren Westdeutschlands verloren. Talentierte Arbeitskräfte folgten dieser Bewegung, und die Region verlor einen Grossteil ihrer wirtschaftlich aktiven Bevölkerung. Es gibt jedoch auch Lichtblicke eines industriellen Aufschwungs: Briesen ist das Vorzeigeexemplar eines neuen brandenburgischen Unternehmertums. Jonas Halden, ein Redakteur der Wochenzeitung „Der Zeitspiegel", ist nicht der erste Journalist, der sich dieser Erfolgsgeschichte angenommen hat. Seiner Bitte um einen Besuch im Werk wurde sofort entsprochen. Nur eine Woche später wird er vom Geschäftsführer selbst im neuen Hauptsitz bei Perleberg empfangen.

Hans Gründer, der Geschäftsführer von Briesen, nutzt jede Gelegenheit, die erfolgreiche Geschichte seiner Firma zu erzählen. Er ist sichtlich stolz auf die Aufbauarbeit, die er nach 1990 geleistet hat. Es war in ihrer 200-jährigen Geschichte nicht das erste Mal, dass die Firma sich neu erfinden musste. Hans Gründer erklärt, dass der ehemalige staatliche Hersteller von Haushaltsgeräten der DDR nur 30 Jahre später über 3,9 Mrd. EUR Umsatz macht, mit 14.000 Mitarbeitern in drei Geschäftsbereichen: Briesen Windkraft, Briesen Maschinenbau und Briesen Automobil. Gründer klingt besonders enthusiastisch, wenn er vom Automobilgeschäft sprechen kann:

> Fast jeder Automobilhersteller der Welt ist in irgendeiner Form ein Kunde von Briesen. Wir entwickeln und produzieren Komponenten für Personen- und Lastkraftwagen. Genauer – entschuldigen Sie die Fachausdrücke – wir entwickeln, verarbeiten und produzieren Alu-Druckgussteile, Magnesium-Druckgussteile und Leichtmetall-Sandgusskomponenten. Wir sind stolz auf unser grosses Know-how im Bereich Rohstoffe und Verarbeitungstechnik, und unsere Kunden lieben uns wegen unserer Qualität und Verlässlichkeit. Briesen Automobil allein beschäftigt mehr als 5000 Menschen auf der ganzen Welt. Der Umsatz 2012 betrug mehr als 1,4 Milliarden Euro. Wir sind international aufgestellt mit Werken hier in Brandenburg und in Übersee. Na ja, so viel zu meinem Werbetext …

Gründer bricht in ein herzliches Lachen aus. Er ist genauso optimistisch für die Zukunft, wie er immer wieder betont:

> Nach dem grossen Umschwung 1990 befinden wir uns wieder an einer Kreuzung. Wir müssen flexibler werden, dem Kunden mehr Wert bieten und gleichzeitig unsere Kosten drücken. Das bezieht sich auf die Lagerkosten und die Qualitätskosten. Wir müssen für den Kunden perfekter werden, das heisst „lean". Nun, unsere Entwicklungsleiterin Wiebke Jenser kann Ihnen dazu mehr erzählen. Sie ist die Spezialistin auf dem Gebiet.

Jonas Halden wird zu Wiebke Jensers Büro im dritten Stock des neuen Hauptsitzes geleitet. Frau Jenser wirkt von Anfang an sehr entschlossen. Sie verliert keine Zeit mit Smalltalk, sondern kommt direkt auf die Herausforderungen zu sprechen, die Gründer schon angedeutet hat. Jenser betont, wie unvorhersehbar die Kundenerwartungen geworden seien, insbesondere nach der Finanzkrise von 2008:

> Unsere Kunden bestellen nur etwas, wenn sie ein bestimmtes Modell herstellen wollen. Das galt zwar schon vor 2008, aber jetzt ist die Tendenz noch stärker geworden. Der Kunde im 21. Jahrhundert ist nicht mehr so treu wie früher, und die Unsicherheit setzt sich durch die Lieferkette fort. Gleichzeitig bedeutet der Trend zur Personalisierung, dass wir immer kleinere Mengen immer speziellerer Produkte liefern müssen. Es wird immer schwieriger vorherzusagen, was unsere Kunden erwarten. Es geht alles sehr schnell und verändert sich laufend. Briesen muss den ganzen Wertschöpfungsprozess neu denken und flexibler in der Produktion werden. Damit werden wir Kosten sparen und schneller reagieren können.

Während Wiebke Jenser über diese Herausforderungen spricht, erkennt Jonas Halden, dass Briesen nicht einfach eine interessante Unternehmensgeschichte zum wirtschaftlichen Aufbau Ostdeutschlands sein würde. Er sieht, dass sich eine Story über die Zukunft der deutschen Industrie in der globalisierten Welt vor seinen Augen entwickelt. Beim abschliessenden Essen mit Jenser und Gründer bittet er um die Erlaubnis, die Firma über die nächsten Monate regelmässig aufzusuchen, um die Veränderungen aus nächster Nähe zu beobachten. Es würde eine detaillierte Reportage zu Briesen Automobil werden. Die sofortige und vorbehaltlose Einwilligung der beiden überrascht ihn aufs Neue.

„Lean Management"
Bei seinem nächsten Besuch nach zwei Monaten, im September 2013, bemerkt Halden, wie mehr und mehr über „Lean Management" gesprochen wird. Das soll anscheinend das Leitkonzept für die Zukunft von Briesen sein. Wiebke Jenser erklärt:

> Lean Manufacturing ist die Norm in der Automobilindustrie. Es geht auf die Idee von Henry Ford zurück, den Ausschuss so klein wie möglich zu halten. Das Toyota Production System hat das dann in den späten Achtzigern perfektioniert. Es geht darum, weniger zu verschwenden, die Abläufe sauberer zu machen, die Qualität zu verbessern und letztlich, dem Kunden mehr für sein Geld zu bieten. Um das hier bei Briesen einzuführen, haben wir uns entschlossen, ein Change-Management-Programm aufzusetzen. Unser Ziel ist es, den Produktionsprozess neu aufzustellen und damit unsere Kultur zu verändern. Der Kunde ist das Mass aller Dinge für unsere Produktion. Und der Kunde soll auch den Rest unserer Kultur bestimmen.

Jenser sagt Halden, dass ein japanischer Managementberater und Experte zur Toyota-Methode in zwei Wochen ankommen würde, um Briesen mit dem nötigen Fachwissen in den Veränderungsprozess zu bringen. Halden wagt es zu fragen, was es kosten würde, einen Experten für ein paar Wochen um die halbe Welt fliegen zu lassen. Jenser antwortet:

> Das war keine leichte Entscheidung. Wir haben noch nie so viel in Beratungsdienste investiert. So arbeiten wir eigentlich nicht. Aber letztlich sehen Herr Gründer und ich die Vorteile. Wir wollen, dass das alles hier funktioniert, aber wir wissen nicht, wie wir das schaffen können. Nicht bei dieser Grössenordnung.

Bei Haldens nächstem Besuch im Januar 2014 ist vom japanischen Berater keine Spur zu finden. Sollte er nicht die Triebfeder für die Entwicklung eines Lean-Production-Systems sein? Als Halden einen der Teamleiter, Thomas Steffen, darauf anspricht, zuckt der nur unentschieden mit den Schultern:

> Da war dieser Vorfall im letzten November: Alle Mitarbeiter hier in Perleberg waren da, als dieses „Lean" vorgestellt wurde. Mit allem Tam-Tam, Präsentationen, PowerPoint usw. Und da war dieser Japaner auf der Bühne, den alle darstellten, als wäre er der Messias für Briesen. Es war irgendwie nicht ganz echt. Ich weiss immer noch nicht, was ich davon halten soll. Die haben uns diese ganzen Zahlen gezeigt, und es hiess nur „Bottom-Line dies" und „Bottom-Line das", und wir seien anscheinend nicht mehr wettbewerbsfähig. Das klang alles irgendwie sehr fatalistisch. Frustrierend, um ehrlich zu sein. Nun, jetzt ist der Kerl weg, keine Ahnung. Ich weiss nicht, ob der zurückkommt oder was wegen ihm jetzt passieren soll. Keine Ahnung, ehrlich.

Halden entscheidet sich, Gründer zu fragen, welche Auswirkung der japanische Besuch gehabt hat. Die Frage scheint Gründer zu stören:

> Nun, der Japaner sprach andauernd von Zielen, Indikatoren, Statistiken und Formeln. Er hatte diese Idee, Veränderungen schnell durchzudrücken, auf radikale, zahlengetriebene Art, von oben nach unten. „Durchsetzen" sagte er immer. „Die Ziele verfolgen, selbst wenn es wehtut." Letztlich haben wir uns mehr und mehr entfremdet. Der Rat passte einfach nicht zu uns hier bei Briesen. Und die Sprachprobleme nicht zu vergessen.

Halden fragt, ob die Investition in die japanische Beratung verschwendetes Geld gewesen sei. „Nicht ganz", wirft Gründer ein:

> Den Berater einzubeziehen war vielleicht ein Fehler, ein teurer Fehler. Wir haben uns einfach nicht verstanden, weder sprachlich noch inhaltlich. Daher haben wir das Ganze abgebrochen. Und dann haben wir uns entschlossen, das selbst zu machen. Das war der Wendepunkt: Wir haben erkannt, dass wir das alleine können. Es war bestimmt nicht seine Idee, aber der Berater hat uns das beigebracht. Also war es das Geld wert. Schliesslich müssen wir uns ändern.

Auf eigene Faust
In den nächsten Monaten macht Briesen eine aufregende Trial-and-Error-Phase durch, in der Change-Initiativen eingeführt und immer wieder verändert werden, die das Unternehmen letztendlich *lean* machen sollen. Halden fragt sich, ob diese Versuchsperiode so schwierig ist, weil niemand wirklich sagen kann, was *lean* eigentlich bedeutet und wie ein *leanes* Briesen Automobil letztlich aussehen würde. Es scheint, dass *lean* eine Worthülse ist, die nichts mehr mit den eigentlichen Lean-Management-Theorien von Ford

und Toyota zu tun hat. Das Wort wird inflationär gebraucht und man erhält ganz unterschiedliche Erklärungen dazu, je nachdem, wen man fragt.

Als Ergebnis dieser Trial-and-Error-Phase wird die Entwicklung des Lean-Konzeptes von den Mitarbeitenden immer mehr als zu langsam und zu unvorhersehbar abgelehnt. Der meiste Widerstand kommt aus dem mittleren Management des Unternehmens. Halden entscheidet sich, Thomas Steffen dazu zu befragen, der nur zu gern seine Meinung mitteilt:

> Es macht uns fertig. Da werden all diese Ideen und Anforderungen auf uns draufgestülpt, und wir sollen das dann irgendwie in unseren Teams schaffen, einfach so. Also: viel Druck von ganz weit oben. Und hier unten haben wir nur ein Durcheinander. Ich weiss auch nicht mehr, wo mir der Kopf steht. Es ist schwer, den Leuten zu sagen, was sie tun sollen. Die Erwartungen von heute sind morgen doch wieder vergessen. Und die grosse Gefahr ist, dass wir einfach nicht mehr wissen, was wir hier eigentlich so richtig gut können. So, wie ich es sehe, mit all diesem Durcheinander, verlieren wir unsere alte Briesen-Sicherheit. Und wir kleinen Manager hier sind dann wieder schuld daran.

Als Halden sie darauf anspricht, zeigte Jenser nur wenig Verständnis für die Belange der Linienorganisation:

> Ja, unser Management war nicht gerade offen für die Auswirkungen dieser Veränderungen. Aber das kommt daher, dass sie nicht dachten, sie selbst würden etwas beitragen müssen. Jetzt sagen wir ihnen, dass sie die Veränderung auch mittragen müssen, und da geht etwas mit ihnen durch. Viele von denen müssen sich mal zusammenreissen. Veränderungen zu managen ist Teil ihrer Aufgabe. Egal, ob sie es wollen oder nicht.

Halden fragt sich später, ob die ganze Sache jemals eine echte Innovation hervorbringen würde. Die Organisation scheint im Chaos zu versinken. Einzig die Notwendigkeit irgendeiner Veränderung wird von allen anerkannt. Wie und was – das scheint von Tag zu Tag unsicherer zu werden.

Wege zu neuen Lösungen
Neun Monate später entscheidet sich Halden, Briesen anzurufen, bevor er sich entscheiden würde, ob er noch mehr Zeit in die Story stecken soll. Die Zeit wäre zu knapp für einen Besuch vor Ort. Was er am Telefon hört, überrascht ihn aber dann doch: Briesen scheint einen Ausweg gefunden zu haben. Jenser sagt ihm:

> Wir halten jetzt Führungsworkshops ab, besonders für unser mittleres Management. In einem Unternehmen wie Briesen sind das alles Leute mit technischem Hintergrund oder einem Ingenieursdiplom. Die sind hier, weil sie gut darin sind, Probleme zu lösen. Wir haben lange mit ihnen üben müssen, um ihnen klarzumachen, dass man Mitarbeiter nicht führen kann, als wären sie ein Problem, das man lösen muss. Das hätten wir ihnen schon lange beibringen sollen. Wir haben jetzt verstanden, dass unsere ganzen Probleme mit den Veränderungen gar nicht technischer Natur waren, sondern in unserem Führungsstil begründet lagen. Und wenn wir nicht wissen, wie man Menschen hilft, sich zu verändern, dann werden wir nie dahin kommen, die technischen Probleme anzugehen.

Jenser erklärt auch, dass alle Manager – einschliesslich des mittleren Managements mit Führungsverantwortung für 50 Mitarbeitende oder mehr – nun einen Coach erhalten sollen, um ihre Führungsfähigkeiten zu verbessern.

Halden kann es gar nicht abwarten, die Ergebnisse dieser plötzlichen Entwicklungen zu erleben. Nach dem Telefonat mit Jenser ruft er direkt Gründer an, der etwas über die Wiedergewinnung von Selbstvertrauen spricht. Es klingt recht abgehoben. Er spricht davon, dass Briesen das Frühjahr und den Sommer 2014 hat nutzen müssen, um zu verstehen, wie die Lean-Konzepte eigentlich mit der DNA des Unternehmens zusammengehen und wie man jetzt weiter vorgehen soll. Gründer sagt:

> Um wirklich *lean* zu werden, muss das Unternehmen erst einmal verstehen, was seine Stärken und Schwächen sind, angefangen an der Basis.

Er hat sich dafür entschieden, die Organisation mittels der Führungsworkshops, die Jenser erwähnt hat, zu involvieren. Gründer bemerkt eine gewisse Unlust bei Jenser, die sich schnellere Ergebnisse erhofft hat. Er besteht jedoch auf diesem zusätzlichen Schritt, was nach seiner Aussage auch von der Organisation honoriert wird:

> Wir glauben, dass man Missstände erkennen kann, indem man die ganze Organisation in einem offenen und ehrlichen Dialog einbezieht. Wir sprechen darüber, was dringend ist und was wichtig ist, jeder aus seiner Perspektive. Schliesslich sind die kritischen Punkte bei unseren Managern vielleicht ganz andere als unsere eigenen Themen. Der Sinn der Führungsworkshops ist dreierlei: Informationen über den eigentlichen Veränderungsbedarf zu sammeln, praktische Führungsfähigkeiten zu entwickeln und beides zusammen in den Change-Prozess zu integrieren.

Gründer engagiert professionelle Moderatoren für die Workshops, um ein gutes Klima für den Lern- und Diskussionsprozess sicherzustellen. Er lädt auch Vertreter aus anderen Branchen ein, die ihre Best-Practices für die Veränderung eines Produktionssystems mit ihnen teilen. Trotz dieser inhaltlichen und methodischen Kompetenzen von aussen sollen aber die Diskussionen und die letztlichen Ergebnisse ganz eindeutig von innen, aus der Mitte der Belegschaft selbst entstehen.

Halden hat Schwierigkeiten, diesen Veränderungen zu folgen, insbesondere dieser Betonung der „Mitte der Belegschaft". Aber sein Interesse ist wieder geweckt, und er fährt direkt nach seinem Urlaub zurück nach Perleberg. Drei Wochen später steht er im Werk von Briesen Automobil und spricht mit Thomas Steffen, einem der ehemaligen Wortführer der Kritiker. Halden fragt ihn, was sich verändert hätte. Mit einem Lächeln sagt Steffen:

> Nun, man hat endlich zugehört und gezeigt, dass man uns versteht. Um ehrlich zu sein habe ich ein wenig Zeit gebraucht, um dem Ganzen zu trauen. Als die Einladung zum Workshop kam, hatte ich noch meine Zweifel. Und ich war nicht alleine damit. Ganz ehrlich: Wir haben erst gemauert. Aber dann hat sich einfach die Stimmung verändert. Wir sind gerade dabei, einander wieder zu vertrauen. Wir gehen da also hin und kommen wieder zurück mit ein paar neuen Ideen. Dann sprechen wir darüber, wie das mit unserer Arbeit zusammenhängt.

> Und ich habe etwas über Teamführung gelernt. Natürlich ist das alles zeitintensiv. Aber es scheint etwas zu bringen. Mal gucken, wohin es führt. Ich finde aber, dass ich mich endlich wieder mit der Arbeit bei Briesen anfreunden kann.

Als er Steffen so sprechen hört, erkennt Halden, dass es nicht nur eine Veränderung im Klima ist, sondern eine Veränderung im ganzen Ablaufplan, vielleicht sogar in der Strategie der Veränderungen. Er spricht Jenser darauf an – diese antwortet darauf:

> Ja, wir gehen es jetzt langsamer an. Und wir sagen offen – zu unseren Leuten –, dass wir noch nicht wissen, was *lean* für uns bedeuten wird. Wir wissen, was wir im Endeffekt mit der Lean-Initiative erreichen wollen, aber wir wissen nicht, wie das ganz genau aussehen wird. Um ehrlich zu sein, als Ingenieurin finde ich es schwer, mich mit dieser Art des Von-unten-nach-oben-Denkens anzufreunden. Mein Instinkt und meine Ausbildung sagen mir immer: Mach schneller. Setz dir ein Ziel und dann geh dahin. Aber wir müssen Gründers Instinkt folgen. Ich habe gelernt, an den Prozess zu glauben und daran, dass er uns dahin bringen wird, wo wir unbedingt hinmüssen.

Neues Arbeiten
Nachdem die ersten Schritte mit den Führungsworkshops als Change-Inkubatoren getan sind, etabliert Briesen ein internes Audit seiner Führungsprozesse. Die daraus gewonnenen Daten sollen dann in den Führungsworkshops reflektiert werden. Zu diesem Zweck wird jedem Team ein Fachmann zum jeweiligen Themengebiet beigestellt. So erhält beispielsweise ein Team aus der Linienorganisation den Auftrag, eine Wertstromanalyse durchzuführen und diese mit den Kundenanforderungen abzugleichen. Das neue Qualitätsmanagementsystem wird von einem anderen Team in Angriff genommen. In seinem Urteil über die Arbeit der beiden Teams bleibt Gründer seinem ursprünglichen Ansatz treu:

> Ich unterstütze die Teams, aber ich gehe da nicht hin und sage ihnen von vornherein, was sie tun müssen. Sie sollen ihre eigenen Ideen und Beiträge in den Workshops einbringen und die unter sich selbst aushandeln. Ich sehe meine Hauptaufgabe darin zuzuhören, die richtigen Fragen zu stellen, Leute zu beraten und den Ablauf zu unterstützen. Ich bin auch viel vor Ort, teile neue Informationen, damit die Leute das haben, was sie brauchen, um alles in die richtige Richtung zu lenken. Sie werden immer besser in ihrer selbständigen Arbeit, also kann ich mich jetzt immer mehr darauf verlassen, dass es läuft.
>
> Im Endeffekt ist das alles immer noch die Nachwirkung von dem japanischen Berater: Veränderungen können nicht von oben aufgezwängt werden, sondern es braucht einen Rahmen, damit alles von der Basis her wächst. Das Vertrauen unter allen Akteuren war wohl erst möglich, nachdem wir gesehen haben, wie falsch wir anfänglich lagen.

Halden verfolgt die Entwicklungen bei Briesen mit Interesse und meldet sich in regelmässigen Abständen. Es dauert jedoch neun Monate, bis zum Januar 2016, bevor er wieder vor Ort auftaucht. Als Vorbereitung für seinen detaillierten Bericht spricht er mit den Mitarbeitern über die Ergebnisse der Veränderungen, die zwei Jahre zuvor begonnen worden sind. Gründer und Jenser organisieren ein Treffen mit ausgewählten Führungskräften, die in den Prozess eingebunden sind. Halden bemerkt, wie zurückhaltend Gründer auftritt, als die Ergebnisse seines Teams vorgestellt werden. Er sieht jedoch auch, wie zufrieden er scheint. Gründer sitzt da und nickt mit einem zufriedenen Lächeln auf dem Gesicht.

Halden spricht dies später bei Gründer an, der ihm jedoch nicht völlig zustimmen kann:

> Es ist schon wahr: Ich bin zufrieden. Wir sind auf einem guten Weg in Richtung Einsparungen, mehr Flexibilität in der Produktion und schnelleren Lieferungen. Aber mir geht es nicht um die Ergebnisse, weil wir nie wirklich am Ziel ankommen werden. Ich verstehe jetzt, dass der Weg des Managements das Ziel ist, nicht bestimmte fixe Vorgaben, egal, aus welchem Theoriegebäude diese stammen mögen. *Lean* bedeutet hier, dass wir kontinuierlich auf dem Weg sind; es ist kein Ziel. Wir investieren jetzt in kontinuierliche Verbesserungen, im Interesse unserer Kunden. Dafür gibt es keine fertigen Lösungen. Wir müssen an den Prozess glauben, und die beste Lösung finden, irgendwann, dann, wenn wir sie brauchen.

Als Halden zurück in seinem Büro ist, denkt er lange über die Bedeutung der letzten zwei Jahre nach. Er will seine ursprüngliche Frage beantworten können: Wie kann die deutsche Wirtschaft im globalen Wettbewerb des 21. Jahrhunderts mithalten? Briesen hat ihm eine mögliche Antwort gezeigt. Halden setzt sich an seinen Computer und beginnt zu tippen …

Leitfragen zur Diskussion

1. Wie lässt sich die Reaktion der Unternehmensführung auf die Kern-Herausforderungen beschreiben, die sich für Briesen zu Beginn des Falles stellen?
2. Wie beurteilen Sie diese Reaktion?
3. Wie lassen sich die (sich verändernden) Führungsverständnisse von Hans Gründer und Wiebke Jenser beschreiben?
4. Welche Wirkung haben diese (sich verändernden) Führungsverständnisse auf die Mitarbeitenden und warum?
5. Welche Folgen haben die (sich verändernden) Führungsverständnisse auf den Veränderungsprozess und warum?
6. Welche Verhaltensweisen bzw. Methoden des Veränderungsmanagements lassen sich als die intendierte Veränderung ermöglichend bzw. als die intendierte Veränderung behindernd charakterisieren und warum?
7. Worauf sollte die Briesen GmbH in Zukunft achten, um Programme wie Lean Management erfolgreich einzuführen?

Endlich Ordnung machen

11

Erik Nagel

Zusammenfassung

Regine Lück, der neu ernannten Leiterin der Zentralen Dienste, wird rasch klar, dass die Zertifizierungsstelle für Tankstellen- und Garagenbetriebe (ZTGB) ein ziemlicher Chaosbetrieb ist – und trotzdem war die ZTGB in der Vergangenheit sehr erfolgreich. Regine Lück und der neue Geschäftsführer wissen, dass klare Strukturen, Prozesse und Standards eingeführt werden müssten, um den Qualitätsanforderungen zu genügen und um die über 80 Zertifizierer zu führen. Die Mitarbeitenden kämpfen mit fragwürdigen Methoden gegen das Managementteam, dem eine steife Brise entgegenschlägt – das Managementteam will sich aber auch nicht mehr alles gefallen lassen. Es entscheidet sich für ein behutsames Vorgehen, bei dem es aber auch Position beziehen will. Zwei „Giftzwerge" werden entlassen und verlassen die ZTGB mit Getöse, drei weitere Mitarbeitende folgen – ohne Getöse. Jede Anleitung oder Vorgabe wird aber weiterhin infrage gestellt und heftig diskutiert. Mit viel Energie und Durchhaltevermögen, aber auch mit einer gewissen Bereitschaft zur Anpassung setzt das Managementteam seine Ansprüche durch. Aus dem Nichts taucht in der Branche eine Konkurrenz auf, rasch machen sich Gerüchte über Umsatzeinbrüche breit. Und dann kündigt auch noch der Geschäftsführer. Doch das Managementteam und der neue Geschäftsführer reagieren rasch, und peu à peu verbessert sich die Stimmung. Zudem will das Managementteam wieder stärker gestalten und sich den drängenden Herausforderungen der Zukunft stellen.

---

basierend auf einer studentischen Arbeit von Remo Fürer, Renato Marti, Robin Müller, Pascal Nobel.

E. Nagel (✉)
Institut für Betriebs- und Regionalökonomie, Hochschule Luzern, Luzern, Schweiz
E-Mail: erik.nagel@hslu.ch

© Springer Fachmedien Wiesbaden GmbH, ein Teil von Springer Nature 2019
E. Nagel und I. Stolz (Hrsg.), *Organisationalen Wandel gestalten*,
https://doi.org/10.1007/978-3-658-27129-9_11

Am Anfang war das Chaos

Nach drei Wochen bei der deutschen Zertifizierungsstelle für Tankstellen- und Garagenbetriebe (ZTGB) reibt sich Regine Lück die Augen. Sie ist vom interimistischen Geschäftsführer, Till Backhaus, als Leiterin Zentrale Dienste eingestellt worden und realisiert erst in den ersten Tagen ihrer Anstellung, was dieser mit „einer jungen, dynamischen Organisation" gemeint hat – die ZTGB wirkt auf sie nur hektisch. Till Backhaus lässt sie an ihrem ersten Tag wissen, dass sie gewählt worden ist, weil sie eine besondere Ruhe und Gelassenheit ausstrahle, die für die ZTGB wohltuend sei. Ob sie in dieser Organisation immer so gelassen bleiben würde, daran beginnt sie mit der Zeit zu zweifeln. Regine Lück verfügt über jahrelange Grossindustrieerfahrung. Sie hat sich darauf gefreut, endlich einmal in einer Organisation zu arbeiten, die nicht für jeden Vorgang schon fertige Ablaufpläne und Szenarien hat, sondern bei der man Prozesse und Standards erst noch entwickeln sowie die jeweils richtige Vorgehensweise dafür finden muss. Ihr ist aber auch klar, dass es sich nicht um eine stabile Organisation handelt. Innerhalb von acht Jahren ist Till Backhaus der fünfte Geschäftsleiter, und dann auch nur eine interimistische Lösung, bis der Nachfolger, also der sechste Geschäftsleiter, rekrutiert werden und neu starten würde. Regine Lück erkennt, dass die ZTGB nicht nur über wenige, sondern über fast gar keine geklärten Strukturen und Prozesse verfügt. Beides scheint wie ein Fremdkörper für die ZTGB zu sein. Regine Lück runzelt die Stirn und ahnt, dass die ZTGB sie so fordern würde, wie wohl noch keine andere Organisation zuvor sie gefordert hat.

Die ZTGB führt national Qualitätsprüfungen bei Tankstellen- und Garagenbetrieben jeglicher Grösse durch und zertifiziert diese, sofern sie den Kriterien genügen. In den ersten Jahren gab es noch wenig ernstzunehmende Konkurrenz anderer Zertifizierungsunternehmen, und die ZTGB wies ein enormes Wachstum auf. Das Wachstum, der Bedarf an Zertifizierungsdienstleistungen und die Erwartungen an Professionalität der zu zertifizierenden Tankstellen- und Garagenbetriebe stehen nach Wahrnehmung von Regine Lück aber im krassen Gegensatz zur Professionalität der zertifizierenden Organisation selber. Die Begriffe „jung" und „dynamisch" übersetzt sie heute mit „unglaublich chaotisch". Die ZTGB ist das vollständige Gegenteil dessen, was selbst in schmalen Lehrbüchern zu Organisation und Management gelehrt wird. Sie wächst trotzdem und ist zunächst noch erfolgreich. Erstaunlich und faszinierend, findet Regine Lück.

Lück ist aufgrund ihrer bisherigen Unternehmenserfahrung etwas anderes gewohnt. Nach vielen Jahren in wohlorganisierten Betrieben der Nahrungsmittelindustrie reizt sie die Vorstellung eines völligen Branchenwechsels. Ihr einziger bisheriger Bezugspunkt zu dieser Branche ist, dass sie mit ihrer Partnerin gerne in ihrem MG Cabriolet durch schöne Landschaften fährt, dadurch regelmässig tanken und von Zeit zu Zeit den MG für Reparaturen oder für einen Service in eine Garage bringen muss. Sie ist also weit entfernt von einem Verständnis davon, was sich in einer Garage so alles abspielt. Und dennoch, sie will – wie sie es selber formuliert – ihre Komfortzone endlich einmal verlassen.

Schon nach kurzer Zeit reift bei Regine Lück die Erkenntnis, dass die ZTGB zuerst einmal geführt und eine formale Struktur aufgebaut werden muss, damit sich der Arbeitsalltag in geordneten Bahnen bewegen kann. Manchmal hat sie den Eindruck, die Organisation sei ausser Rand und Band. Ihr stehen manches Mal die Haare zu Berge.

Die Chefs kommen und gehen
Gemäss Erzählungen von langjährigen Mitarbeitenden sind die vorherigen Geschäftsführer entweder entlassen worden oder sie sind geflohen. Die ZTGB kann sich solche Turbulenzen einfach nicht mehr leisten, immerhin arbeiten über 80 Zertifizierer in Teilzeit für sie. Grösste Mühe hat die ZTGB in der Vergangenheit gehabt, so Regine Lück, genügend und ausreichend qualifizierte Mitarbeitende für die Zertifizierung der Tankstellen- und Garagenbetriebe, sogenannte Zertifizierer, zu gewinnen, um das Wachstum realisieren zu können:

> Die Leute kann man nicht einfach auf dem Markt holen. Man muss sie schulen. Sie wissen ja schon, wie ein Tankstellen- und Garagenbetrieb funktioniert. Aber sie müssen genauso verstehen, was es bedeutet, zu zertifizieren. Das Zertifizieren ist ihr Job. Solche Leute findet man nicht gerade an jeder Ecke.

Mehr als zwei Drittel der Mitarbeitenden haben selber einen Betrieb oder sind Geschäftsführer und kennen somit das zu prüfende Kerngeschäft sehr gut. Sie verstehen sich als Unternehmer, und einige von ihnen sind selbständig. Die meisten von ihnen sind nicht wirklich abhängig vom Nebenerwerb als Zertifizierer, aber die Zertifizierungen stellen durchaus eine gute zusätzliche Einnahmequelle dar. Das restliche Drittel der Mitarbeitenden sind Zertifizierer in Vollzeit, aber sie haben zuvor zumindest eine Lehre in der Automobilbranche gemacht. In den ersten Begegnungen mit den Vollzeit-Zertifizierern empfindet Regine Lück diese einerseits als sehr kritisch gegenüber dem ZTGB, andererseits als ausgesprochen einsatzbereit und motiviert für die Sache.

Ihr Befund ist, dass aufgrund fehlender Strukturen, Regeln, Prozesse und einer ständig wechselnden Führungsequipe die Mitarbeitenden enorm viel arbeiten müssen. Der Verantwortliche für Kommunikation und Marketing der ZTGB, Manfred Grob, der die Organisation von Anbeginn kennt, stellt fest:

> Die Mitarbeitenden mussten sich eigentlich vollständig selber organisieren. Sie hatten keine ordentlichen Arbeitsunterlagen, die Arbeitsabläufe waren ... sagen wir mal, eigenwillig. Es gab keine saubere Software, um Daten zu erfassen, und es mangelte an klaren Arbeitsanweisungen, was die Mitarbeitenden eigentlich genau zu tun hatten. Vor diesem Hintergrund ist zu sehen, dass sie sich wirklich über alle Massen eingesetzt haben, damit es doch funktioniert. Jahr für Jahr haben sie die Zertifizierungskontrollen durchgeführt, und ich habe mich manches Mal gefragt, wie sie das denn immer hinbekommen haben. Sie haben es so gemacht, wie sie gemeint haben, dass es das Beste sei. Es hatte dann aber auch die Dimension, dass jeder – also wirklich jeder – gemeint hat, er wisse selber am besten, wie man diesen Laden führen müsse; es gab keine allgemeingültigen Standards. Sobald die Leitung begann, Ansprüche zu stellen, wurde sie harscher Kritik ausgesetzt. Dann kamen vor allem die Geschäftsführer richtiggehend an die Kasse.

Alle gegen die da oben
Ein halbes Jahr nach dem Stellenantritt von Regine Lück startet Thomas Krüger als neuer Geschäftsführer. Er macht im Betrieb umgehend klar, dass er „Management" einführen und zusammen mit der Führungscrew die ZTGB führen wolle. Eine so klare Aussage hat es bis dahin noch von keinem Geschäftsführer gegeben. Gleich zu Beginn deklariert er, er wolle Qualitätsmanagement und Qualitätssicherung einführen, damit die Zertifizierungen auch tatsächlich standardisiert, verlässlich und vergleichbar abliefen. Ebenso erklärt er, dass es ihm nicht nur darum gehe, dass die Zahlen stimmten, also ausreichend viele Zertifizierungen vorgenommen würden, sondern dass es sich um qualitativ gute Zertifizierungen handele. Das sei wichtig für die Zukunft der ZTGB. Das bedinge aber auch, so Krüger, dass die Zertifizierungen auf der Grundlage gemeinsamer Standards und Prozesse stattfänden.

Der Geschäftsführer und die Geschäftsleitung beissen aber auf Granit. Die Mitarbeitenden schiessen sich so richtig auf den Geschäftsführer ein. Sie tolerieren einfach nicht, dass „ein Neuer", der nicht operativ tätig war, „einer, der den Laden nicht kennt", ihnen „einfach vorschreiben" wolle, was sie zu tun oder zu lassen hätten. Thomas Krüger kommt nicht aus der Automobilbranche, bringt aber sehr viel Erfahrung im Bereich der Zertifizierung mit. Aufgrund seines Hochschulabschlusses in „Wirtschaftswissenschaften" gilt er umgehend als nicht bodenständig, sondern als abgehobener „Studierter" oder „Akademiker".

Wenn sich ein Mitarbeiter oder eine Mitarbeiterin mal wieder über neue Vorgaben „des Politbüros" aufregt, dann verschafft er oder sie sich lauthals Luft. Das geht dann so: Die betreffende Person schreibt eine Mail an vierzig Kollegen, und bestimmt einer von diesen vierzig Kollegen antwortet wieder an alle vierzig Kollegen und setzte noch einen drauf. So entwickelt sich mit der Zeit eine ausgesprochen schlechte Stimmung gegen den Geschäftsführer. Der Geschäftsführer und die gesamte Geschäftsleitung haben von diesen E-Mail-Lawinen aber keinerlei Kenntnis. Erst durch einen Zufall bekommen sie von dieser E-Mail-Kommunikation Wind, da ein Mitarbeiter aufgrund einer Namensverwechslung versehentlich den Geschäftsführer ins cc einkopiert. Dann beginnt dasselbe Spiel mit dem Geschäftsführer: Eine Mail an Thomas Krüger und CC an vierzig Arbeitskollegen, woraufhin einer von den vierzig Kolleginnen und Kollegen die Sache nochmals toppt und eine weitere Anschuldigung an den Geschäftsleiter schickt mit cc an vierzig Personen. Thomas Krüger ist erbost und macht in einer „E-Mail an alle" klar, dass er Kritik in der Sache immer offen gegenüberstünde, aber dass er den Ton so nicht hinnehmen könne.

Er thematisiert dies dann in der Geschäftsleitung, und alle zeigen sich umgehend solidarisch mit ihm. In der Geschäftsleitung, zu der nebst Thomas Krüger, Regine Lück und Manfred Grob auch die Leiterin Qualitätsmanagement, Heike Polzin, gehört, spielt sich folgende Diskussion ab. Thomas Krüger ist folgender Auffassung:

> Das können wir nicht weiter so durchgehen lassen. Ich kann es und werde es auch nicht akzeptieren, dass so gegen mich geschossen wird.

11 Endlich Ordnung machen

Heike Polzin ist entrüstet und pflichtet ihm bei:

> Das ist ja zum Davonlaufen. Ich stimme dir zu. Das können wir unmöglich weiterhin so zulassen. Das ist ja Sabotage. Dieser Unfug muss einfach aufhören. Wissen die eigentlich nicht, was sich gehört? Die sind nun dabei, dich als sechsten Geschäftsführer – entschuldige bitte meine Ausdrucksweise – zu killen. Das müssen wir abstellen und die Wortführer sollten wir auf die Strasse setzen.

Nachdem die Diskussion eine Weile in diese Richtung gelaufen ist, schaltet sich Manfred Grob mit einem längeren Statement ein. Er ist bekannt dafür, sich erst spät in eine Diskussion einzuklinken, aber dann mit einem längeren Statement bei seinen Kolleginnen und Kollegen Gehör zu finden:

> Ich meine auch, dass wir das unterbinden müssen. Aber wir müssen uns auch darüber im Klaren sein, dass es sich hier nicht einfach um ungehobelte Leute handelt. Ich würde jetzt nicht einmal sagen, dass das Arbeitsverweigerung ist. Die Leute sind ihrer Aufgabe gegenüber sehr loyal, auch gegenüber unserem Auftrag. Aber einfach nicht gegenüber den Führungspersonen – diese akzeptieren sie nicht. Das hat hier schon lange Tradition. In der Vergangenheit konnten sie ihnen auch nicht vertrauen. Ich glaube, dass die Leute frustriert sind. Denn sie haben enorm viel für die Firma geleistet, sie am Leben gehalten, ohne dass eine Führungsfigur geblieben wäre und ohne dass – daran möchte ich erinnern – die Zertifizierungsstandards und -dokumente auf einem befriedigenden Niveau waren. Und jetzt sollen sie nach unserer Pfeife tanzen, obwohl sie davon ausgehen, dass der Geschäftsführer und andere Mitglieder der Geschäftsleitung in einem halben Jahr wieder weg und sie dann wieder ganz auf sich allein gestellt sind. Wir dürfen uns nicht unterkriegen lassen. Aber wir müssen sie auch verstehen. Wir müssen die Organisation entwickeln, voranbringen. Wir müssen eine Führungskultur entwickeln.

Nach dem Statement schweigen erst einmal alle Anwesenden. Nach einer Weile ergreift Regine Lück das Wort:

> Manfred, du hast uns alle zum Nachdenken gebracht. Ich finde, dass deine Analyse die Situation sehr gut auf den Punkt bringt. Wenn wir das ernst nehmen, dann müssen wir uns jetzt überlegen, wie wir vorgehen wollen.

Rasch wird klar, dass alle die Analyse von Manfred Grob nachvollziehen können. Es wird klar, dass man jetzt „nicht den Hammer ausfahren" kann oder sollte. Sie werden sich in der Geschäftsleitung einig, dass sie einerseits vorsichtig vorgehen, aber andererseits auch sehr klare Worte finden müssen. Sie verständigen sich aber auch darauf, dass sie durchhalten und hartnäckig sein müssen und eben nicht in Bälde wie Flugsand wieder von dannen ziehen dürfen. Die Geschäftsleitungsmitglieder vereinbaren, dass Thomas Krüger und Manfred Grob mit den Personen reden sollen, die die E-Mails nachweislich geschrieben haben.

Die beiden sprechen mit den beiden Mitarbeitenden und belegen anhand verschiedener Fälle, dass die Geschäftsleitung offen mit Kritik umgeht, sie aber das Vorgehen via Mail als ungeeignet erachten. Sie bitten die entsprechenden Mitarbeitenden, ihre Kritik direkt an Mitglieder der Geschäftsleitung zu richten. Beide Mitarbeitenden halten sich aber nicht an die Abmachung und verschicken weiterhin E-Mails dieses Stils. Sie erhalten je einen Verweis und werden schliesslich freigestellt, nachdem sie sich trotz intensiver Diskussionen wiederholt nicht an die Aufforderung gehalten haben. Diese beiden Mitarbeitenden sind aber auch unter den Kollegen als „die zwei Giftzwerge" verschrien und keiner will ihnen mehr zuhören. Einer der beiden scheidenden Mitarbeiter verabschiedet sich mit den Worten:

> Von solchen Banausen lasse ich mir sicher nichts sagen. Das habe ich nicht nötig. Wenn ich nicht mehr mein eigener Herr sein kann, dann gehe ich lieber und kümmere mich um meinen eigenen Betrieb.

Weitere drei Mitarbeitende verlassen die ZTGB, allerdings ohne tosende Nebengeräusche.

Wie vor einer Wand
Dennoch – jede Anleitung, jede Vorgabe wird weiterhin heftig diskutiert und infrage gestellt. Es werde nichts angenommen, ohne dass irgendjemand – so Regine Lück – noch „seinen Senf" dazu geben müsse. Die Geschäftsleitung sieht aber weiterhin klaren Handlungsbedarf. Beispielsweise führen die Zertifizierer 1700 Zertifizierungen oder Re-Zertifizierungen im Jahr durch und erfassen auf irgendwelchen Zetteln ihre Stunden. Diese Notizen sind dann die Grundlage für die Rechnungsstellung und die Honorarauszahlung. Regine Lück ist sich im Klaren darüber, dass sich dies ändern muss:

> Diese Zettel haben ausgesehen! Die Mitarbeitenden hatten nicht ein Berichtsblatt pro Auftrag. Sie hatten so Listen, die von Hand und mit Bleistift vollgekritzelt waren – teilweise völlig unleserlich. Über die schönen Exemplare war Kaffee geleert worden oder sie waren mit Öl verschmiert. In der Zentrale konnte das echt keiner mehr lesen. Dann gab es Rückfragen, die Mitarbeitenden erinnerten sich nicht mehr genau oder ein paar schnauzten dann noch die Mitarbeitenden in der Zentrale an, sie sollten sich doch eine neue Brille kaufen. Ich wollte einfach genau wissen, für welche Arbeiten sie ihre Stunden aufschreiben, damit wir den Kunden genau Rechnung stellen und deren Rückfragen beantworten konnten, ohne nochmals auf den zuständigen Zertifizierer zugehen zu müssen. Also auch für sie sollte diese Sache einfacher und weniger aufwendig werden.

Regine Lück arbeitet ein neues Berichtsblatt aus, damit die Leistungen und die damit verbundenen Kosten für den Kunden besser nachvollziehbar würden. Nebst weiteren Informationen zu internen Prozessen wird das neue Berichtsblatt auf einer Informationsveranstaltung vorgestellt. Die Zertifizierer müssen nun genauer ihre Zeit erfassen und spezifischen Tätigkeiten zuweisen. Fast alle Zertifizierer sind anwesend. Regine Lück hat schon zu Beginn den Eindruck, dass sich keiner dieses Schauspiel entgehen lassen will. Sie beginnt die Information zum Berichtsblatt und spürt sofort, dass sie „wie vor einer Wand" steht und die Anwesenden ungeheuerlich genervt sind. Sie reagieren mit Voten wie den folgenden:

> Es ist schon verrückt. Jetzt steht schon die Vierte vor uns und will uns sagen, wie wir unsere Leistungen zu erfassen haben. Und nächste Woche ist sie vermutlich auch schon wieder nicht mehr da.

Es wird wild durcheinandergeredet. Regine Lück weiss nur eines: Sie will das Berichtsblatt unbedingt durchbringen. Sie zeigt sich aber entgegenkommend und sagt verschiedentlich:

> Ja gut, wenn ihr das so nicht brauchen könnt, dann kann ich das noch etwas anpassen.

Sie denkt sich, dass die Anwesenden jetzt Kritik anbringen können. Aber sie weiss auch, dass die Mitarbeitenden ab ihrer nächsten Zertifizierung diese Berichtsblätter bei sich haben müssen. Eine gegen alle. Regine Lück weiss, dass sie standhaft bleiben muss:

> Ich musste meine ganze Kraft aktivieren, um da vorne stehenzubleiben und nicht davonzulaufen ... das war ganz furchtbar. Es war so gravierend, dass ich an einen Punkt gekommen bin und mir dachte: „Ihr kriegt mich hier nicht raus." Kurz darauf dachte ich wieder: „Wisst ihr was? Macht es doch einfach selber! Ich kann auch an einem anderen Ort arbeiten gehen." Und dann wieder: „Nein, das hältst du aus, Regine." Das war meine Feuertaufe.

Sie fängt an, zwischen den Tischen durchzulaufen. Als ein Teilnehmer zu reden anfängt, stellt sie sich vor ihn, schaut ihn an und gibt ihm eine Antwort. Im Nachhinein macht sich Regine Lück folgenden Reim darauf:

> Es gab Leute, die den exotischsten Sonderfall hervorkramten, der von unserer Lösung nicht abgedeckt wurde. Es war klar, dass die Lösung, die ich vorstellte, nicht alle Sonderfälle abdecken konnte. Es kam mir vor, als solle unsere Lösung auf Gedeih und Verderb sabotiert werden. Die Leute haben Fälle vorgebracht, bei denen sie genau wussten, dass ich es nicht wissen konnte. Und dann spürte ich eben auch die Haltung: „Hier kommt so eine Zwetschke, eine Tippse – der zeigen wir's mal." Ich bin geblieben und bin standhaft geblieben.

Vorgesehen war eine Stunde für dieses Thema. Nach 3 ½ Stunden ist sie damit fertig. Regine Lück resümiert zum Schluss:

> Das war wie bei einem Boxkampf. Beide stiegen mit deutlichen Blessuren aus dem Ring. Aber keiner ging k. o.

Miteinander fighten und trotzdem Erfolg haben

Regine Lück erlebt aber auch über diese Schulung hinaus konfrontative Situationen mit einzelnen Zertifizierern. Nach diversen Beschwerden von Kunden, aber auch von internen Mitarbeitenden der Zentralen Dienste, über einen Zertifizierer führt sie mit diesem zwei Klärungsgespräche. Danach erteilt sie ihm einen Verweis. Sie erlebt ihn in den Gesprächen als aggressiv. Er kann nach ihrer Wahrnehmung keine Anweisungen von ihr normal entgegennehmen. Er schreibt zu viele Stunden auf, raucht an Orten, an denen er nicht rauchen darf, und vieles mehr. Zwei Tage nach dem Verweis kommt er zu ihr und sagt:

> Ich habe die ganze Nacht nicht schlafen können wegen dieser Sache. Aber: Ich will bleiben. Was kann ich tun, damit es nicht wieder eskaliert?

Sie will ihm eine Chance geben, aber ihm ganz klar die Grenzen aufzeigen. Mit der Zeit pendelt es sich tatsächlich ein, und der Mitarbeiter wird eine wichtige Stütze des ZTGB.

Nach drei Jahren kann die Geschäftsleitung langsam die Früchte ihrer Anstrengungen ernten. Die selbst konzipierte Software läuft verlässlicher, die Qualität der Zertifizierungen hat sich leicht verbessert, was sich unter anderem am Rückgang der Beschwerden bemerkbar macht, und die Termine werden besser eingehalten. Zudem verzeichnet die ZTGB ein jährliches Wachstum von 5 %, schlichtweg weil sie den Wachstumsmarkt fast vollständig alleine abschöpfen kann. Die relative wirtschaftliche Stärke der ZTGB ist bedingt durch die Schwäche anderer Zertifizierungsstellen. Zugleich ist sie aber noch weit davon entfernt, eine schlagkräftige Organisation zu sein. Die Gründerjahre haben tiefe Spuren hinterlassen. Den Mitarbeitenden und Zertifizierern vor Ort sind die Leute am Hauptsitz ein Dorn im Auge. Sie gelten als „weitgehend unnötige Gestalten" oder „Betriebsverwirrte". Die Ablehnung der Zentrale oder des Managements kann in all den Jahren nicht überwunden werden. Die Geschäftsleitung spürt aber auch, dass die negative Wahrnehmung wie auch die immer wieder aufflammenden Konflikte kräftezehrend sind. Regine Lück reflektiert dies so:

> Heute geht es den Mitarbeitenden viel besser als damals. Also eigentlich hätten sie erkennen müssen, dass endlich jemand mal Ordnung macht. Sie hätten dies begrüssen sollen. Aber das war nicht so. Sie haben sich gewehrt wie die Käfer im Dreck. Heute haben sie viel mehr Ruhe und sind besser entschädigt. Sie haben klare Abläufe und müssen sich darum nicht mehr kümmern. Das ist so – nur wird uns dafür eigentlich nicht gedankt … die Frage ist, ob man das überhaupt erwarten sollte.

Weltuntergangsstimmung

Und dann sieht sich die ZTGB mit einer völlig neuen Situation konfrontiert: In den Automobilverbänden formiert sich aus dem Nichts eine schlagkräftige Gruppierung, die ein neues Zertifizierungslabel etablieren will, um eine Alternative zur ZTGB aufzubauen. Auf einen Schlag macht sich in der ZTGB Orientierungslosigkeit breit: Sie muss auf einmal einen starken Widersacher fürchten. Recht bald zeichnet sich auch ab, dass der „Nationale Club der Automobilisten" (NCV) diese Zertifizierungen vornehmen will, und dann noch zu einem günstigeren Preis. Dem NCV eilt der Ruf voraus, nicht so genau hinzuschauen. Mit der Zeit entwickelt sich beim ZTGB ein Horrorszenario für den Tag, an dem der Konkurrent auf den Markt kommen soll. Es kursiert das Gerücht, das Management rechne mit einem Verlust von 50 % der Kundschaft und werde Personal im grossen Stil entlassen. Dabei hat sich das Management seit Bekanntgabe der Initiative für ein neues Zertifizierungslabel zuversichtlich über die Zukunft der ZTGB gezeigt. Und genau in diesem Zeitraum kündigt dann auch noch der Geschäftsführer Thomas Krüger. Die übrigen Geschäftsleitungsmitglieder nehmen ihm das nicht übel, aber es ist trotzdem „der dümmste aller Zeitpunkte". Zudem kündigt auch noch eine bei den

Zertifizierern anerkannte Mitarbeiterin der ersten Stunde aus den Zentralen Diensten. Es kursieren zudem Gerüchte, dass die Kosten nicht mehr gedeckt werden könnten und die Löhne gesenkt werden müssten. In der Geschäftsleitung macht man sich zu Recht Sorgen um die Stimmung und den wirtschaftlichen Fortgang der ZTGB. Manfred Grob bringt die Stimmung in der Geschäftsleitungssitzung auf den Punkt:

> Das ist ja totale Schwarzmalerei. Aber was auch immer wir sagen – es wird sofort mit einem Lauffeuer an Gerüchten dagegengehalten. So als wollten alle in den Untergang rasen. Das ist schon eine richtige Beerdigungsstimmung.

Die Stimmung wendet sich zum Positiven
Nach der Ankündigung des Weggangs von Thomas Krüger kann glücklicherweise umgehend ein neuer Geschäftsführer gefunden werden: Jürgen Seidel. Die Geschäftsleitung sieht sich in der Pflicht, nun an der Stimmung im Betrieb zu arbeiten, bis der neue Geschäftsführer startet. Auf Vorschlag von Manfred Grob werden drei Abendtermine angeboten, an denen sich die Geschäftsleitungsmitglieder mit den Zertifizierern und den Mitarbeitenden der Zentrale über die Vergangenheit, die Gegenwart und die Zukunft der ZTGB unterhalten. Auch wenn die Stimmung nicht sofort ins Positive schwenkt, so stellen doch die allermeisten Beteiligten fest, dass es gut gewesen ist, sich zu unterhalten, und dass es ein gelungener Austausch gewesen ist. Der kurz darauf startende neue Geschäftsführer, Jürgen Seidel, begrüsst diese Entwicklung und versteht es auf geschickte Weise, sie zu verstärken:

> Unsere Zukunft lassen wir nicht von anderen machen. Wir machen unsere Zukunft selber. Wir müssen nach vorne denken und überlegen, welche Dienstleistung wir dem Kunden noch anbieten können.

In der ersten Geschäftsleitungssitzung unter der Leitung von Jürgen Seidel werden die wesentlichen Botschaften der Geschäftsleitung an die Mitarbeitenden und an die Kunden auf den Punkt gebracht. Zudem wird darüber diskutiert, wie man die Bedenken der Mitarbeitenden aufnehmen und ein positives Bild der Zukunft entwickeln kann. In den ersten zwei Monaten besteht ein wesentlicher Teil der Führungsarbeit der Geschäftsleitung darin, unzählige direkte Gespräche mit Zertifizierern und Teams in der Zentrale zu führen. Die Stimmung ändert sich peu à peu. Viele wundern sich im Nachhinein darüber, wie sie sich von dem Pessimismus hatten anstecken lassen. Mit Begriffen und Slogans wie „Kundenorientierung", „neue Geschäftsfelder" und „wir sind die Besten im Markt und wollen noch besser werden" entwickelt sich ganz rasch eine kreative Dynamik.

Nach Antritt des Konkurrenten stellt sich zudem rasch heraus, dass bei der ZTGB doch nicht so viele Kunden abgegangen sind wie ursprünglich befürchtet. Der Umsatz kann im ersten Jahr gehalten und dann in den Folgejahren dank neuer Dienstleistungen, wie z. B. der technischen Beratung von Tankstellen- und Garagenbetrieben, und einer klaren Positionierung im Markt als der Qualitätsanbieter sogar wieder leicht ausgebaut werden.

Neue Herausforderungen meistern

Dennoch, das Auftauchen eines neuen Anbieters erhöht den Kostendruck auf die ZTGB. Sie hört von den Kunden zunehmend häufiger, dass diese mit den Leistungen zwar zufrieden seien, sich aber den Wechsel zum NCV überlegten, da dieser die Zertifizierung günstiger vornehme. Der Ruf des NCV wird auch zunehmend besser. Die Geschäftsleitung der ZTGB muss sich nun etwas überlegen, um den Dienstleistungsprozess weiter zu rationalisieren. Dazu sollen administrative Kräfte in der Zentrale über natürliche Fluktuation eingespart werden, aber auch die Zertifizierer sollen ihre Arbeit rascher – und damit auch günstiger – erbringen. Die Geschäftsleitung will darüber nachdenken, wie die Digitalisierung des Dienstleistungsprozesses einen Beitrag zur Kostenreduktion leisten könnte.

Zudem will sich die Geschäftsleitung wieder mehr der internen Organisation widmen. Sie realisiert immer deutlicher, dass die Distanz zwischen der operativen Ebene und der Zentrale zu gross ist und dies vermutlich auch ein Grund für zurückliegende Missverständnisse und Konflikte. Doch wie passt diese Anforderung zur notwendigen Effizienzsteigerung oder Kostenreduktion der Dienstleistungsprozesse?

Die Geschäftsleitung entscheidet sich dazu, diese drängenden Herausforderungen in einem zweitägigen Workshop anzugehen. Sie will bei dem anstehenden Veränderungsprozess aus der Vergangenheit lernen und den Prozess konstruktiv gestalten.

Leitfragen zur Diskussion

1. Beschreiben Sie den beruflichen Hintergrund der Zertifizierer und deren Erfahrung mit der ZTGB und interpretieren Sie deren Selbstverständnis.
2. Charakterisieren Sie die ZTGB im Verhältnis zum Markt und das Binnenverhältnis zu dem Zeitpunkt, als Regine Lück dazustösst.
3. Interpretieren Sie, welche Form von Widerstand die Zertifizierer mit der Massen-E-Mail leisten, weshalb sie den Widerstand so leisten, wie das Managementteam damit umgeht und wie die dann folgenden Personalwechsel zu deuten sind.
4. Wie begründen Sie, dass die Zertifizierer sich gegen jede Anleitung und Vorgabe sträuben? Weshalb sträuben sie sich auf die im Fall beschriebene Art und Weise?
5. Welches Führungsverständnis von Regine Lück (und des Managementteams) kommt bei ihrer Vorgehensweise und ihrer Deutung schwieriger Führungssituationen zum Vorschein?
6. Wie ist es zu erklären, dass sich so rasch eine Weltuntergangsstimmung in der ZTGB breitmacht, als sich Veränderungen im Zertifizierungsmarkt abzeichnen? Wie und weshalb gelingt es dem Managementteam, dass die Stimmung sich wieder zum Positiven wendet?
7. Wie würden Sie als CEO oder als Mitglied des Managementteams die neuen Herausforderungen angehen?

Software is easy

Ingo Stolz, Alexandra Bertini, Michael Früh,
Nicola Lorch und Dijana Vukicevic

Zusammenfassung

Gemma, ein Entwicklungsunternehmen für Finanzsoftware, blickt auf ein ausserordentlich rasantes internationales Wachstum in nur wenigen Jahren zurück. Als Folge dieses Wachstums ist das interne ERP-System (Enterprise Resource Planning System) an seine Grenzen gestossen. Ein Systemwechsel von Abacus auf SAP wird vorgesehen. Angesichts der weitreichenden Folgen eines solchen Systemwechsels wird der diesbezügliche Entscheid vom Vorstand vergleichsweise schnell und ohne vertiefte Analyse getroffen. Zur Umsetzung des Systemwechsels wird ein Implementationsteam gegründet – mit Vertretern aus verschiedenen Unternehmensbereichen. Um die Mitarbeitenden über den Systemwechsel auf dem Laufenden zu halten, sollen eine Reihe von Workshops veranstaltet werden. Es wird aber schnell deutlich, dass die Zusammenarbeit im Implementationsteam unter grossem Zeitdruck und Ressourcenknappheit stattfindet. Die Stimmung wird schlechter, und ursprünglich geplante Arbeitsschritte müssen verschoben oder ausgelassen werden. So wird bereits der zweite Workshop zur Information der Mitarbeitenden abgesagt. Stattdessen wird eine Intranet-Seite zur Information eingerichtet, die aber nicht alle Mitarbeitenden lesen können, weil die Informationen nur auf Deutsch zur Verfügung stehen. Der Go-Live-Termin des Systemwechsels muss schliesslich um vier Monate verschoben werden. Nun wird die gesamte Belegschaft unsicher und unzufrieden. Die Situation beginnt zu eskalieren, immer mehr Mitarbeitende beklagen sich bei ihren Vorgesetzten über die unübersichtliche Situation. Trotz dieser um sich greifenden Unsicherheit – die auch dem Vorstand nicht verborgen bleibt – wird der Systemwechsel am 1. Januar 2017 tatsächlich vollzogen. Es wird jedoch unmittelbar

I. Stolz (✉)
Institut für Betriebs- und Regionalökonomie, Hochschule Luzern, Luzern, Schweiz
E-Mail: ingo.stolz@hslu.ch

deutlich, dass dies die falsche Entscheidung war. Die Mitarbeitenden sind nicht in der Lage, das neue System zu nutzen. Sie behelfen sich mit alternativen Lösungen, die Zusammenarbeit wird zunehmend unkoordinierter und chaotischer. Schliesslich muss der Vorstand bereits vier Monate nach Einführung des neuen ERP-Systems die Reissleine ziehen: Die Einführung von SAP muss aufgeschoben werden, zusätzliche Abklärungen und Implementierungsschritte sind zunächst nötig. Die Arbeitssituation ist unübersichtlicher als jemals zuvor.

Ein neues ERP-System
Gemma ist ein deutscher Hersteller von Finanzsoftware mit Niederlassungen in der ganzen Welt. Das Unternehmen wurde in den 1980ern gegründet und wuchs in seinem ersten Jahrzehnt recht langsam heran: Bis 1996 hatte es fünf Angestellte, die einen Kunden mit 500 Nutzern bedienten. Nach 1996 änderte sich die Situation jedoch: Nur sieben Jahre später war Gemma mit einer neuen Softwaregeneration einer der Topanbieter im Markt, mit 205 Mitarbeitenden, 20 Kunden und 1500 Nutzern, Tendenz steigend. Im ersten Jahrzehnt des neuen Jahrtausends gründete das Unternehmen die ersten Niederlassungen ausserhalb Deutschlands. Im Jahr 2009 beschäftigte es 1200 Mitarbeitende in vierzig Ländern, die 45 Kunden mit insgesamt 40.000 Nutzern bedienten. Weitere vier Jahre später, im Jahr 2013, hat das Unternehmen eine Belegschaft von 1800 Mitarbeitenden, die die weltweite Finanzindustrie und fast 60.000 Nutzer bedienen. Werner Straubitz, Strategieleiter des Unternehmens, erklärt diese erstaunliche Erfolgsgeschichte wie folgt:

> Unser Wachstum war erst vorsichtig und organisch. Die Wende kam durch Übernahmen und durch die Änderung unserer strategischen Ausrichtung von einem anfänglich recht allgemeinen Softwarehersteller zu einem technischen Finanzdienstleister. Trotz dieses ganzen Wachstums arbeiten wir aber immer noch wie eine 200-Mann-Firma. Als wir erstmals über 500 Mitarbeiter hatten, funktionierten unsere alten Führungssysteme deshalb noch ganz gut – unter Vorbehalt. Aber bei 1800 Mitarbeitern stehen wir jetzt kurz vor dem totalen Zusammenbruch.

Das anhaltende Wachstum bringt Gemmas Leitungsteam dazu, das interne ERP-System (Enterprise Resource Planning System = Warenbewirtschaftungssystem) zu überdenken. Es wird die Entscheidung getroffen, vom Anbieter Abacus zu SAP zu wechseln. Günther Lauber, CFO bei Gemma und Mitglied des Vorstands, sagt dazu:

> Die Funktionalität von Abacus reicht einfach nicht mehr aus. Unser System erfasst die Ist-Daten in Abacus, aber Controlling und Planungsvorgänge laufen über Excel und die Kostenbuchführung über Delta Master. Das ist ein Problem. Als Vorstand erwarten wir gewisse Daten für unsere Arbeit, und dann schickt man uns Excel-Tabellen oder sogar Word-Dateien. Die Zahlen passen oft nicht zusammen, oder es gibt Unterschiede zwischen den verschiedenen Abteilungen. Das funktioniert so nicht. Wir brauchen also ein System, das unsere Geschäftsabläufe auf die nächste Ebene hieven kann.

Das Team
Die letztliche Entscheidung für SAP als neues ERP-System wird vom Vorstand nach einer kurzen Sichtung der Angebote im Markt getroffen. Das Ziel ist es, „eine ganz problemlose Lösung zu haben – ein paar Klicks und man kann sich die Daten so detailliert zeigen lassen, wie man möchte" (Günther Lauber). Greg Allen, der Geschäftsführer von Gemma, erklärt die Entscheidung einen Tag später in einer Telefonkonferenz mit den Landesleitern:

> Das war jetzt wahrscheinlich keine systematische Angebotsprüfung. Und wir haben auch keine detaillierte Analyse der Nutzeranforderungen in unseren verschiedenen Bereichen und Regionen durchgeführt. Aber, um ehrlich zu sein: Wir haben schon so lange mit diesen Problemen gekämpft, dass wir die Themen jetzt eigentlich schon ganz gut abschätzen können. Und deshalb wissen wir: SAP ist das Tool, mit dem wir nachhaltig weiterwachsen können. Die Entscheidung war eigentlich klar.

Ein neues Projekt wird für die Vorbereitung und Implementierung des SAP-Systems aufgesetzt, unter der Leitung eines neuen „Implementationsteams" mit Klaus Ineichen als Teamleiter. Ineichen ist recht neu bei Gemma, da er erst 15 Monate zuvor als Softwareentwickler zum Unternehmen gekommen ist. Ihm wird die Leitung eines Teams von vier „Modul-Ownern" übergeben, die sich jeweils mit bestimmten Funktionalitäten befassen würden. Sie werden wiederum unterstützt von sogenannten „Champions", die aus den Bereichen nominiert werden, um deren Sicht zu vertreten. Insgesamt sind ca. 20 Mitarbeiter in das Projekt eingebunden, darunter Vertreter der internationalen Organisation. Alle – mit Ausnahme von Klaus Ineichen – stellen nur einen Teil ihrer Arbeitszeit dem Projekt zur Verfügung.

Die Auswahl des Teams und der Champions wird in den meisten Fällen von oben beschlossen. Grit Hansen, ein Manager im Finanzwesen, sagt dazu:

> Ja, man hat uns gefragt, aber wir hier in der Linienorganisation hatten eigentlich keine andere Wahl, als unsere Ressourcen zur Verfügung zu stellen.

Trotz des hohen personellen Aufwands entschliesst sich Kurt Ineichen für einen recht „leisen" Führungsansatz:

> Die wichtigsten Entscheidungen kamen von Greg Allen und dem Vorstand. Was okay ist. Wir hatten nur neun Monate bis zum Go-Live, also brauchten wir schnelle Entscheidungen, und da kann man dann nicht so viele Leute mit einbeziehen. Ich habe gehört, dass viele SAP-Projekte Jahre brauchen, aber wir wollten das schnell über die Bühne bringen. Man kann sehen: Zu viel Planung und zu komplexe Berichtslinien verlangsamen alles.

Der Go-Live für den Ersatz des Abacus-Systems wird auf den 1. September 2016 angesetzt.

Koordinationsprobleme

Kurz vor Weihnachten 2015 stehen Rahmen, Ziele und Ressourcen für das Projekt fest und die Mitarbeiter von Gemma erhalten eine E-Mail mit Informationen zum SAP-System. Es soll eine Reihe von sogenannten Town-Hall-Meetings geben; geplant sind zwei solcher Vor-Ort-Events über das Jahr, mit dem ersten unternehmensweiten Treffen am 31. Januar 2016. Greg Allen will diese Events nutzen, um persönlich den Fortschritt zu erläutern und den Sinn des Projekts, d. h. die Vorteile von SAP, zu erklären. Kurt Ineichen erklärt dazu:

> Die E-Mails und die geplanten Meetings sollen ein Gefühl der Dringlichkeit vermitteln. Wir wollen, dass die Leute verstehen, dass das alte System einfach nicht mehr angemessen ist. Wir wollen sie befähigen und ermuntern, die nötigen Entscheidungen zu treffen, sodass sie sich wirklich dieser neuen Abläufe annehmen würden.

Kurt Ineichen und die Modul-Owner haben wöchentliche Meetings zum geplanten Go-Live, zum Fortschritt in den einzelnen Themengebieten und zu den vielen technischen Themen, die für einen sauberen Übergang von einer Technologie zur nächsten nötig wären. Da fast alle Projektmitarbeiter nur einen Teil ihrer Zeit hierfür aufwenden können, werden diese Meetings meist nach Büroschluss abgehalten. Bernd Jansen, ein Mitglied des Teams:

> Kurt hat wirklich grossartige Arbeit geleistet, um das Projekt voranzubringen. Er ist unglaublich engagiert. Wir waren alle nicht so glücklich darüber, unsere Freizeit für das SAP-Projekt zu opfern, aber Kurt hat uns bei der Stange gehalten, mit seiner Persönlichkeit. Er hat vielleicht nicht so viel zu sagen, was die eigentlichen Entscheidungen angeht, aber bei deren Umsetzung ist er ganz vorne mit dabei. Und wir dann eben auch.

Linda Fuchs, ein weiteres Mitglied des Teams, ist weniger enthusiastisch:

> Es ist wahr, Kurt gibt sein Bestes. Aber ich frage mich, ob der Erfolg von all dem hier im Endeffekt wirklich von ihm oder uns abhängt. Dass wir uns reinhängen, das ist nicht genug. Ein Beispiel: Unsere harte Arbeit bedeutet doch nichts, wenn sie nicht kommuniziert wird, wenn sie nicht zu den Leuten geht, die da nicht so in der Technologie drinstecken wie wir. Die ganze Energie im Projekt liegt eigentlich nur hier in unserem Team.

Ein neuer Ansatz

Im Juni 2016 wird das zweite Town-Hall-Meeting, das für den nächsten Monat angesetzt war, kurzfristig verschoben. Ebenso wird der Go-Live-Termin auf den 1. Januar 2017 vertagt. Stattdessen werden einzelne Trainings für das obere und mittlere Management im Herbst 2016 anberaumt. Diese sollen dann jeweils ihre eigenen Teams einweisen. Jens Gutzbein, ein Softwareentwickler, der am ersten SAP Go-Live-Training im Oktober teilgenommen hat, sagt dazu:

> Um ganz ehrlich zu sein: Das war das erste Mal, dass ich überhaupt den Sinn des ganzen Projekts verstanden habe. Ich hoffe, ich kann mir die einzelnen Arbeitsschritte auch wirklich merken, damit ich sie meinen Leuten zeigen und überhaupt selbst nutzen kann. Wie lange noch bis zum Go-Live, drei Monate?

Eine Intranetseite wird im November 2016 eingerichtet, auf der die Mitarbeiter sich wichtige Aspekte des neuen Systems aneignen können. Kurt Ineichen sieht Vorteile in dieser Entscheidung:

> Die gesamte Projektorganisation, mit unserem Team und den Modul-Ownern und den Champions, wir sind alle präsent dort. Falls jemand also Probleme hat, kann er hierher kommen und direkt den richtigen Ansprechpartner finden.

Yun Bajan, der Leiter der chinesischen Niederlassung, ist jedoch absolut nicht überzeugt:

> Es ist unglaublich: Die ganze Seite gibt es nur auf Deutsch. Was denken die denn? Okay, da scheint sowieso nicht viel auf der Seite zu sein. Aber trotzdem: Wir sind doch ein internationales Unternehmen, oder?

Unsicherheiten
Trotz der Anstrengungen, die unternommen werden, ist die Belegschaft noch nicht vom neuen System überzeugt. Ulrich Thommen aus der Buchführung sagt:

> Was kann man machen, wenn wir nur noch zwei Monate bis zum Go-Live haben? Ich muss alle Daten migrieren. Das ist ein Riesenaufwand! Und manche Detailfragen sind immer noch unklar. Ich bin mir nicht sicher, ob ich das schaffe. Warum sind die so spät auf uns zugekommen?

Das Führungsteam bemerkt auch die wachsende Unzufriedenheit in den jährlichen Mitarbeiterbefragungen (die im November und Dezember durchgeführt werden). Viele Manager können keine klaren Angaben zum neuen System machen, da sie sich selbst unsicher sind. Jenna Janovic, die ein Team von Softwareentwicklern anführt, beschwert sich offen:

> Das ist nicht meine Aufgabe, meinen Leuten etwas über diese SAP-Änderungen zu erzählen. Die Mitarbeiterbefragung ist auch nicht der richtige Zeitpunkt hierfür. Solche Informationen müssen früh genug weitergegeben werden. So, wie es jetzt aussieht, haben wir Unwissen und Gerüchte. Das ist nicht Kommunikation; das sind nur Gerüchte. Der eine weiss mehr als der andere und so weiter.

Kurz vor dem Go-Live wird sich der Vorstand dieser Probleme bewusst. Günther Lauber erklärt:

> Ich muss sagen, das war eine Überraschung: Mehr und mehr Leute kommen zu mir und fragen mich, warum wir überhaupt das System umstellen wollen, oder unsere Zeiterfassung, oder die Abrechnung und so weiter und so fort. Diese Fragen sollten doch eigentlich seit Monaten klar sein.

Der Go-Live
Trotz dieser Spannungen im Unternehmen wird SAP als neues ERP-System am 1. Januar 2017 freigeschaltet. Kurt Ineichen ist stolz darauf, dass das System – zumindest technisch – von Anfang an korrekt funktioniert. Er ist jedoch erstaunt darüber, dass viele Mitarbeiter das System nicht nutzen. Sie finden Möglichkeiten, ohne das System zu

arbeiten, da ihnen zumeist relevante Informationen und Wissen fehlen. Es werden letztlich noch mehr provisorische Excel-Tabellen und andere Dokumenttypen als je zuvor benutzt. Das Implementierungsteam soll eigentlich aufgelöst werden, was in dieser Situation unmöglich ist: Es ist noch viel Überzeugungsarbeit zu leisten. Für Kurt Ineichen ist das erste Quartal 2017 eine sehr anstrengende Zeit:

> Ehrlich gesagt sollte der 1. Januar ja eine Zeitenwende für unser Unternehmen sein. Das war es ganz und gar nicht. Es brauchte alles noch sehr viel Arbeit. Wir mussten hart daran arbeiten, die Leute an Bord zu halten und für SAP zu begeistern. Deshalb haben wir uns dann auch ganz reingehängt: Alle 20 Mitglieder des Teams arbeiteten in Vollzeit daran, sogar die Champions, die wir bisher etwas ignoriert hatten. Na ja, ich sage Vollzeit – Überstunden treffen es besser. Um die Umstellung auf SAP abzusichern, mussten wir gewisse Funktionalitäten hinzufügen, die unsere Mitarbeiter für ihre Arbeit brauchen. Wir sind damit noch nicht ganz fertig; das braucht Zeit. Aber wir sind dran, und die Leute mögen es, wie wir zuhören und auf ihre Anforderungen reagieren. Letztendlich war es eine gute Entscheidung, an den ursprünglichen Fristen festzuhalten. So haben wir das System live, und die Entwicklung kann vorangehen.

Bernd Jansen jedoch ist sich nicht mehr sicher, ob das ganze Projekt die richtige Entscheidung gewesen ist:

> Ich weiss nicht, was los ist. Ist SAP wirklich die richtige Wahl für uns? So, wie ich es sehe, machen wir jetzt seit drei Monaten nur noch Stückwerk. Und es geht einfach weiter.

Die Reissleine

Der Vorstand wird zunehmend unsicherer über die Entwicklungen im Unternehmen und entscheidet sich im April 2017, die Reissleine zu ziehen. Die Integration von SAP geht nicht voran. Es wird die Entscheidung getroffen, nur mit den grundlegendsten Funktionen von SAP zu starten und die Nutzung von Excel weiter zuzulassen. Es wird den Mitarbeitern sogar gestattet, Abacus wieder zu benutzen, falls sie es für ihre Arbeit benötigen. Die Weiterentwicklung anderer SAP-Module wird zwar in Aussicht gestellt, um die SAP-Lösung für die Anforderungen der Organisation sinnvoller nutzbar zu machen, aber es werden keine Pläne oder Fristen hierfür aufgestellt.

Die am meisten debattierte Entscheidung des Vorstands betrifft die Implementationsteams, die per sofort aufgelöst werden. Ein neuer Projektleiter soll gefunden werden. Greg Allen hat nur eine Frage für den Vorstand:

> Und was soll der dann anders machen?

Leitfragen zur Diskussion

1. Was bringt der Entscheid des Vorstands, den Systemwechsel von Abacus auf SAP auf die beschriebene Art und Weise vorzunehmen, zum Ausdruck?
2. Welche Perspektive hat der Vorstand auf den bevorstehenden Veränderungsprozess, der durch den Systemwechsel entsteht?

3. Wie lässt sich die Rolle und Funktion des Implementationsteams bezüglich des vorgesehenen Systemwechsels beschreiben? Wie beurteilen sie diese Rolle und Funktion?
4. Welche Möglichkeiten stehen dem Implementationsteam zur Verfügung, seine Rolle und Funktion so auszugestalten, dass der Systemwechsel zu einem erfolgreicheren Ende geführt werden könnte?
5. Welche Auswirkung haben die Änderungen des ursprünglichen Implementierungsplans auf die Mitarbeitenden und warum?
6. Wie soll am besten von wem vorgegangen werden, um – nach dem Projektabbruch durch den Vorstand – den Systemwechsel schliesslich doch noch erfolgreich umzusetzen?

Innovation & Frustration bei Klusch

13

Ingo Stolz

> **Zusammenfassung**
>
> Dem Lebensmittelproduzenten Klusch AG ist Innovation besonders wichtig, um auch in Zukunft den Geschmack der Konsumenten erfolgreich zu bedienen. Auch das Personalentwicklungsteam der Klusch AG verschreibt sich diesem Innovations-Gedanken. Es erarbeitet ein neuartiges Personalentwicklungsprogramm, mit dem ausgewählte Führungskräfte der Klusch AG im Ausland neue Lebensmittel und Trends kennenlernen sollen, um davon abgeleitet neue Lebensmittelkompositionen zu entwickeln. Im Rahmen eines Innovation Food Camps (IFC) sollen sich diese Führungskräfte für eine Woche auf einer Studienreise inspirieren lassen, und diese Inspiration ins Unternehmen zurücktragen. Das Personalentwicklungsteam sieht die Skepsis der Führung voraus und nimmt die interne Kommunikationsexpertin Janine Arnold in das Projektteam auf. Sie soll die Entscheidungsträger der Klusch AG für das Projekt begeistern. Dies gelingt jedoch kaum, die Entscheidungsträger bleiben skeptisch. Als Folge dieser Skepsis wird keine separate Finanzierung des Projektes zugesagt, und das Personalentwicklungsteam muss – um das IFC dennoch starten zu können – das gesamte eigene Team-Budget zur Lancierung des Programms verwenden. Mit grossem Einsatz organisiert das Personalentwicklungsteam tatsächlich die Erstdurchführung des IFC, fünf Führungskräfte reisen für eine Woche nach China, vier nach Brasilien. Die Teilnehmenden sind begeistert. Sie kommen mit vielen neuen Ideen für neue Lebensmittelprodukte zurück. Jedoch stossen die neun Rückkehrer zumeist auf allgemeines Desinteresse; niemand bei Klusch will die mitgebrachten Ideen aufgreifen oder gar umsetzen. Frustration macht sich breit, die sogar dazu führt, dass ein

I. Stolz (✉)
Institut für Betriebs- und Regionalökonomie, Hochschule Luzern, Luzern, Schweiz
E-Mail: ingo.stolz@hslu.ch

Mitarbeiter das Unternehmen verlässt. Diese Kündigung ist für die Unternehmensführung der Tropfen, der das Fass zum Überlaufen bringt. War sie dem IFC gegenüber von Anfang an skeptisch eingestellt, so veranlasst sie die Kündigung eines wertvollen Mitarbeiters zum endgültigen Abbruch des Programms. Dies verhindert jedoch nicht, dass zwei Jahre nach dem Ende des IFC noch weitere drei Teilnehmende die Klusch AG verlassen werden. Und auch die Mehrheit des Personalentwicklungsteams hat dann dem Unternehmen den Rücken gekehrt.

Der Wille zum Mitgestalten
Das Team für Personalentwicklung der Klusch AG debattiert über das Thema Innovation.
Claudia Tresch:

> Wir hören das doch immer und immer wieder: Wir müssen innovativer werden. Alle sagen das hier. Aber wenn man nachfragt, was das konkret bedeutet oder wie unsere Firma innovativer werden soll, dann herrscht von allen Seiten grosse Stille. Auch die Chefetage weiss dann nichts Genaues zu sagen.

Christian Bürgler:

> Innovation ist halt auch ein schwieriges Thema; was will man denn machen …

Peter Gerber:

> Nein, das akzeptiere ich nicht. Die Stärkung unserer Fähigkeit, als Firma innovativ zu sein, ist ein wichtiges strategisches Ziel für die nächsten Jahre. Dann müssen wir das eben auch angehen. Wir müssen Wege finden und dieses Thema so einfach erklären, dass die Mitarbeitenden wissen, was sie konkret zur Erreichung dieses strategischen Ziels beitragen können.

Claudia Tresch:

> Und was heisst das jetzt für uns, für unser Team?

Peter Gerber:

> Dass dies für uns eine grosse Chance ist. Wir können helfen, die Firma zu verändern, sie innovativer zu machen. Und dadurch können wir die Wichtigkeit unseres Teams für die Firma unter Beweis stellen.

Janine Arnold hört interessiert, aber auch etwas ratlos der lebhaften Diskussion zu. Sie hat eigentlich wenig zu diesem Thema zu sagen. Warum sie von Peter Gerber zu dieser Sitzung eingeladen wurde, ist ihr nicht klar. Dennoch findet sie es spannend, mal etwas anderes zu erleben. In ihrer Funktion als Projektverantwortliche Interne Unternehmenskommunikation bekommt sie selten mit, dass über grundsätzliche Ausrichtungen kontrovers diskutiert wird. Ihr Job ist es normalerweise, die Entscheidungen und die von anderen gesetzten Themen innerhalb des Unternehmens zu vermitteln, sodass alle angemessen informiert und auf neue Herausforderungen vorbereitet sind. Nun zu erleben, wie in aller Tiefe und mit einigem Eifer das Thema ‚Innovation' von Grund auf diskutiert wird, ist für sie neu. „Schön", denkt sie, „aber wie soll das nun angegangen werden, wenn das alle so unterschiedlich sehen?"

Peter Gerber, Christian Bürgler und Claudia Tresch sind Feuer und Flamme für das Thema Innovation. Sie sind als Team für die Personalentwicklung der Mitarbeitenden der Firma Klusch AG verantwortlich. Das heisst: Informationsveranstaltungen für neue Mitarbeitende, Managementweiterbildungen für Nachwuchskräfte, Vermittlung neuer Industriestandards und neuer Produktionstechniken. Diese Weiterbildungsprogramme sind beliebt, alles läuft nach Plan. Und so ist die Klusch AG auch besonders stolz darauf, Entwicklungsmöglichkeiten für Mitarbeitende zu bieten, die ansonsten im Sektor der schweizerischen Lebensmittelverarbeitungsindustrie nicht üblich sind; der CEO Felix Haller weist gerne ausdrücklich auf diese ausserordentlichen Entwicklungsmöglichkeiten hin:

> Wir wollen unseren Mitarbeitenden attraktive Arbeitsplätze bieten, sodass wir auch die Besten rekrutieren und an uns binden können. Schliesslich sind wir mit unseren 11'000 Mitarbeitenden ein relativ kleiner Player im Bereich der Lebensmittelverarbeitung, insbesondere im internationalen Vergleich. Da müssen wir versuchen mitzuhalten. Wir müssen innovativ sein, denn die Leute haben Lust auf Innovation.

Auf Basis des bisherigen Erfolges des Personalentwicklungsteams will Peter Gerber nun neue Ideen umsetzen. Er will mehr beitragen als solide Arbeit. Er will durch die Personalentwicklung die strategischen Ziele der Klusch AG direkt mitgestalten. Stabsstelle sein genügt ihm nicht, er will Teil der Unternehmensgestaltung und -führung sein: indem sein Team den Mitarbeitenden genau die Fähigkeiten vermittelt, die zur Erreichung strategischer Unternehmensziele wichtig sind. Konkret heisst das für Peter Gerber:

> Wir wollen unseren Mitarbeitenden nicht nur unsere klassischen Weiterbildungen anbieten, sondern ihnen in Zukunft vermehrt das beibringen, was es braucht, um innovativ zu sein. Innovation entsteht nämlich nicht einfach so. Neues muss gefunden und erfunden werden; Neues entwickelt sich nur innerhalb einer guten Unternehmenskultur mit guten Management- und Führungspersönlichkeiten; Neues muss gut verkauft werden, sodass es akzeptiert wird. Für all das sind besondere Menschen mit besonderen Fähigkeiten nötig. Wenn die Klusch AG also innovativer sein will – und das soll gemäss Geschäftsleitung für die nächsten Jahre ja das oberste strategische Ziel sein – so müssen unsere Mitarbeitenden eben genau diese Fähigkeiten lernen und entwickeln, die es für Innovation braucht.

Peter Gerber schaut Janine Arnold eindringlich an.

> Und dich, Janine, brauchen wir dazu. Du bist ganz wichtig! Wir haben nur gute Ideen. Aber das reicht ja nicht. Unsere Ideen müssen andere erreichen und andere müssen sie als wichtig verstehen. Du sollst uns helfen, unsere Ideen gut zu verkaufen. Und zwar mit guter Kommunikation gegenüber der Chefetage und gegenüber den Mitarbeitenden. Ich wäre froh, wenn du uns helfen könntest.

Janine Arnold ist nun klar, was Peter Gerber von ihr will. Sie soll das Personalentwicklungsteam promoten. Sie ist sehr skeptisch. Zu ihrem eigenen Erstaunen sagt Jeanine Arnold dennoch spontan:

> Ja, wieso nicht. Ihr könnt auf mich zählen. Ich mach da schon mit, wenn meine Chefin mir die hierfür nötigen Ressourcen freischaufelt.

Warum sie einfach zusagt mitzuarbeiten, ist ihr selbst nicht ganz klar.

Eine Idee
Eine Woche später bereut sie ihre Entscheidung schon ein bisschen. War sie von der lebhaften Diskussion zwischen Peter Gerber, Christian Bürgler und Claudia Tresch vor einigen Tagen noch angetan, empfindet sie die darauffolgende Diskussion nun als naiv und realitätsfremd. Während eines eintägigen Workshops hat das Personalentwicklungsteam ein neues Innovationsprogramm entwickelt: Alle Manager, die mindestens 50 Mitarbeitende (direkt und indirekt) führen, sollen für eine Woche auf eine Art ‚Studienreise' ins Ausland gehen, um vor Ort andere Essgewohnheiten kennenzulernen und um Anregungen für neue Lebensmittelprodukte zu erhalten; im Gespräch sind Reisen nach China, Russland, den Vereinigten Arabischen Emiraten und Brasilien. Dort sollen die Manager alternative Grundnahrungsmittel und lokale Ernährungstrends erfahren, um nach ihrer Rückkehr auf Basis der gesammelten Eindrücke und Ideen neue und innovative Lebensmittelprodukte für den heimischen Markt entwickeln zu helfen. Christian Bürgler, der designierte Projektleiter dieses Innovation Food Camps (IFC), sagt:

> Für neue Ideen muss man nach draussen gehen, den Alltag verlassen. Das wollen wir den Klusch-Managern ermöglichen. Wir setzen unsere Leute neuen Eindrücken aus, mit der Aufgabe, sich zu neuen, marktfähigen Produkten inspirieren zu lassen. Gleichzeitig trainieren wir sie in Change-Management-Techniken, sodass sie auch tatsächlich in der Lage sind, ihre neuen Ideen nach ihrer Rückkehr in der Firma umzusetzen. Denn Neues bedeutet immer auch Veränderung.

Janine Arnold erachtet dies durchaus als eine spannende Idee, zieht für sich aber folgenden Schluss:

> Das ist schon eine tolle Idee. Aber es ist eben eine tolle Idee auf einem blanken, weissen Papier. Drei Idealisten kommen hier zusammen und planen in einem geschlossenen Raum etwas vollständig Neues, ganz alleine. Doch scheint Peter, Christian und Claudia das gar nicht zu interessieren. Sie sind von ihrer Idee vollkommen eingenommen. Ich bezweifle, dass die Geschäftsleitung bereit ist, für so etwas Teures, Zeitintensives und Neuartiges ein Budget zur Verfügung zu stellen. Ich frage mich, ob es klug war, mich dafür einspannen zu lassen.

Nach dem Workshop und noch einigen weiteren Treffen hat das Personalentwicklungsteam das Konzept des IFC weiter verfeinert. Dafür haben sie zahlreiche Gespräche mit externen Partnern geführt: Länder-Experten, Spezialisten in Innovations- und

Change-Management, Ernährungswissenschaftlern etc. Allerdings stellt Janine Arnold auf Nachfrage fest, dass kein einziges Gespräch mit Klusch-Mitarbeitenden geführt wurde, auch nicht mit der Geschäftsleitung. Peter Gerber sagt:

> Wir haben alles gegeben. Wir haben ein perfektes Programm designt, mit dem unsere Manager einerseits auf innovative Ideen kommen, andererseits auch lernen, diese innovativen Ideen mit gutem Change-Management umzusetzen. Jetzt müssen wir das Programm nur noch Wirklichkeit werden lassen. Dazu brauchen wir jetzt die Unterstützung der Geschäftsleitung. Wenn wir die haben, können wir das Programm ausschreiben. Deine Aufgabe, Janine, ist es nun, unsere Idee in eine Sprache zu übersetzen, die das Senior Management versteht, die dem Senior Management gefällt. Kannst du das für uns machen? Wir wollen einfach so schnell wie möglich loslegen.

Erster Stolperstein

> Bei allem Respekt für die generell gute Arbeit unserer Personalentwickler, aber dies sehe ich nun nicht wirklich ein. Wir können doch unseren teuersten Arbeitskräften nicht einen einwöchigen Urlaub in China oder Russland oder so finanzieren. Schlägt Peter Gerber das wirklich vor? Ich habe ihn in den letzten Wochen immer wieder gesehen, aber davon hat er nie etwas erzählt.

Der CEO Felix Haller ist sichtlich irritiert, nachdem Janine Arnold ihm die Konzeptidee für das IFC vorgestellt hat. Dabei hat sie sich solche Mühe gegeben, eine verständliche Präsentation vorzubereiten, nachdem sie tatsächlich einen 15-minütigen Termin mit Felix Haller ergattern konnte. Eigentlich wollte Peter Gerber das IFC anlässlich der nächsten Sitzung der erweiterten Geschäftsleitung genehmigen lassen. Dafür sollte Janine Arnold nun das grundsätzliche Okay von Felix Haller einholen. Aber daraus – so wird Janine Arnold schnell klar – wird nichts. Felix Haller sagt zwar nicht generell Nein, aber seine Skepsis ist deutlich spürbar.

Allianzen schmieden

> Warum sieht Haller das nicht ein? Wenn man innovativ sein will, dann muss man eben auch bereit sein, neue Wege zu gehen. Wir präsentieren hier einen sehr guten Weg auf dem Silbertablett, und es schlägt uns nur Ablehnung entgegen. Das ist extrem frustrierend! Wir sind eben doch ein altertümlicher Laden, von wegen Innovation.

Claudia Tresch kann ihre Emotionen nicht zurückhalten. Peter Gerber und Christian Bürgler sagen nichts, aber auch sie sehen ärgerlich aus. Janine Arnold weiss nicht, was sie sagen soll. Sie fühlt sich einerseits schuldig, dass sie die Unterstützung durch Felix Haller nicht sicherstellen konnte. Andererseits ärgert sie sich aber auch über sich selber; weniger über Haller als über die Situation, in die sie gebracht wurde – oder sich gebracht hat? Sie nimmt allen Mut zusammen und sagt:

> Wenn ich es mir recht überlege: Die Zustimmung von Haller zum Innovation Food Camp wäre überraschender gewesen als die jetzt erfolgte Ablehnung. Dieses Programm ist so

etwas Neuartiges und auch Teures. Wie soll er da innerhalb von 15 Minuten begeistert sein und zustimmen. Das anzunehmen – entschuldigt meine Direktheit – ist naiv von uns. Wenn ihr Erfolg haben wollt, so müsst ihr eure Idee vorsichtig und schrittweise erklären, und zwar allen betroffenen Entscheidungsträgern. Oder in Varianten denken, die eventuell leichter akzeptiert werden und besser anschlussfähig sind. Es reicht nicht, wenn nur ihr überzeugt seid. Wir brauchen einen Kommunikationsplan. Wie müssen festlegen, wie ihr die entscheidenden Stakeholder einbinden wollt.

Peter Gerber, Claudia Tresch und Christian Bürgler sind die Gesichter eingefroren. Janine Arnold weiss nicht, ob sie in diesen Gesichtern Ärger, Enttäuschung oder gar Resignation lesen soll. Es herrscht einfach Stille. Lange. Janine befürchtet, dass sie nun als Sündenbock für diese unliebsame Nachricht herhalten muss, und spricht diese Befürchtung offen an. Daraus ergibt sich eine emotionale Diskussion.

Peter Gerber wird sich im Laufe dieser Diskussion bewusst, dass die von Janine Arnold vorgeschlagene Einbindungsstrategie die Umsetzung des IFC zwar erheblich verzögern wird, aber letztlich die einzige Chance auf Umsetzung birgt. Und so stimmt er ihr schliesslich zu:

> Also, dann machen wir das so. Du hast ja schon recht, Janine. Unser Programm betrifft zumindest indirekt viele: die Geschäftsleitung, die zustimmen muss; die Bereichsleiter, die ihre Manager mit Führungsverantwortung freistellen müssen; die Manager selbst, die bereit sein müssen, überhaupt am Programm teilzunehmen und international zu reisen; die Personalmanagementabteilung, die ein solches Programm in ihren HR-Prozessen sicherlich abbilden muss; die Mitarbeitenden, die den Sinn einer internationale „Reise" ihrer Chefs nachvollziehen können müssen; die Lebensmitteltechnologen, die nach Rückkehr der Manager dann mit etwaigen neuen Ideen konfrontiert würden. Und so weiter und so weiter.

Janine Arnold ist zufrieden, Peter Gerber scheint die Dimension der Aufgabe nun erfasst zu haben. Und so schaut sie in den folgenden Wochen und Monaten beeindruckt zu, wie sich Peter Gerber, Christian Bürgler und Claudia Tresch ins Zeug legen. Basierend auf dem von ihr ausgearbeiteten Kommunikationsplan führen die Personalentwickler für zahlreiche Stunden zahlreiche Gespräche mit Stakeholdern verschiedenster Bereiche und Hierarchien der Klusch AG, um so die notwendige Unterstützung für das IFC aufzubauen. Sie meint aber auch feststellen zu können, dass das Team von Peter Gerber keine wirklich handfeste Unterstützung erhält. Zwar finden fast alle Gesprächspartner das Konzept interessant, aber eine definitive Zusage zur Mitarbeit oder Unterstützung erhalten sie nicht. Aber wie soll eine solche Zusage auch erfolgen, so fragt sich Janine Arnold, denn mit der Geschäftsleitung spricht Peter Gerber nach wie vor nicht. Sein Satz ist ihr immer noch sehr präsent:

> Mit Haller und der erweiterten Geschäftsleitung sprechen wir erst, wenn wir die breite Unterstützung im Unternehmen gesichert haben. Wenn wir diese Unterstützung einer breiten Zahl von Stakeholdern haben, dann kann die Geschäftsleitung nicht anders, als ja zu sagen.

Janine Arnold empfindet dieses Umgehen der obersten Entscheidungsträger als problematisch. Auch merkt sie, dass die Personalentwickler immer dann einen Austausch mit anderen abbrechen, wenn ihnen Widerstand oder Unverständnis entgegengebracht wird.

Die Entscheidung

Nach vier Monaten sieht Peter Gerber den Zeitpunkt gekommen, das IFC wieder zur Bewilligung vor die Geschäftsleitung zu bringen. Am Konzept selbst hat er nichts geändert, jedoch an der Finanzierung. Hatte er ursprünglich geplant, neben der Bewilligung auch ein separates Budget zur Finanzierung des IFC zu beantragen, so verzichtet er nun auf zusätzliche Geldmittel. Vielmehr hat er sich entschieden, das neue Programm aus seinem bestehenden Budget zu finanzieren. Dafür musste er alle anderen Pläne auf Eis legen, einige bestehende Trainings sollen auch abgesagt bzw. zusammengelegt werden. Er hat radikal alles irgendwie Mögliche eingespart. Und so kann er nun tatsächlich das IFC selbst finanzieren. So schätzt er seine Chancen höher ein, die ersehnte Bewilligung zu erhalten.

Zu Peter Gerbers Überraschung kommt es dann aber gar nicht zu einer Entscheidung im Gremium der erweiterten Geschäftsleitung. In einem Gespräch zwischen ihm und Felix Haller, das nun doch noch kurz vor der Sitzung der erweiterten Geschäftsleitung stattfindet, kommt es zu folgender abschliessenden Aussage Hallers:

> Wenn ihr das selbst zahlt, dann macht das halt. Macht es einfach, probiert es. Aber dann will ich aus dieser Entscheidung auch kein grosses Ding machen. Wir machen so, als ob die Entscheidung zur Durchführung dieses Innovation Food Camps in deiner Entscheidungsverantwortung liege, in deinem Budget. Eine formelle Bewilligung durch die erweiterte Geschäftsleitung nehmen wir also gar nicht vor. Ich gebe dir insofern Rückendeckung, als dass ich daran glaube, dass du das alleine entscheiden darfst; obwohl das zugegebenermassen ja schon ein neues und grosses Ding für uns ist. Aber Peter: Mach mir einfach keine Sorgen mit diesem Programm, das musst du mir versprechen. Vergraul mir meine Manager nicht. Und ich hoffe, du kannst mir am Ende tatsächlich von den ausgezeichneten Resultaten berichten, die du dir versprichst.

Es geht los, aber …

Mit einem gewaltigen Kraftakt haben Peter Gerber, Christian Bürgler und Claudia Tresch es tatsächlich geschafft, dass fünf Monate nach der Unterhaltung mit Felix Haller die ersten Manager in Flugzeugen nach China und Brasilien sitzen. Die Destinationen Russland und die Vereinigten Arabischen Emirate mussten aufgegeben werden, denn einerseits wäre die Programm-Organisation dann vollends zu kompliziert geworden, andererseits haben sich auch sehr wenige Teilnehmende angemeldet. Viele Manager wollten sich nicht auf eine internationale Reise zum „Probe-Essen" einlassen. Zusätzlich haben sich auch einige Bereichsleiter quergestellt, Manager für die Teilnahme am IFC freizustellen. Insgesamt fliegen nun fünf Manager nach China und vier nach Brasilien. Christian Bürgler sagt:

> Ich muss schon zugeben, sowohl die Gesamtzahl als auch das Profil der Teilnehmenden ist schon etwas enttäuschend. Die Selektion erfolgte am Schluss auf Basis von zwei Kriterien. Erstens: Wer führt mehr als 50 Personen? Zweitens: Wer hat Lust? Eine strategisch fundierte Selektion sieht anders aus. Aber jetzt probieren wir es eben mit denen.

Claudia Tresch ergänzt:

> Wir müssen diese erste Durchführung als einen Pilot-Versuch sehen. Wir können von den Erfahrungen der Erst-Durchführung lernen und das Programm verbessern. Dann sind wir bestens vorbereitet darauf, wenn die Leute nächstes Mal bei uns Schlange stehen.

Janine Arnold muss tief durchatmen, wenn sie dies hört. Angesichts der Arbeitsbelastung, die das IFC für sie in den letzten vier Monaten verursacht hat, kann sie nicht glauben, dass nun von einem „Pilot-Versuch" gesprochen wird. Sie sagt:

> Wir wollten doch viel mehr als das, wir wollten die Firma verändern helfen und nicht nur Versuchsballons aufsteigen lassen.

Sie muss zugeben, dass sie sich in den letzten Monaten für das IFC vielleicht zu sehr hat begeistern lassen. Sie hat wirklich das Potenzial des Programms gesehen, und der Umgang mit den Personalentwicklern machte ihr Spass. Aber als Folge hat sie Zusatzstunden in ihrer Freizeit geleistet, denn die Arbeitsstunden überstiegen bei weitem ihr Pensum, und Überstunden konnte sie wegen der knappen Finanzen nicht auf das Projekt verbuchen. Es ging in den letzten vier Monaten für sie eigentlich darum, den Informations-, Rekrutierungs-, Trainings- und Reiseprozess von einer Kommunikationsperspektive aus zu begleiten. Janine Arnold präzisiert aber:

> Eigentlich war ich für die Bereitstellung von Kommunikationsplänen und Informationsmaterial zuständig. Aber ich bin immer mehr in die Rolle der Projektmanagerin, ja vielleicht sogar der Change-Managerin für dieses ganze Projekt gerutscht. Am Schluss, so habe ich das gefühlt, habe ich die ganze Dirty Work gemacht, das ganze Voranbringen von Prozessen. Peter, Christian und Claudia ging es vor allen Dingen um die Inhalte und um die Didaktik, um die Reinheit der Umsetzung. Sie haben auch sehr viel gearbeitet, das will ich damit nicht sagen. Aber neben der Reinheit haben sie sich für die tatsächlichen Prozesse der Umsetzung letztlich wenig interessiert.

Insgesamt war es ein grosser Kampf, auch nur neun Teilnehmende an zwei Destinationen zu schicken. Janine Arnold fragt sich, ob Aufwand und Ertrag auch nur annähernd in einem Gleichgewicht stehen.

Rückkehr

Janine Arnolds Stimmung verbessert sich wieder, als die Teilnehmenden zurückkehren. Sie sind tatsächlich begeistert vom IFC und loben die in diesem Programm enthaltenen Lernmöglichkeiten. Madeleine Fuchs, eine Teilnehmerin, sagt:

Wir haben wirklich so vieles erlebt und so viele neue Ideen erarbeiten können. Es ist tatsächlich so: Wenn man nicht über den Tellerrand blickt, dann gibt es auch keine Veränderung, dann schmort man einfach im eigenen Saft – was für ein schönes Wortspiel [lacht]. Ich glaube deshalb schon, dass dieses Programm die Klusch AG tatsächlich weiterbringt – indem neuer Wind bei uns reinkommt, indem wir unseren Kunden neue Ideen und neue Produkte anbieten können. Ich bin sicher, dass es für diese neuen Produkte auch bei uns einen Markt gibt. Dazu muss es uns Teilnehmenden aber nun gelingen, unsere Ideen auch einzubringen und marktgerecht umzusetzen.

Peter Gerber und sein Team zeigen sich euphorisch, denn die Rückmeldungen der Teilnehmenden sind nicht nur sehr positiv, die Teilnehmenden berichten auch aktiv innerhalb des Unternehmens von ihren ausserordentlichen Erfahrungen. Das IFC ist plötzlich in aller Munde. Peter Gerber macht sich keine Sorgen mehr über einen Mangel an Unterstützung und Interesse anlässlich der erneuten Durchführung des Programms im nächsten Jahr.

Unerwartetes Ende

E-Mail: Absetzung Innovation Food Camp
Von: Peter Gerber
Gesendet: Dienstag, 20. September 2016, 10:17 Uhr
An: Claudia Tresch; Christian Bürgler; Janine Arnold
Betreff: Absetzung Innovation Food Camp

Liebes Team,
ich muss leider bestätigen, was Gerüchte in den letzten Wochen bereits angedeutet haben: Die erweiterte Geschäftsleitung hat mit ihrer heutigen Entscheidung jede weitere Durchführung des Innovation Food Camps untersagt. Ich kann mir vorstellen, wie enttäuschend das für euch ist; für mich ist es das auch. Wir haben der Klusch AG einen guten Dienst erwiesen, indem wir im Sinne der übergeordneten Innovations-Strategie ein passendes Personalentwicklungsprogramm konzipiert haben. Damit wollten wir eine Grundlage für innovatives Arbeiten schaffen, letztlich zum Wohle unserer Kunden. Und trotz grosser Widerstände konnten wir das Innovation Food Camp im letzten Jahr auch sehr erfolgreich durchführen. Dennoch wurde heute von der erweiterten Geschäftsleitung nicht in unserem Sinne entschieden. Das tut mir weh! Ich bin aber sicher, dass wir auch weiterhin neue Projekte finden werden, mit denen wir uns identifizieren und die zum Wohle der Klusch AG umgesetzt werden können. Ich wünsche mir jedenfalls, dass wir weiterhin so gut zusammenarbeiten wie bisher.
  Besonders möchte ich an dieser Stelle Janine Arnold danken, die ja nicht ordentliches Mitglied unseres Personalentwicklungsteams ist. Sie hat uns mit ihrem ausserordentlich grossen Einsatz erst ermöglicht, dass wir das Innovation

> Food Camp zumindest einmalig durchführen konnten. Wir merkten immer wieder, dass Janine so viel mehr einbrachte als nur ihre Kommunikationskompetenz; sie wurde mehr und mehr zur eigentlichen Projekt- und Change-Managerin. Ich hoffe, wir werden auch in Zukunft Gelegenheit haben, mit Janine cross-funktional an diversen Projekten zusammenzuarbeiten.
>
> Peter Gerber

Diese E-Mail von Peter Gerber hat Janine Arnold bereits erwartet, auch sie hat schon Gerüchte von der geplanten Absetzung des IFC gehört. Und wieder wird sie sich der grossen Diskrepanz in den letzten Monaten bewusst; zwischen hohem Aufwand und niedrigem Ertrag. Erneut hat sie sich nach der Rückkehr der Teilnehmenden voll ins Zeug gelegt. Mit fast jedem Teilnehmenden hat sie einen individuellen Kommunikationsplan erarbeitet. So sollte sichergestellt werden, dass die Teilnehmenden auf eine konstruktive Art und Weise mit den richtigen Stakeholdern in Interaktion treten, damit die erarbeiteten Ideen auch wirklich zu Veränderungen führen können. Janine Arnold sagt:

> Eigentlich rutsche ich wieder in die Rolle einer Change-Managerin, diesmal mit jedem einzelnen Teilnehmenden. Ich mache es mir zur Aufgabe, sie dabei zu unterstützen, mit ihren während des Innovation Food Camps erarbeiteten Ideen die Klusch AG von innen zu verändern. Das ist natürlich viel mehr als nur reine Kommunikationsarbeit. Das ist Change-Coaching. Und für das bin ich nun ja wirklich keine Expertin; weder für Change noch für Coaching.

Trotz dieses Einsatzes wird schon bald deutlich, dass sich niemand wirklich für die Teilnehmenden des IFC und deren „Geschichten" interessiert. Claudia Tresch schlussfolgert:

> Die Teilnehmenden fahren mit ihren Eindrücken, Erfahrungen und Ideen an eine Wand. An eine kalte Wand der Indifferenz. Niemand interessiert sich.

Felix Haller horcht aber erst auf, als Jürg Fecht – sieben Monate nach der Rückkehr von seiner Teilnahme am IFC – kündigt. Fecht ist eines der grössten Talente von Klusch, promovierter Lebensmitteltechnologe mit sehr guten Führungskompetenzen; eine nicht oft anzutreffende Kombination. Während seines Austrittinterviews wird deutlich, dass er die Entwicklungsmöglichkeiten bei Klusch als sehr eingeschränkt einschätzt. Jürg Fecht resümiert:

> Durch das Innovation Food Camp habe ich gesehen, was alles möglich wäre, was man auch im Bereich Lebensmitteltechnologie alles neu machen könnte. Das Problem ist, dass dies alles bei Klusch eben gar nicht möglich war. Diese Firma ist zu altbacken, um auch nur irgendetwas auszuprobieren. Dies wurde mir von Woche zu Woche klarer. Ich brauchte einen Wechsel. Glücklicherweise konnte ich während meines Aufenthaltes in Brasilien

13 Innovation & Frustration bei Klusch

meine Fühler etwas ausstrecken und neue Kontakte knüpfen. Als Folge dieser Kontakte hatte ich ein attraktives Angebot vorliegen – das ich nun angenommen habe.

Für Felix Haller ist damit der schlimmste Fall eingetreten. Gemäss seiner Einschätzung hat das IFC der Klusch AG nicht genützt, es schadete der Firma sogar. Mit dieser Feststellung ist für ihn der nächste Schritt klar: Das IFC darf nicht mehr durchgeführt werden.

Zwei Jahre nach der Durchführung haben drei weitere ehemalige Teilnehmende die Klusch AG verlassen, ohne dass ihre Kündigung allerdings mit dem IFC in Verbindung gebracht werden kann – zumindest nicht direkt. Dass aber Peter Gerber und Christian Bürgler die Klusch AG mittlerweile ebenfalls verlassen haben, geht sehr wohl direkt auf die Absetzung des IFC zurück. Peter Gerber sagt:

> In einer Firma, in der es kein Innovation Food Camp geben kann, kann es auch keinen Peter Gerber geben. Und das Gleiche gilt auch für Christian.

Janine Arnold ist dagegen weiterhin Projektverantwortliche Interne Unternehmenskommunikation:

> Am besten kenne ich mich einfach im Bereich Kommunikation aus. Und so fühle ich mich doch gut ausgefüllt mit meinem Aufgabenportfolio. Aber ich muss schon sagen, das Innovation Food Camp entwickelte eine ganz unvorhergesehene interne Dynamik, gleichzeitig stark positive und negative Energie; eigentlich faszinierend. Irgendwie haben wir diese Energie aber nicht in den Griff bekommen. Einerseits schade. Aber andererseits bin ich doch auch froh, dass ich mich um das Innovation Food Camp nicht mehr kümmern muss.

Leitfragen zur Diskussion

1. Welche Rolle schreibt sich das Personalentwicklungsteam bzgl. einer innovativen Veränderung der Klusch AG zu?
2. Wie sind diese Rollenzuschreibung und die anschliessende Rollenwahrnehmung zu beurteilen?
3. Welches Veränderungsverständnis wird angesichts der Rollenzuschreibung und Rollenwahrnehmung erkennbar?
4. Welche Rolle nimmt Janine Arnold ein, und wie ist ihre Rollenwahrnehmung zu beurteilen?
5. Wie lässt sich die Reaktion der Unternehmensführung auf das Innovation Food Camp (IFC) beschreiben? Wie lässt sich – auf Basis der Reaktion – die Perspektive der Unternehmensführung auf das Thema Innovation beschreiben?
6. Wie lässt sich die entstehende Frustration der Teilnehmenden nach der Rückkehr vom IFC erklären?
7. Kann die Tatsache, dass das IFC einmalig durchgeführt werden konnte, als Erfolg des Veränderungsmanagements des Personalentwicklungsteams und Janine Arnolds angesehen werden?

8. Welchen Beitrag zum finalen Misserfolg hat das Personalentwicklungsteam und welchen die Unternehmensführung?
9. Welche alternativen Verhaltensweisen wären dem Personalentwicklungsteam und Janine Arnold anzuraten gewesen?

Der Nachfolger

14

Sylvie Scherrer und Erik Nagel

Zusammenfassung

Der Schwiegersohn kann es dem Seniorchef Ludwig Grünthal nicht recht machen und verlässt das international ausgerichtete Handelsunternehmen ArthronTech; er wird somit auch nicht Grünthals Nachfolger. Ein stilles Geheimnis ist, dass dieser den innigen Wunsch hat, sein Sohn Frank möge irgendwann einmal die Firma übernehmen. Aber ist der als introvertierter Tüftler der Richtige? Auch scheint er sich für das Unternehmen nicht zu interessieren. Eigentlich wäre ja Alice, eine der drei Töchter, geeignet. Sie ist schon immer ein Freigeist gewesen, und der Vater hat sie schon immer gewähren lassen. Sie hat zudem einen Abschluss einer Handelsmittelschule und verfügt über das nötige unternehmerische Geschick. Kurz nach dem Ausscheiden des Schwiegersohns ist Alice als Geschäftsleitungsassistentin eingestiegen, und der Vater beobachtet stolz, wie geschickt sie sich im Unternehmen und den Mitarbeitenden gegenüber bewegt und spürbar zum Unternehmenserfolg beiträgt. Doch dann rät der Arzt Ludwig Grünthal, kürzerzutreten – er sieht keinen anderen Ausweg, als einen externen CEO einzustellen. Nach verschiedenen Versuchen übernimmt der vielversprechende Marcel Obertüfer das Ruder, und der Vater überträgt Alice die Zuständigkeit für Finanzen und Administration. Ihr Verhältnis kühlt zusehends ab und Alice versucht ihrem Vater klarzumachen: er oder ich. Doch dann trifft Alice eines Tages der Schlag: Der Vater verkündet ihr in Anwesenheit ihres Bruders Frank,

---

S. Scherrer · E. Nagel (✉)
Institut für Betriebs- und Regionalökonomie, Hochschule Luzern, Luzern, Schweiz
E-Mail: erik.nagel@hslu.ch

S. Scherrer
E-Mail: sylvie.scherrer@hslu.ch

dass dieser nun per sofort CEO würde. Auch Marcel Obertüfer wird nicht vorgängig informiert. Alice nimmt Reissaus und macht eine schon geplante Weiterbildung. Als sie zurückkommt, gibt es gleich den ersten Eklat mit ihrem Bruder. Sie macht dem Vater klar, dass sie aus dem Unternehmen austreten werde. Voller Emotionen geht sie in die Berge. Dort erreicht sie der Anruf ihrer Mutter: Ihr Vater hat einen schweren Herzinfarkt erlitten. Zwei Wochen später sitzen die Eltern und die drei Kinder am Küchentisch zusammen mit einem externen Berater. Nun muss eine nachhaltige Nachfolgelösung gefunden werden.

Am Küchentisch
Petra seufzt, zuckt mit den Schultern und blickt ratlos ihre beiden Schwestern, Annelies und Alice, an. Was kann sie denn noch sagen? Julian, Petras Mann, hat nach einer Meinungsverschiedenheit mit seinem Schwiegervater Ludwig Grünthal angedroht, den Bettel hinzuwerfen. Der Anlass ist, dass Julian ganz andere strategische Vorstellungen hat als sein Schwiegervater, bei ihm aber nicht durchkommt. Seitdem die Differenzen zwischen Ludwig Grünthal und seinem Schwiegersohn bestehen, kann auch seine Tochter Petra ihrem Vater nichts mehr recht machen. Wie soll es jetzt weitergehen? Alice bringt das Problem nochmals zur Sprache:

> Ach Vater, sei doch nicht so stur. Bist du denn sicher, dass die Strategie von Julian so falsch ist? Ich weiss, dass es für dich sehr schwierig ist, das Unternehmen so grundlegend zu verändern. Aber bis jetzt lag Julian doch immer richtig mit seinen Markteinschätzungen. Vielleicht solltet ihr doch nochmals in Ruhe das Gespräch suchen?

Vater Grünthal schüttelt nur den Kopf. Natürlich wäre es ein schwerer Schlag für das Unternehmen, wenn Julian es nun wirklich verlassen würde. Doch bei den bestehenden Meinungsverschiedenheiten hat die weitere Zusammenarbeit keine Aussicht auf Erfolg.

Am Tag darauf ist es dann klar. Julian lässt seinen Schwiegervater wissen, dass er nicht länger für das Unternehmen tätig sei. Mit Petras Mann verliert das Unternehmen einen hervorragenden Leiter der Produktentwicklung. Bis vor ein paar Wochen hat Ludwig sich noch gut vorstellen können, dass Julian das Unternehmen einmal leiten würde. Doch Julians Strategievorschlag hat Ludwig gezeigt, dass er eben doch nicht der Richtige war.

Besorgt betrachtet Lena ihren Mann und ihre Kinder. Wenn dies nur gutgehen wird, denkt sie, die den geheimen Wunsch ihres Mannes kennt: Frank soll als angehender Ingenieur bald das Unternehmen in die Zukunft führen. Er studiert aktuell an der ETH Zürich. Lena weiss, ihr Mann ist davon überzeugt, dass es nur noch eine Frage der Zeit ist, bis Frank ins Familienunternehmen einsteigen würde. Sie selbst zweifelt jedoch daran, dass dieser Traum Ludwigs je in Erfüllung gehen würde. Schliesslich sitzt Frank auch heute wieder nicht mit ihnen am Tisch. Das Familienunternehmen interessiert ihn einfach nicht. Auch ist sich Lena nicht sicher, ob ihr introvertierter Sohn, der am liebsten stundenlang an seinem Computer tüftelt, wirklich die richtige Besetzung für die

Unternehmensführung wäre. Wenn ihr Mann nur nicht so an Frank als Nachfolger festhielte, sähe er vielleicht endlich, dass Alice viel mehr von seinem unternehmerischen Geschick geerbt hat. Lena steht vom Tisch auf: „Wer möchte einen Kaffee zum Dessert?"

ArthronTech
ArthronTech wurde 1965 in St. Margrethen von Ludwig Grünthal gegründet. Ludwig und seine Frau Lena betreiben eine kleine, international ausgerichtete Handelsfirma für Schweizer Qualitätswerkzeuge. Zur Zeit der Unternehmensgründung verfügten die beiden nur über ein kleines Startkapital, viele Ideen und den starken Willen, sich etwas Eigenes aufzubauen. Ludwigs Vater, ein angesehener deutscher Arzt, hatte sein Vermögen im Krieg verloren. So konnte Ludwig seinen Traum eines Studiums der Ingenieurwissenschaften nicht verfolgen. Obwohl er ein Gespür für den Handel hatte, gehörte sein Herz immer der Technik. Ludwig erkannte daher schnell das Potenzial des sich rasant entwickelnden Gesundheitsmarktes und investierte bald die Gewinne des florierenden Handels mit Präzisionswerkzeug in die Entwicklung von hochspezialisierten Operationsinstrumenten.

In den nächsten 30 Jahren hat sich die ArthronTech zu einem erfolgreichen und innovativen Unternehmen im Bereich der Medizintechnik mit rund 100 Angestellten und mehr als 60 Aussendienstmitarbeitenden in der ganzen Welt entwickelt. Ludwig hat in diesen Jahren ein hervorragendes Netzwerk aufgebaut, und bald ist die ArthronTech weltweit bekannt für ihre innovativen Produkte. 1990 ist ArthronTech immer noch zu 100 % im Besitz von Ludwig und Lena – besonders für Ludwig ist es wichtig, die volle Kontrolle über sein Unternehmen zu besitzen.

Die Unternehmerfamilie
Mit dem Unternehmen wuchs auch die Familie von Ludwig und Lena. Sie haben drei Töchter (Annelies, heute verheiratet mit Stefan, Petra, verheiratet mit Julian, und Alice) und einen Sohn (Frank). Während die Grossmutter die Kinder betreute, arbeitete Lena weiterhin mit im Unternehmen und ist dessen gute Seele. Sie übernahm nie eine aktive Rolle in der Unternehmensentwicklung, aber unterstützte Ludwig in allen Belangen – im Betrieb, aber auch zu Hause. Ludwigs Wunsch war nie ein Geheimnis: Er wollte schon immer, dass sein Unternehmen auch in der nächsten Generation im Besitz der Familie bleibt. Es sollte der Familie auch in Zukunft Arbeitsplatzsicherheit und Entfaltungsmöglichkeiten bieten. So war die ArthronTech für die Kinder Teil des Familienlebens. Als Kleinkinder spielten sie im Gebäude, während ihre Eltern noch Dinge erledigen, in den Ferien durften sie beim Versand der Produkte ihr Taschengeld aufbessern und später halfen sie im Büro aus. Man kannte die Kinder im Betrieb, und vor allem die drei Schwestern fühlten sich sehr wohl dort. So organisierten sie beispielsweise bereits als Jugendliche leidenschaftlich gerne den alljährlichen Firmenanlass der ArthronTech.

Auch während der Ausbildung waren die drei Töchter jeweils froh um die Chancen, die das Unternehmen des Vaters bot. Trotz ihres Bezugs zum Unternehmen zeigten sie jedoch wenig Interesse, darin zu bleiben. Ludwigs älteste Tochter Annelies studierte Medizin. Ludwig versuchte zwar immer wieder, ihren Mann, Stefan, ans Familienunternehmen zu binden, aber der verfolgte seinen Traum, Pilot zu werden. Ludwigs zweitälteste Tochter Petra, die Lehrerin, verliebte sich in der ArthronTech in den Produktentwickler Julian. Ludwig hielt viel von Julians Fähigkeiten und förderte ihn nach der Heirat mit seiner Tochter umso mehr. Er setzte grosse Hoffnungen in ihn. Doch dann kam das Zerwürfnis.

Die jüngste Tochter, Alice, war ein kleiner Freigeist und schaffte es immer wieder, dem Radar des Vaters zu entgehen. Nach ihrem Abschluss an der Handelsmittelschule wollte sie zuerst die Welt bereisen und danach Sport studieren. Deshalb bewarb sie sich erfolgreich als Deutsch- und Englischlehrerin in China beworben. Der ansonsten sehr strenge Vater liess sie, zum Erstaunen aller, ein ganzes Jahr dort verbringen.

Schon früh erkannte Ludwig die technische Begabung seines Sohns Frank und sah in ihm den geborenen Nachfolger – schliesslich sollte der Innovationsführer ArthronTech von einem Ingenieur in die Zukunft geführt werden. Bereits als Kind hatte Frank seine freien Nachmittage in der Entwicklungsabteilung verbracht und neue Geräte für seinen Vater erfunden. Doch dann entdeckte Frank seine Leidenschaft für Computer. Fortan verbrachte er immer mehr Zeit im Keller, wo er sich einen Computerraum eingerichtet hat; im Unternehmen sah man ihn nun kaum mehr. 1995 bestand Frank mit Ach und Krach die gymnasiale Matura. Für Ludwig war diese Zeit schwer – er verstand nicht, was Frank die ganze Zeit trieb. Wie konnte sein talentierter Sohn nur so seine Zeit verschwenden und so wenig Ehrgeiz an den Tag legen? Auch nach der Matura zeigte Frank keinerlei Interesse am Unternehmen, sondern begann im darauf folgenden Jahr sein Studium der Elektrotechnik und Informationstechnologie an der ETH Zürich. Trotz seiner Enttäuschung bestärkte Ludwig seinen Sohn in seiner Entscheidung – sicherlich wäre ein Informatikstudium sehr nützlich für das Unternehmen, denn auch vor der Medizintechnik macht die Digitalisierung nicht halt.

Alice
Nach über einem Jahr in China landet Alice 1996 mitten im Eklat zwischen ihrem Vater und Julian. Natürlich ist die Beziehung der beiden schon immer kompliziert gewesen. Julian sieht die Zukunft von ArthronTech in der Entwicklung von Operationsrobotern, die er in enger Zusammenarbeit mit der ETH Zürich und der Universität Basel vorantreiben will. Er hat über die Jahre schon gute Kontakte aufgebaut. Ihr Vater betrachtet dies als futuristische Spielereien und hält sowieso nicht viel von Forschungs- und Entwicklungsprojekten mit Universitäten. Er will sich in Zukunft noch stärker auf die unternehmensinterne Entwicklung von künstlichen Gelenken fokussieren. Nicht nur Julian verlässt das Unternehmen. Ludwig stellt auch gleich den Geschäftsleitungsassistenten, einen Absolventen der Universität Bern, frei. Dieser hat den Strategiewechsel von Julian mit vorbereitet.

Kurz darauf überrascht Ludwig seine Tochter Alice mit dem Angebot, die Position als seine Geschäftsleitungsassistentin per sofort zu übernehmen. Bereits während der

Handelsmittelschule hat sie als Sekretärin im Betrieb gearbeitet, und somit ist ihr die Arbeit nicht fremd – aber will sie das wirklich? Nach zwei Tagen Bedenkzeit sagt sie zu sich: „Was soll's. Ich habe im Moment keine andere Stelle und mein Studium beginnt erst in einem halben Jahr. Warum eigentlich nicht!"

Die Arbeit an der Seite ihres Vaters macht Alice mehr Freude als erwartet. Er bezieht sie in seine Entscheidungen mit ein und sie bekommt eigene kleine Projekte, für die sie ganz alleine verantwortlich ist. Bald entdeckt sie ihr Talent für Zahlen neu und will mehr lernen. So entscheidet sie sich nach drei Monaten im Familienunternehmen, anstatt Sport Betriebswirtschaftslehre an der Fachhochschule Nordwestschweiz zu studieren.

Ludwig freut sich, wie sehr sich seine Tochter für das Unternehmen engagiert. Als Alice ihr Studium mit viel Erfolg abschliesst, bietet er ihr mit grosser Freude die nächste betriebsinterne Herausforderung an. Bereits als Alice nach China gegangen ist, hat Ludwig begonnen, das Potenzial seiner Produkte auf dem chinesischen Markt abzuklären, und darum bietet er Alice im Jahr 1999 an, eine Niederlassung in China zu eröffnen. Alice, die mittlerweile ziemlich gut Kantonesisch spricht, führt alle dafür notwendigen Gespräche und Verhandlungen und eröffnet nur ein Jahr später die chinesische Niederlassung der ArthronTech in Guangzhou. Alice reflektiert diese Zeit:

> Diesen Standort so eigenständig aufzubauen, das war schon einzigartig. Ich war stets über mehrere Monate in China unterwegs, um zu schauen, wo unsere Konkurrenten und unsere Kunden lokalisiert sind. Gleichzeitig habe ich viele Gespräche geführt, um zu lernen, was es zu beachten gilt. Ein ganz wichtiges Thema für uns ist der Schutz des geistigen Eigentums. Wir mussten unbedingt sicherstellen, dass unsere forschungs- und entwicklungsintensiven Produkte nicht einfach kopiert werden. Vater hat mir da immer vertraut.

Drei Jahre später sitzt Ludwig lächelnd in seinem Büro. Er ist stolz, mit welchem Engagement Alice sich für das Unternehmen einsetzt, wie sie die Mitarbeitenden für sich gewinnt und wie gekonnt sie auch mit Zahlen jongliert. Die Niederlassung in China entwickelt sich viel schneller als geplant und wird in Kürze zu einem wichtigen Standbein des Unternehmens. Alice hat die darauf folgende Wahl in den Verwaltungsrat wirklich verdient.

Der Stillstand

> Herr Grünthal, Sie können so nicht weitermachen! Sie müssen kürzertreten. Ihr Körper macht das nicht mehr mit. Dieses Mal hatten Sie Glück, wenn Sie aber Ihren stressigen Lebensstil nicht ändern, ist der nächste Infarkt nicht weit.

Die klaren Worte des Arztes klingen in Ludwigs Ohren nach. Wie gerne würde er kürzertreten, wie gerne würde er seinen Körper schonen, aber wer soll denn seine Arbeit übernehmen? Sein Sohn Frank studiert nun bereits seit sechs Jahren an der ETH: „Es ist wie mit seinen Basteleien im Keller: Er bastelt und bastelt und keiner weiss, was er genau tut und wann er fertig ist", ärgert sich Ludwig.

Er hatte gehofft, dass das Studium den Sohn wieder näher an die Familie binden würde. Doch seit Frank in Zürich wohnt, hört Ludwig kaum mehr etwas von ihm. Zwar steht Frank immer mal wieder im Austausch mit seinen Schwestern, zeigt aber keinerlei Interesse am Familienunternehmen. Nur durch einen Geschäftskollegen hat Ludwig vor kurzem erfahren, dass Frank mittlerweile ein erfolgreiches Mitglied des ETH Entrepreneur Clubs ist. Angeblich entwickelt er – bereits seit dem Gymnasium – ein innovatives Computerprogramm und verkauft dieses erfolgreich an einen amerikanischen Investor. Ludwig ist zwar stolz auf diese Erfolge, aber er versteht Frank einfach nicht:

> Warum verschwendet er bloss sein Talent und seine Energie an solche Spielereien, wenn er doch die ArthronTech übernehmen könnte? Wer braucht denn schon diese Prögrämmchen? Und was hat er letztlich daraus gemacht? Jetzt tüftelt er doch bestimmt schon wieder an so einem Programm, anstatt das Studium abzuschliessen. Das ist doch lächerlich!

Vor sechs Jahren hat Ludwig seine ganze Hoffnung auf Frank gesetzt und seinen Schwiegersohn Julian einfach gehen lassen. Der Studienbeginn seines Sohnes hat ihn zu der Zeit ganz euphorisch gestimmt. Nun aber fragt er sich, ob er damals nicht die Chance für eine erfolgreiche, familieninterne Unternehmensnachfolge verspielt hat. Er kann einfach nicht mehr länger auf Frank warten.

Ludwig sieht daher keinen anderen Weg, als die operative Leitung – zumindest vorübergehend – an einen externen CEO abzugeben. Klar ist jedoch, dass sein Unternehmen von einem „Ingenieur" geleitet werden muss. Nur jemand mit einer grossen Affinität für Technik kann seine Vision verstehen:

> Auch wenn der neue CEO nicht für immer bleiben wird: Meine Freizeit kann ich nur geniessen, wenn ich weiss, dass das Unternehmen weiter in die Entwicklung von innovativen Hüftgelenken investiert.

Ohne die Zügel jemals abzugeben, testet Ludwig in den nächsten drei Jahren einen Ingenieur nach dem anderen. Doch keiner macht die Arbeit so gut, dass Ludwig sich wirklich entspannt.

Währenddessen hält Alice diese Situation kaum aus. Auf der einen Seite steht ihr Vater nach wie vor an der Spitze des Unternehmens, doch obwohl er keine strategischen Entscheidungen mehr treffen will, zieht er sich auch nicht wirklich zurück. Auf der anderen Seite steht der jeweilige CEO, der letztlich immer im Schatten des Patrons steht und kaum Entscheidungskompetenzen zugesprochen bekommt. Alice erkennt bald, dass ihr Vater zwar fachlich fähige Ingenieure für das Unternehmen gewinnt, aber niemals einen entscheidungsfreudigen Unternehmer mit Biss und Vision rekrutiert. Ludwig will offenbar nichts aus der Hand geben und die Kontrolle behalten.

Das Unternehmen manövriert sich in einen Stillstand. Und so schlummert die ArthronTech vor sich hin, bis Alice eingreift. Sie will nicht länger zusehen und wendet sie sich an ihre Mutter:

Wir müssen etwas ändern! Wenn er sich nicht bald für einen fähigen CEO entscheidet, verpassen wir den Anschluss. Kannst nicht du mal mit ihm sprechen? Ich habe ja nichts gegen Ingenieure, aber wir brauchen einen Leader, Tüftler haben wir schon genug!

Lena muss über die Aussage ihrer Tochter schmunzeln. Ihr ist klar, dass Alice sich einen Betriebswirt wünscht. Sie weiss auch, dass ihre Tochter recht hat: Der Erfolg von ArthronTech liegt nicht zuletzt am unternehmerischen Geschick ihres Mannes. Aber sie weiss auch, dass ihr Mann dies nicht so sieht.

Der externe CEO
Diskret bringt sich Lena auf Wunsch ihrer Tochter in die Rekrutierung eines neuen CEO ein. Im Stapel der eingegangen Bewerbungen findet sie tatsächlich einen Kandidaten, Marcel Obertüfer, dessen CV vielversprechend klingt. Er ist Ingenieur und hat während seiner Zeit als Manager in einem Schweizer Grossunternehmen einen MBA absolviert. Diesen Kandidaten präsentiert Lena ihrem Mann geschickt. Glücklicherweise verläuft dann auch das Gespräch zwischen Ludwig Grünthal und Marcel Obertüfer im Herbst 2004 gut, und kurz darauf verkündet Ludwig seiner Familie stolz, einen erfolgreichen Ingenieur für den Posten des CEO gefunden zu haben. Marcel Obertüfer überzeugt auch die gesamte Familie und den restlichen Verwaltungsrat. Lena ist zufrieden. Denn wieder einmal ist es ihr gelungen, auf unauffällige Art eine gute Lösung herbeizuführen. Auch Ludwig ist erleichtert, dass Marcel Obertüfer auf sein Angebot eingegangen ist. Schliesslich übernimmt dieser die operative Führung des Unternehmens. Die Familie entscheidet jedoch, dass er nicht Verwaltungsratsmitglied werden soll. Zudem überträgt Ludwig Alice die Zuständigkeit für die Finanzen sowie die Administration und befördert sie dadurch in die Geschäftsleitung. So bleibt immerhin ein zentraler Bereich der operativen Leitung in der Familie. Ludwig selbst ist von nun an nur noch für sogenannte Spezialtransaktionen verantwortlich – das heisst für bedeutende, enge Kundenbeziehungen. Ihm ist es besonders wichtig, diese Kontakte in der Familie zu behalten: „Ich möchte eigentlich nicht, dass da ein Fremder einfach diese guten Beziehungen übernehmen kann", erklärt er.

Mit der Zeit gefällt Ludwig seine neue Position immer besser. Schnell sieht er ein, wie gefährlich das ‚Warten' der letzten Monate für sein Unternehmen gewesen ist. Er freut sich gar zu sehen, wie das Unternehmen unter Obertüfers Führung wieder neuen Aufwind bekommt. Endlich nimmt er sich auch mehr Zeit für Lena und sich selbst. Neuerdings müssen sich die geschäftlichen Termine nach seinen Golf- und Angelplänen richten.

Auch Alice schätzt zuerst die Professionalisierung, die mit Marcel Obertüfer ins Familienunternehmen einzieht. Sie trimmt die Finanzbuchhaltung auf einen modernen Standard, vereinfacht interne Planungsprozesse und führt erste HR-Prozesse ein. Alice spürt, wie gut dieser frische Wind dem Unternehmen tut, will aber auch in strategischen Belangen mitsprechen. Doch obwohl sie Teil der Geschäftsleitung ist, werden immer wieder Entscheidungen ohne sie gefällt. Obertüfer hat zum Beispiel einen wichtigen Entscheid zur Weiterentwicklung des chinesischen Marktes direkt mit ihrem Vater besprochen. Dabei kennt sie doch den chinesischen Markt wie kein anderer. Warum bespricht Obertüfer diese Entscheide nicht auch mit ihr? Alice wird zusehends unzufrieden mit der Situation und hat immer stärker das Gefühl, Marcel Obertüfer übergehe sie. „Marcel ist so auf meinen Vater ausgerichtet", klagt sie bei Andrian Kowalski, dem Entwicklungsingenieur. „Er ist der Einzige, den er miteinbezieht. Uns beide lässt er einfach beiseite."

Nach Ludwigs Ausstieg besteht die Geschäftsleitung aus Marcel Obertüfer (CEO), Andrian Kowalski (Forschung und Entwicklung), Florian Wolf (Leiter Verkauf und Marketing), Sandro Pietino (Leiter Produktion) und Alice (Finanzen und Administration). Sie ist jetzt bereits seit 10 Jahren bei ArthronTech und sitzt in der Geschäftsleitung und im Verwaltungsrat. Sie weiss, dass ArthronTech ihre berufliche Heimat ist – hier will sie auch Karriere machen:

> Ich bin nicht nur die „Tochter", die man zur Seite schieben kann. Ich werde eines Tages die Inhaberin dieses Unternehmens sein.

Seit Jahren setzt sie sich für das Unternehmen ein, und sie hat keine Lust, jetzt hintenanzustehen. Sie beginnt, ihren Vater darauf aufmerksam zu machen, wo es gerade nicht läuft und welche Ideen sie und Andrian Kowalski für die Zukunft haben. Mit viel Energie und Enthusiasmus versucht sie, ihrem Vater immer wieder aufzuzeigen, wie gut das Führungsteam auch ohne Marcel Obertüfer aufgestellt ist.

Ludwig ist irritiert. Er versteht nicht, weshalb seine Tochter den CEO plötzlich absetzen will. Für ihn läuft das Geschäft im Moment sehr gut. Ausserdem steht er wieder mit Frank in Kontakt und weiss, dass es nicht mehr lange dauern wird, bis dieser ins Unternehmen eintritt. „Also, wozu die Eile", denkt er sich und lässt Alices Einwände und Vorschläge an sich abprallen.

Der Einstieg
Nachdem Alice fast drei Monate lang versucht hat, ihren Vater mit guten Argumenten und Geschäftsstrategien von ihren und Andrian Kowalskis Ideen zu überzeugen, muss sie sich schliesslich ein anderes Vorgehen überlegen. Immer häufiger erfährt sie erst im Nachhinein von bilateralen Treffen zwischen Marcel Obertüfer und anderen Geschäftsleitungsmitgliedern. Alice hat immer mehr das Gefühl, absichtlich hintergangen zu werden. Nach reiflichem Überlegen beschliesst sie daher, ihrem Vater ein Ultimatum zu stellen: Entweder Marcel Obertüfer oder Alice. Andrian Kowalski, ihrem Verbündeten im Unternehmen, erzählt sie allerdings nichts von diesem Entscheid – das ist eine Familienangelegenheit. Alice nimmt allen Mut zusammen und geht schliesslich zu ihrem Vater ins Büro.

„Gut, bist du hier", begrüsst Ludwig seine Tochter, „wir haben gerade die Verträge unterschrieben, komm und stoss mit uns an." Alice trifft fast der Schlag, als sie sieht, wer strahlend neben ihrem Vater steht: Frank. Er kommt auf sie zu und umarmt sie lachend: „Schwesterherz, das ist eine tolle Überraschung, oder? Jetzt werde ich hier übernehmen und du wirst endlich wieder mehr Zeit für deinen Sport haben." Alice dreht sich um und schlägt die Türe hinter sich zu.

In den nächsten drei Wochen spricht sie kein Wort – weder mit Ludwig noch mit Frank. Sie ist heilfroh, dass sie bald für den zweiten Teil ihrer Weiterbildung für Nachfolgerinnen und Nachfolger von Familienunternehmen in die USA reisen kann. Dann wird sie vielleicht etwas Zeit haben, um über ihre Situation und ihre Zukunft nachzudenken. Im Moment ist sie einfach nur wütend.

Auch Marcel Obertüfer ist entsetzt. Obwohl die zukünftige Rolle von Frank noch nicht ganz klar ist, ist er als CEO völlig übergangen worden. Ludwig hat ihn ins Aus manövriert. Unter diesen Bedingungen sieht er keine Zukunft mehr für sich. Per Monatsende reicht Marcel seine Kündigung ein.

Unter Gleichgesinnten
Alice joggt wieder mal am Ufer des Lake Michigan und denkt an die intensiven Gespräche der letzten beiden Wochen während ihrer Weiterbildung. Sie hat viel über das besondere Konfliktpotenzial in Familienunternehmen gelernt. Die Schnittstelle zwischen Familie und Unternehmen löst gerade in Zeiten der Nachfolgeregelung viele Emotionen aus. Als sie vor zwei Wochen für ihre Weiterbildung an der renommierten Business School angekommen ist, war sie in der Tat enttäuscht und wütend gewesen. Sie wollte alles fallen lassen und aus dem Unternehmen aussteigen. Dann lud ihre Professorin sie und vierzehn weitere Teilnehmende zu einer Fokusgruppendiskussion ein. Sie alle sind in der Geschäftsleitung ihres jeweiligen Familienunternehmens und sie alle sind eigentlich nicht als Nachfolger/in des jetzigen Firmenchefs/der jetzigen Firmenchefin vorgesehen. Mary, die Schwiegertochter, führt bereits seit fünf Jahren erfolgreich das Bauunternehmen der Familie und kämpft immer noch um Anerkennung. Johan rettet seit sechs Jahren immer wieder das familieneigene Modeimperium vor den Exzessen seines älteren Bruders, und dennoch steht dessen Position als CEO nie zur Debatte. Während dieser Gespräche erkennt Alice, dass ihr Vater nicht so leicht von seiner Vorstellung von Frank als Nachfolger loslassen kann. Getrieben von seinem Wunsch, das Familienunternehmen an seinen Sohn weiterzugeben, kann ihr Vater nicht erkennen, wie ungerecht der plötzliche Einstieg von Frank auf sie wirkt.

Motiviert durch den Austausch mit ihrer Professorin und ihren „Leidensgenossen" kehrt Alice nach Hause zurück, um das Gespräch mit ihrem Vater zu suchen. Sie will nicht aufgeben – schliesslich hat sie die letzten 10 Jahre ihres Lebens in die ArthronTech investiert.

Alles neu?
Am Montag kehrt Alice voller Elan zurück ins Büro. Sie freut sich, nach den letzten Wochen der Wut und der Verzweiflung nun aktiv mit ihrem Vater an einer Lösung zu arbeiten. Als Alice aber in ihre Abteilung tritt, traute sie ihren Augen nicht: Ihr gesamtes Team sitzt vor brandneuen I-Macs. Ihre Assistentin lächelt sie begeistert an: „So schöne, elegante Geräte, Alice! Das ist gar kein Vergleich mit unseren alten Kisten." Dann schaut

sie etwas zerknirscht zu Alice und erzählt, dass die Geräte zwar sehr schön und schnell seien, aber leider nicht kompatibel mit dem alten Buchhaltungsprogramm. Seit zwei Wochen werden deshalb keine Rechnungen mehr ausgestellt. Alice kann es nicht fassen:

> Was denkt der sich bloss?

Während der letzten Monate hat sie sorgfältig alle Schnittstellen definiert und steht kurz vor der Implementierung eines neuen Computersystems inklusive passender neuer Hardware. Diese sorgfältige Planung ist wichtig, um eben solche Debakel zu vermeiden. Wutentbrannt stürmt Alice in das neu eingerichtete Büro ihres Bruders. Konfrontiert mit ihren Vorwürfen, antwortet Frank nur salopp, dass Alice ja keine Ahnung von IT habe. Dass er keine Ahnung von Finanzbuchhaltung hat, scheine allerdings keinerlei Problem zu sein, entgegnet sie ihm. Auch für den Verwaltungsrat scheint dies kein Problem zu sein: Er hat kurzerhand in ihrer Abwesenheit den Kauf dieser teuren Geräte autorisiert.

Immer noch in Rage beruft Alice noch am Donnerstag eine ausserordentliche Verwaltungsratssitzung ein und lädt auch ihren Bruder ein. In dieser Sitzung skizziert Alice den Vorfall aus ihrer Sicht und stellt ein für alle Mal klar:

> Vater, ich verstehe, dass du Frank als deinen Nachfolger gewählt hast. Aber ich bin nicht bereit, mich hier zum Clown zu machen. Ich engagiere mich nicht als GL-Mitglied und Verwaltungsrätin, während ihr weitreichende Entscheide über meinen Kopf hinweg fällt. Entweder ich bin ein gleichwertiges Mitglied der Geschäftsleitung und des Verwaltungsrates und werde in wichtige Entscheide einbezogen, oder ich trete aus dem Unternehmen aus. Ich nehme mir nun eine Auszeit, bis ihr euch arrangiert habt und zu einem klaren Entscheid gekommen seid, wie es weitergehen soll. Mit mir oder ohne mich.

Der Anruf
Nach der Verwaltungsratssitzung fährt Alice direkt in die Berge, um zur Ruhe zu kommen. Sie ist wütend, traurig und enttäuscht, dass es zu diesem Ultimatum hat kommen müssen. Warum gibt es nicht Platz für Frank und sie? Warum nimmt ihr Vater sie auch nach zehn erfolgreichen Jahren nicht ernst? Warum denkt er, dass er auf sie verzichten könne zugunsten von Frank, der sich bisher nie für das Unternehmen engagiert hat? Doch Alice ist auch erleichtert. Sie hat ihre Bedingungen klar kommuniziert. Jetzt liegt der Ball bei ihrem Vater und Frank.

Am Sonntagnachmittag um 15:30 Uhr klingelt Alices Handy. Es ist ihre Mutter – ihr Vater hat vor einer Stunde einen schweren Herzinfarkt erlitten. Glücklicherweise erholt Ludwig sich gut und rasch, dennoch will er nun zügig zu einer definitiven Nachfolgelösung kommen.

Zwei Wochen später sitzen Ludwig, Lena, Annelies, Petra, Alice und Frank mit einem externen Berater zusammen. Die Konflikte der letzten Zeit haben Ludwig gezeigt, dass seine Familie nun externe Unterstützung braucht, um den Nachfolgeprozess gut zu lösen. Das Wichtigste ist ihm, dass das Unternehmen weiter bestehen kann und die Unternehmung in den Händen der Familie bleibt. Er hofft, dass sie nun zu einer tragfähigen Lösung kommen können.

Leitfragen zur Diskussion

1. Beschreiben und interpretieren Sie die Entwicklung des Unternehmens ArthronTech und das Selbstverständnis des Gründers Ludwig Grünthal.
2. Beschreiben Sie die persönliche und berufliche Entwicklung von Alice und Frank und die jeweilige Motivlage in Bezug auf die Unternehmung.
3. Beschreiben Sie die Familienmitglieder und deren Hintergründe und deuten sie deren Rollen in der Familie, die sie sich selbst zuschreiben und die ihnen zugeschrieben werden.
4. Welche Erwartungen hat Ludwig Grünthal an einen von ihm eingesetzten externen CEO, und wie lassen sich diese Erwartungen begründen? Sind sie als sinnvoll oder angemessen zu bezeichnen? Was sieht Ludwig Grünthal und was fällt ihm nicht auf?
5. Wie erlebt Alice die Phase, nachdem Marcel Obertüfer als CEO eingesetzt wird, und wie erlebt sie die sich verändernde Beziehung zu ihrem Vater, zu Obertüfer und zum Familienunternehmen?
6. Wie lässt es sich erklären, dass Frank – für alle überraschend – eines Tages vom Vater zum CEO erkoren wird, und wieso reagiert Alice auf diese Weise auf die Entscheidung und deren Mitteilung?
7. Was nimmt Alice sich vor, als sie aus ihrer Weiterbildung zurückkommt, wie nimmt sie dann die Erneuerung der IT-Infrastruktur wahr und wie lässt sich ihr anschliessendes Auftreten im Unternehmen verstehen?
8. Wie könnte oder sollte es nach dem schweren Herzinfarkt des Vaters weitergehen? Wie würden Sie als externe/r Berater/in konkret vorgehen?

Kurz vor Weihnachten

15

Erik Nagel

Zusammenfassung
Pascal Gisin ist genau die richtige Person für die Einführung einer Business-Communication-(BC)-Lösung im Kanton St. Bünden, weil er genau in diesem Bereich viele praktische Erfahrungen vorweisen kann. Es wird eine Projektorganisation auf die Beine gestellt, damit die Besonderheiten aller Departements berücksichtigt werden können. Das Vorhaben soll problemlos, speditiv und professionell über die Bühne gebracht werden. Am 20. November wird eine kurze E-Mail verschickt, in der auf die Einführung am 15. Januar hingewiesen wird; und am 20. Dezember eine weitere E-Mail, in der differenziert und präzise über die Einführung der BC-Lösung informiert wird. Es gibt einzelne Rückmeldungen, dass die Information am 20. Dezember deutlich zu kurzfristig gewesen sei – offensichtlich erinnern sich viele gar nicht an die Nachricht vom 20. November. Die Meinungen und der Informationsstand zum Vorhaben sind ausgesprochen heterogen. Die einen freuen sich auf den technologischen Fortschritt, andere wollen einfach wieder einen „Telefonhörer" und stellen dann bei der Bestellung fest, dass es diese gar nicht gibt, obwohl das versprochen gewesen sei. Einzelne technologische Neuerungen werden grundsätzlich abgelehnt, sehr geschätzt oder führen zu neuen Konflikten. Das meiste dieser Rückmeldungen aus dem Alltag bekommt die Projektleitung gar nicht mit. Als Pascal Gisin auf das Projekt zurückschaut, tut er das voller Genugtuung und mit grossem Tatendrang für die Einführung neuer IT-Projekte.

---

basierend auf einer studentischen Arbeit von Martina Bühler, Patricia Duckeck, Franziska Luginbühl, Nadine Oechslin.

E. Nagel (✉)
Institut für Betriebs- und Regionalökonomie, Hochschule Luzern, Luzern, Schweiz
E-Mail: erik.nagel@hslu.ch

© Springer Fachmedien Wiesbaden GmbH, ein Teil von Springer Nature 2019
E. Nagel und I. Stolz (Hrsg.), *Organisationalen Wandel gestalten*,
https://doi.org/10.1007/978-3-658-27129-9_15

Ein grosser Schritt in Richtung neuer Kommunikationskultur
Der Kanton St. Bünden hat am 2. Dezember 2013 eine neue Informations- und Kommunikationstechnik-Strategie beschlossen. Eine daraus resultierende Massnahme ist die Umstellung der traditionellen Festnetztelefonie auf „Business Communication" (BC): „Endlich weg von diesem komplizierten Festnetztelefon", sagen die einen. Die anderen ärgern sich, dass nun wirklich alles über den Computer laufen muss: „Da soll mir einer weismachen, dass das einfacher wird."

Es wird ein Projektleiter für die Einführung von BC gesucht und mit Pascal Gisin gefunden. Er beginnt seine Tätigkeit als Teamleiter in der IT-Abteilung des Kantons und im August 2014 als Projektleiter des BC-Projektes. Seine Ernennung ist quasi eine Garantie für einen Projekterfolg. Die Vorgesetzten seiner vorherigen Arbeitsstelle, ein multinationales Unternehmen, überschütten ihn mit Lob und Anerkennung. Pascal Gisin hat dort über zwei Jahre einen internationalen Rollout von BC initiiert, organisiert und nachweislich mit Erfolg umgesetzt. Die Tätigkeit im Unternehmen ist jedoch immer wieder mit weiten dienstlichen Reisen verbunden gewesen. Im Juli 2014, also kurz bevor er Vater wird, übernimmt er die neue Stelle beim Kanton. Er will seine junge Familie miterleben und deshalb auch nur noch 80 % arbeiten. Dafür nimmt er neben dem Wechsel zum Kanton eine nicht unerhebliche Gehaltseinbusse hin. Der Kanton ermöglicht ihm die Teilzeitanstellung.

Pascal ist aus seiner vorherigen Tätigkeit klar, dass er die Mitarbeitenden von BC und dessen Funktionen überzeugen muss. Sie müssen ihre Kommunikationsgewohnheiten ändern, können aber auch neue Kommunikationsmöglichkeiten nutzen:

> Eigentlich ist es ja so, dass sich hier die Kommunikationskultur von Grund auf verändert.

Über seine bisherige Projekterfahrung hat er gelernt, dass es technisch affinere und weniger affine Menschen gibt. Diese Erkenntnis will er in diesem Projekt berücksichtigen. Er ist davon überzeugt, dass das neue Telefoniesystem einen enormen Zusatznutzen für den einzelnen Mitarbeitenden, aber auch für die Arbeitsteams bringt. So sollen künftig alle Mitarbeitenden die Videokommunikation nutzen und mehrere Arbeitskollegen gleichzeitig via Desktop-Sharing ein Dokument besprechen und daran arbeiten können. Zudem würden durch die Verknüpfung mit dem Arbeitskalender die Präsenz am Arbeitsplatz und die Verfügbarkeit der Mitarbeitenden sichtbar gemacht. Mitarbeitende sollen so leichter erreichbar sein. Doch BC hat auch einen Nutzen für das Unternehmen – die Kosten für Kommunikation würden stark gesenkt werden.

Um die Heterogenität der Departemente zu berücksichtigen und die reibungslose Umsetzung zu gewährleisten, wird in jedem der sieben Departemente ein Verantwortlicher oder eine Verantwortliche definiert, der oder die Mitglieder des von Pascal Gisin geleiteten BC-Projektteams werden. Für den Projektverantwortlichen des Volkswirtschaftsdepartementes, Pirmin Zuberbühler, ist die BC-Einführung eines von vielen Projekten, das er „nicht zu hoch hängen" will:

Wir hatten ja keine Wahl. Es ist ein Rollout-Projekt. Die Hoheit hat die IT-Steuerungsgruppe des Kantons. Ob ich es gut finde oder nicht, wir mussten es einfach umsetzen. Jetzt kann man sich fragen: „Setzen wir es gut um oder weniger gut?" Ich bin schon von der Sorte Mensch, der das, wenn schon, dann gut umsetzen will.

Irgendwas rund um das Telefonieren wird irgendwie anders
Einige Mitarbeitende bekommen aber schon vor Projektstart „irgendwie" mit, dass ein neues Telefoniesystem eingeführt würde und dass das dann „irgendwann" passieren würde. Zumeist wird dann in den Pausen kurz darüber gesprochen, wie hier zwischen zwei Mitarbeiterinnen im Gesundheitsdepartement.
Julia Zbinden fragt ihre Kollegin Angela:

Ich habe gehört, dass es ein neues Telefon gibt. Ist das Voice-over-IP?

Angela bestätigt und fragt zugleich:

Ja, habe ich auch gehört. Was ist Voice-over-IP eigentlich?

Julia hat eine vage Ahnung:

Da wird irgendwie über das Internet telefoniert.

Auf Angelas Frage, ob sie das betreffe, kann Julia jedoch keine Antwort geben.
Zwischen zwei Mitarbeitenden des Departements Wirtschaft und Bildung entsteht folgender Dialog:
Gusti fragt Peter, ob er auch schon gehört habe, dass es ein neues Telefoniesystem geben wird. Peter weiss von nichts und fragt zurück, woher Gusti das habe. Der antwortet:

Weiss ich nicht mehr so genau. Ist ja auch nicht wichtig.

Peter will sich mit der Antwort nicht zufriedengeben und betont, dass er es schon wissen wolle, wenn ihm das Telefon weggenommen würde. Gusti beschwichtigt ihn:

Nein, man wird dir dein Telefon nicht wegnehmen. Es wird ein neues Telefoniesystem geben. Das ist was anderes.

Peter ist etwas beruhigt und das Gespräch nimmt eine andere Richtung:

Von mir aus. Was auch immer das sein soll. Aber auf mein Telefon verzichte ich sicher nicht. Wie geht's eigentlich deinem Sohn? Du musstest doch am letzten Freitag zu Hause bleiben …

Oder zwei Mitarbeitende sprechen im Präsidialdepartement darüber. Vinzenz stellt fest, dass er sich auf die neue IT-Telefonie freue. Er habe das von einem Freund gehört. Man könne damit extrem rasch jemanden anrufen und man brauche dafür kein Telefon mehr – man könne das direkt über den Computer machen. Sein Arbeitskollege Urs bestätigt, dass er auch davon gehört habe und es auch gut finde; dass es aber auch zur Folge habe, dass der Computer immer an sein müsse. Vinzenz antwortet daraufhin:

> Ich vermute, ja. Aber dann muss man nicht mehr die Telefonnummer raussuchen. Ich denke, dass das dann mit den Adressen im Outlook direkt verbunden ist.

Beide befinden dann, dass das „gut und praktisch" sei. Auf die Nachfrage von Urs, wann das neue System eingeführt werde, kann Vinzenz dann aber keine Auskunft geben; er habe es nur über seinen Teamleiter gehört und der habe das auch nur irgendwo aufgeschnappt.

So spricht man in der kantonalen Verwaltung St. Bünden immer mal wieder am Rande über die Einführung eines neuen Telefoniesystems.

Konstant und umfassend über alles informieren
Zwischen dem BC-Projektteam und der IT-Steuerungsgruppe des Kantons wird eine Reihe von Massnahmen festgelegt, um das Vorhaben problemlos, speditiv und professionell durchzuführen. Eine Massnahme besteht in der „konstanten Kommunikation über den Stand der Umstellung und die nächsten Schritte".

Am 20. November 2015 erfolgt eine kurze Intranet-News, die allerdings nur 35 % der Belegschaft liest – das kann man durch eine Auswertung der Klickraten genau ermitteln. Doch auch schon vorher und nachher bekommt ein Grossteil der Mitarbeitenden etwas davon mit. Allerdings kommen die Informationen dann häufig nicht wirklich präzise bei ihnen an, wie die folgenden Aussagen zeigen:

> Ich habe gehört, dass wir neue Telefone bekommen.
> Offenbar werden die Telefonapparate abgeschafft und wir können dann nur noch über den Computer telefonieren – ähnlich wie Skype.
> Telefonieren heisst: Telefonapparat und Telefonhörer. Ohne diese beiden Dinge kann man gar nicht mehr telefonieren. Sonst schreibe ich halt Mails oder gehe bei den Leuten vorbei. Was ist denn das nur für ein Quatsch?
> Endlich Internet-Telefonie und moderne Kommunikationsinstrumente. Das wurde auch wirklich mal Zeit.

Am 20. Dezember 2015 verschickt Pascal Gisin zusammen mit den jeweils zuständigen Projektverantwortlichen der Departemente folgende Informationsmail an alle Mitarbeitenden der kantonalen Verwaltung:

E-Mail: Umstellung auf Business Communication

Von: Pascal Gisin
Gesendet: Dienstag, 20. Dezember 2015, 10:00 Uhr
An: Alle Mitarbeitende der kantonalen Verwaltung St. Bünden

Betreff: Umstellung auf Business Communication (BC) per 15. Januar 2016

Sehr geehrte Damen und Herren,
sehr geehrte Mitarbeitende des Justizdepartements!

In einzelnen Unternehmen und kantonalen Verwaltungen wird mittlerweile nicht mehr mit dem klassischen Telefonapparat, sondern mit einem Kopfhörer telefoniert.

Die positiven Erfahrungsberichte und der positive Effekt auf die Kommunikationskultur haben den Regierungsrat davon überzeugt, Business Communication (BC) in der kantonalen Verwaltung St. Bünden einzuführen. Die neue Technologie wird am Donnerstag, 15. Januar 2016, eingeführt.

Nachfolgend erhalten Sie wichtige Informationen zu Business Communication (BC) und zum Einführungskonzept. Bitte nehmen Sie sich für diese Erläuterungen kurz Zeit. Das Allerwichtigste in Kürze findet sich zusätzlich im angehängten Dokument „Business Communication Eckdaten".

1. *Zu Business Communication*
Business Communication ist eine integrierte Kommunikationslösung mit einem grossen Nutzungsspektrum. Das System bietet nicht nur Telefonie, sondern auch Funktionalitäten wie Telefonkonferenzen, Instant Messaging/Chatten oder auch das „Teilen eines Bildschirms", um zum Beispiel ein Dokument gemeinsam zu bearbeiten. Business Communication unterstützt zudem ortsunabhängige Anrufe und trägt durch die direkte Anbindung an Outlook zur Effizienz und Mobilität im Alltag bei. Die Technologie ist auch ökonomisch sinnvoll, weswegen sie bereits in vielen Unternehmen Einzug gehalten hat.

2. *Anleitungen/Ansprechpersonen*
Über die Intranet-Seite des Support Centers gelangen Sie zu allen notwendigen Informationen, insbesondere empfehlen wir Ihnen die Quick-Start-Anleitung und die Online-Hilfe.

3. *Info-Veranstaltungen*
Wie am 20. November 2015 im Intranet bereits angekündigt, findet pro Departement eine einstündige Info-Veranstaltung statt. Diese ist fakultativ und wird in den jeweiligen Departementen durchgeführt. Folgende Termine stehen zur Auswahl:
[konkrete Termin- und Ortsangaben]
Eine Anmeldung ist nicht notwendig.

4. *Headset/Kopfhörer*
Bei Business Communication wird das bisherige Tischgerät mit Hörer ersetzt. Es gibt insgesamt vier Ausführungen: als Mono- oder als Stereokopfhörer, als Mono-Kabellos-Headset (für Personen, die oft unterwegs sind) sowie als kabelloser Telefonhörer mit Dockingstation. Der Regierungsrat sowie die Projektsteuerung und –leitung empfehlen, keinen klassischen Telefonhörer

(mit Dockingstation) zu bestellen, um die neuen Kommunikationsmöglichkeiten vollauf auszuschöpfen. Informationen zu den Modellen finden Sie im Intranet. Damit wir Ihnen Ihr bevorzugtes Modell rechtzeitig liefern können, bitten wir Sie, dieses bis Freitag, 4. Januar 2016 hier zu bestellen. Ihr Modell wird anschliessend Ihrem Institutssekretariat geliefert, wo Sie es ab Freitag, 8. Januar 2016, abholen können.

Wichtiger Hinweis für Mac-User

Das kabellose Headset (Mono-Kabellos) funktioniert im Zusammenspiel mit Mac-Computern nicht zufriedenstellend. Mac-Anwender/innen sollten auf ein kabelgebundenes Headset ausweichen.

5. *Software-Installation*

In nächster Zeit wird Ihrem Computer die nötige Software zugewiesen. Wenn dies erfolgt ist, erhalten Sie eine entsprechende Installationsanweisung. Die erfolgreiche Installation der Software lässt sich bei Windows-Geräten einfach überprüfen, indem Sie auf den Start-Button klicken und unter „Alle Programme" den Eintrag „Business Communication" suchen. Sollte dieser Eintrag bis Montag, 13. Januar 2017, nicht erscheinen, melden Sie dies bitte bei der IT-Hotline.

6. *Nicht von der kantonalen Verwaltung gemanagte Computer*

Sollten Sie Ihren Computer selbst managen, bitten wir Sie, bis zum 13. Januar 2016 die erforderliche Software (inkl. Zertifikate) via diesem Portal zu beziehen.

7. *Betriebsunterbrechung*

Infolge der Umstellung ist das Telefonieren am 15. Januar 2016 von 10:00 bis 13:00 Uhr nicht möglich. Ab 13:00 Uhr steht Business Communication zur Verfügung. Die Kolleginnen und Kollegen der IT-Abteilung werden vor Ort sein und für Fragen zur Verfügung stehen. Während der Unterbrechung werden eingehende Anrufe auf die IT-Hotline umgeleitet.

Hinweis: Wenn Sie das Headset an den Computer anschliessen, sollten Sie die Installation des Treibers abwarten, bevor Sie anschliessend Business Communication starten (Start-Button –> „Alle Programme" –> Eintrag „Business Communication"). Dieser Vorgang ist einmalig, danach wird Business Communication jeweils automatisch starten.

8. *Umleitungen bei Abwesenheit*

Bitte beachten Sie bei Abwesenheiten die zahlreichen Weiterleitungsmöglichkeiten, die Business Communication anbietet, so etwa das Einrichten der Voicemail und das Umleiten auf andere Mitarbeitende.

Ich hoffe, Ihnen mit diesen Informationen gedient zu haben, und wünsche Ihnen bereits jetzt viel Freude mit Business Communication. Bei Fragen stehen wir Ihnen jederzeit gerne zur Verfügung.

> Freundliche Grüsse
> Pascal Gisin, Projektleiter Business Communication
> Urs Seiler, Projektverantwortlicher Justizdepartement

Es läuft gut, aber nicht völlig reibungslos
Es gehen nur wenige Reaktionen bei Pascal Gisin und den jeweiligen Projektverantwortlichen ein. In den einzelnen Rückmeldungen von Kaderpersonen wird darauf hingewiesen, dass die E-Mail-Information zu kurz vor Weihnachten erfolgt sei und der Zeitraum für die Bestellung „suboptimal" und „zu kurzfristig" sei. Einige Mitarbeitende seien dann schon in den Ferien und viele andere seien in den letzten Zügen und schlössen ihre Projekte oder Arbeiten in der Regel unter Hochdruck ab. Andere Rückmeldungen gehen weiter und argumentieren, dass eine umfassende und komplexe E-Mail zu einem Supportthema so kurz vor Weihnachten schlichtweg unangemessen sei. Der Zeitraum für die Rückmeldung falle in die übliche zweiwöchige Ferienphase; einige Mitarbeitende könnten gar nicht in diesem Zeitraum antworten.

Pascal Gisin und die Projektverantwortlichen der Departemente sprechen sich bezüglich der Antworten auf die Fragen der Mitarbeitenden ab. Sie antworten wie folgt:

> Wir danken Ihnen für Ihre Reaktion auf unsere E-Mail-Kommunikation zu Business Communication. Wir verweisen darauf, dass schon am 20. November via Intranet über die Einführung von Business Communication vollumfänglich informiert wurde. Erste positive Rückmeldungen zeigen, dass die Informationen bei den Mitarbeitenden der kantonalen Verwaltung angekommen sind. Es sind auch schon einige Bestellungen bei uns eingetroffen. Wir liefern an die entsprechenden Stellen in den Departementen neben den bestellten Kopfhörern und Headsets eine zusätzliche Anzahl an Geräten. Wir hoffen, so die Situation aufzufangen.

Vereinzelt hört man Stimmen von Mitarbeitenden wie die folgenden:

> Hätte man das nicht anders planen können?
> Ich habe mich daran gewöhnt, dass die Dinge hier schlecht laufen.

Andere regen sich darüber auf, dass manche an allem herummäkelten:

> Genauer kann man nun wirklich nicht mehr informieren. Das ist doch rasch installiert.

Doch diese Stimmen gelangen nicht zum Projektteam. Rebekka Müller, Mitarbeiterin des Justizdepartementes, will ebenfalls „mal ihr neues Telefon bestellen". Ihr ist es wichtig, wie bisher einen Telefonhörer zu haben. Sie will keine Kopfhörer, um nicht ständig ihre Haare neu richten zu müssen. Auch will sie keine Ohrstöpsel, die findet sie unangenehm. Zudem findet sie es unhygienisch, Kopfhörer oder Ohrstöpsel auszutauschen, was man mit einem klassischen Telefonhörer machen könne. Bei der Bestellung stellt sie dann aber fest, dass die Telefonhörer gar nicht mehr zur Auswahl stehen. Sie findet das sehr ärgerlich:

Das klingt für mich ein wenig nach naiver Technikgläubigkeit. Wenn mein Sohn ein „cooles Teil" will, kann ich das ja verstehen. Wir müssen hier aber so arbeiten können, dass es funktional ist. Und dann – das ist ja die Höhe – bieten sie den Hörer gar nicht mehr an. Was soll denn das? Sie geben nicht einmal einen Grund an – es könnten ja auch nur Lieferschwierigkeiten sein, weil zu viele einen Telefonhörer haben wollen. Jetzt gibt es einfach die Telefonhörer nicht. Fertig, Schluss, aus. Ich habe schon zwei, drei Mal bei unserem Projektverantwortlichen nachgefragt. Ich weiss bis heute nicht, ob es sie noch einmal geben wird.

In diversen Departementen kommen einzelne zuständige Sekretariatsmitarbeitende auf die Idee, ein Probeset der neuen Telefon-Tools für ihre Abteilung zu bestellen. Sie kommunizieren das gegenüber den entsprechenden Mitarbeitenden. Zu diesem Zeitpunkt sind die Telefonhörer aber bereits nicht mehr zu haben. Einzelne der so angesprochenen Mitarbeitenden kommen in den entsprechenden Sekretariaten vorbei und probieren die verschiedenen Tools aus. Typische Aussagen der Mitarbeitenden dabei waren:

Können wir nicht bei unserem bisherigen Telefon bleiben?
Ach Gott, jetzt muss ich mir das auf den Kopf schnallen. Wie sieht denn das aus. Als wären wir in einem Call-Center. Ich muss doch nur gelegentlich telefonieren.

Bei den skeptischen Aussagen hilft es, wenn die Sekretariatsmitarbeitenden darauf hinwiesen, dass man dann beim Telefonieren die Hand frei habe und beim kabellosen Modell sogar herumlaufen könne. Manche sehen darin eher die Vorteile, andere aber gar nicht:

Das sieht doch total bekloppt aus, wenn man da ohne Hörer ins Nichts reinredet.

Andere sind interessiert:

Kann man damit auch Musik hören?

Wieder andere sind schlichtweg begeistert:

Darauf habe ich schon lange gewartet. Sehr gut!
Cool.
Willkommen in der Zukunft. Endlich kann man virtuell arbeiten, hat die Hände frei.
Wunderbar.

Jedoch stellt man auch fest, dass einige wichtige Fragen noch nicht geklärt sind. Unklar ist beispielsweise, was mit zentralen Nummern passieren wird und ob Ringschaltungen auch weiterhin möglich sind oder – ganz banal – ob man einen „Klingelton" hören würde, wenn das Telefonie-Tool eingesteckt ist, da ja bei eingesteckten Headsets kein Laut mehr über den Lautsprecher kommt. Erst mit der Zeit werden den Mitgliedern des Projektteams solche Fragen gestellt; sie werden dann jeweils einzeln beantwortet oder es müssen – wie z. B. bei der Ringschaltung – erst noch technische Anpassungen vorgenommen werden, damit dies dann effektiv funktioniert.

Fast alle werden mündlich informiert

In den meisten Departementen werden Informationsveranstaltungen durchgeführt. Die Departemente für Justiz und für Wirtschaft und Bildung wehren sich allerdings mit Händen und Füssen gegen eine Informationsveranstaltung. Die Mitarbeitenden könnten selber lesen und sich selber informieren, man solle das mit dem neuen Telefon einfach „nicht zu hoch hängen".

Christian Räber, Teamleiter aus dem Gesundheitsdepartement, berichtet wie folgt von der Informationsveranstaltung in seinem Departement:

> Ich war dort selber nicht dabei. Aber ein Mitarbeiter, der sich erst darüber aufgeregt hatte, dass es „für ein neues Telefon" überhaupt eine Informationsveranstaltung braucht, kam ganz vergnügt zurück. Und er war auch der, der zu Beginn seinen Kollegen zeigen konnte, wie es geht.

Auf der Informationsveranstaltung begrüsst der Regierungsrat des Gesundheitsdepartements die Anwesenden. Es werden die Funktionalitäten erläutert, und Führungskräfte aus Unternehmen präsentieren kurze Erfahrungsberichte über den Nutzen von BC und den dadurch angestossenen Kulturwandel. Dann gibt es noch eine sehr gute Dokumentation zur Funktionalität des BC. Im Anschluss können Fragen gestellt werden. Die Informationsveranstaltung kommt bei den anwesenden Mitarbeitenden sehr gut an und es können damit – gemäss Pascal Gisin – „gewisse Ängste" abgebaut werden. Den meisten Diskussionsbedarf gibt es zum Thema Präsenz und Verfügbarkeit, die über die sogenannten Statusangaben im BC angegeben wird. Einige Mitarbeitende befürchten, dass ab jetzt ihre Anwesenheit kontrolliert würde. Andere begrüssen diese Kontrolle aber auch eindeutig, was beim anschliessenden informellen Apéro deutlich wird. Eine Mitarbeiterin des Gesundheitsdepartements, Ursula Golz, sagt zu einer Kollegin:

> Ich finde das mit dieser Statusangabe gar nicht so schlecht. Da sieht man nun endlich mal, wer bei uns arbeitet und wer nicht. Da gibt es schon so ein paar Gestalten, die irgendwie nie das Telefon abnehmen und immer sehr spät auf E-Mails reagieren. Wenn ich diese Leute dann auf den Gängen sehe, habe ich aber nicht den Eindruck, dass sie sehr gestresst sind. Ein bisschen Kontrolle kann denen nicht schaden.

Auch Pascal Gisin wird nach der Veranstaltung diverse Male darauf angesprochen und sagt dann – wie bei der Veranstaltung selber – immer wieder:

> Es ist wirklich eine Kulturfrage. Man muss sich nicht kontrolliert fühlen durch diesen Präsenz-Status, man muss das wirklich eher als kommunikatives Hilfsmittel sehen. Und klar, der Vorgesetzte hat hier eine Vorbildfunktion.

Kleinere und grössere Probleme

Die Geräte werden im Januar vor dem eigentlichen Rollout verteilt, damit die Mitarbeitenden die neuen Funktionen ausprobieren können, bevor das alte Telefon abgeschaltet wird. Vielfach wird dieses allerdings schon nicht mehr verwendet. Pascal Gisin berichtet stolz:

Man wollte halt einfach sofort mit diesem neuen Gadget spielen.

Zur zusätzlichen Unterstützung der Mitarbeitenden vor, während und nach der Umstellung gibt es vorab geschulte sogenannte Super-User, die bei Fragen kontaktiert werden können. Am eigentlichen Rollout-Tag gibt es auch noch „Floorwalker", die den Mitarbeitenden jeweils vor Ort unterstützend zur Seite stehen, was einige auch wirklich sehr schätzen:

> Das hat mir gefallen. Da ist jemand gekommen und hat es vorgezeigt. Er hat auch die Fragen gut beantwortet und kurz gezeigt, was neu ist, wie man von einem zum anderen kommt, ohne eigentlich auf die Details einzugehen. Er hat wirklich einen guten Eindruck auf mich gemacht. Er hatte eine gute Balance zwischen „Neues zeigen" und „nicht überfordern".
>
> Diese Teppichläufer hatte meine Grossmutter auch im Flur ... Spass beiseite: Die Floorwalker, die sie vorbeigeschickt haben, damit ging das eigentlich flott über die Bühne. Das muss ich sagen.

Es werden auch umfangreiche Dokumentationen zur Nutzung erstellt und auf der Intranet-Seite zur Verfügung gestellt. Allerdings wird nur selten auf sie zugegriffen; darüber berichtet eine Mitarbeiterin, die eine der Informationsveranstaltungen besucht hat:

> Wir haben zwar wahnsinnig viele Unterlagen erhalten, aber ich habe noch nie gesehen, dass jemand das gebraucht hätte. Ich hatte den Eindruck, dass es zu viel war.

Nach der Einführung wird weiterhin über die angekündigten und dann doch nicht verfügbaren Telefonhörer debattiert. Für viele ist das Vorgehen einfach nicht einsichtig: „Unprofessionell", „Was soll das?", „Hinters Licht geführt", „Jetzt hätte man es mal richtig gut machen können und dann das."

Das grösste Thema ist der Umgang mit der Statusanzeige, welche ein Jahr nach Einführung immer noch zu grösseren Schwierigkeiten führt. Mitarbeitende ändern öfters aktiv ihren Status im System, direkt oder durch Einträge in ihre elektronische Agenda, um nicht von anderen gestört zu werden. Die Einträge in den Agenden führen dann aber zu missverständlichen Signalen gegenüber Kolleginnen und Kollegen:

> Jetzt muss ich ständig bei ihm vorbeigehen, ob er am Arbeitsplatz ist, nur weil er für den Vorgesetzten nicht einfach so erreichbar sein will.

Die Statusangabe stört viele Mitarbeitende ganz grundsätzlich:

> Wir sollen unsere Ziele selbständig und teilweise auch im Home Office erfüllen. Es geht doch nicht mehr um die Präsenz.
>
> Mich ärgert der Einzug dieser neuen Kontrollkultur.
>
> Ich mache meinen Job. Und manchmal bin ich im Büro, weil ich konzentriert etwas abschliessen und nicht ständig gestört werden will. Und jetzt meint jeder, er könne über mich verfügen, weil da ein Lämpchen grün aufscheint. Das kommt ja gar nicht infrage. Ich entscheide selber, wann ich einen Telefonanruf entgegennehme und wann nicht ... und vor allem, von wem ich zu welchem Zeitpunkt einen Anruf entgegennehme.

15 Kurz vor Weihnachten

Andere kommen zu einer positiveren Einschätzung:

> Bei uns ist das einfach klasse. Wir sehen jetzt, wann jemand da ist. Wir sind alle so viel in Sitzungen und unterwegs, dass es schwierig ist, jemanden mal an die Strippe zu bekommen … Sagt man das heute noch so?
> Wir können uns so viel rascher mal kurz absprechen. Wirklich gutes Instrument.
> Also ich schaue gar nicht auf den Status, für mich ist der sekundär.

In einzelnen Fällen kommt es auch zu neuen Konflikten mit den Vorgesetzten, wie eine Fachkraft im Volkswirtschaftsdepartement berichtet:

> Unsere Chefin ist eh schon ein Kontrollfreak. Beim kleinsten Fehler gibt es Ärger. Für sie ist einfach klar: Wenn das Status-Lämpchen auf grün geschaltet ist, dann „habe ich den Anruf entgegenzunehmen". Neulich kam sie wutentbrannt zu mir ins Büro und baffte mich an: Was mir eigentlich einfalle, auf ihren Anruf nicht zu reagieren. Sie benötige nun umgehend eine Antwort von mir. So gehe das nicht weiter. Wenn ich da sei, dann habe ich auch für sie da zu sein. Dann zog sie wieder ab. Ich war nur kurz auf der Toilette und hatte mir einen Kaffee geholt. Business Communication – moderne Kommunikation – halleluja! Das kann ja noch heiter werden.

Das Projekt war ein Erfolg!
Zugleich gibt es auch wirkliche Erfolgsgeschichten, bei denen sich die Nutzung der neuen technologischen Möglichkeiten rasch verbreitet. Eine Mitarbeiterin erzählt:

> Es hat so was wie ein Fieber gegeben. Wenn jemand mal jemanden angerufen hat und dann sagte: „Jetzt machen wir ein Konferenzgespräch", dann sagte ein anderer plötzlich: „Oh, das muss ich auch können." So hat sich das Wissen regelrecht von allein verbreitet.

Der Projektverantwortliche aus dem Bildungsdepartement, Georges Dumont, entwickelt eine neue Herangehensweise zur Vermittlung von BC. Pascal Gisin ist sofort Feuer und Flamme:

> Sie haben ein BC-Spiel entwickelt. Das ist so ein Brettspiel, wie „Eile mit Weile" oder „Mensch ärgere dich nicht", wo man verschiedene Karten hat mit Pendenzen darauf. Dort geht es wirklich darum, was für diesen Fall, der auf der Karte steht, der beste Kommunikationsweg ist. Das Spiel hat er für einen Kaderworkshop mit Amtsleitenden entwickelt. Das sollten wir auf allen Führungsstufen spielen. Klasse, was da entsteht. Eben, es hat sich eine ganz neue, moderne Kommunikationskultur in der kantonalen Verwaltung breitgemacht, die wir jetzt vertiefen können, und zwar dank Business Communication.

Pascal Gisin schaut zufrieden aus dem Fenster und fragt sich, welches neue IT-Projekt er mit Rückenwind aus diesem Projekt nun angehen kann. Er freut sich schon.

Leitfragen zur Diskussion

1. Beschreiben Sie die Vorgehensweise des Projektteams bei der Einführung der BC-Lösung. Wie beurteilen Sie das Vorgehen, worauf wird geschaut, worauf wird nicht geschaut?

2. Beschreiben Sie die Abfolge der internen Kommunikation und die Kommunikationsinhalte. Was fällt Ihnen hier auf? Wovon ist das Projektteam ausgegangen und wie ist das Vorgehen bei den Mitarbeitenden angekommen?
3. Woran machen die Mitarbeitenden ihre Beurteilungen des Veränderungsprozesses fest?
4. Welche unterschiedlichen Deutungen des Veränderungsprozesses zeichnen sich im Fall ab? Worauf ist das zurückzuführen?
5. Welchen unterschiedlichen Informationsstand haben die Mitarbeitenden in Bezug auf das Veränderungsprojekt? Was ist Ihre Vermutung, warum dies so ist?
6. Was war der Projektleitung alles (nicht) bekannt?
7. Was hätte man bei der Planung und Umsetzung der internen Kommunikation berücksichtigen oder anders machen können? Welchen Stellenwert sollte die interne Kommunikation Ihres Erachtens in einem solchen Veränderungsprojekt haben?

Alptraum eines norddeutschen Kaufmanns

16

Frank Heideloff

Zusammenfassung

In einem Familienunternehmen im Einzelhandel kommt es zu einer Verquickung von Dynamiken, nachdem ein Generationenwechsel initiiert worden ist. Nach einer Phase anfänglichen Wachstums stockt die Entwicklung des Handelsunternehmens und es muss ein externer Investor ins Boot geholt werden, um das Unternehmen zu stabilisieren. Als dann noch die Geschäftsleitung um einen externen kaufmännischen Geschäftsführer erweitert wird, kommt zum Unternehmensgeschehen noch eine familiär-personelle Überlagerung mit ins Spiel. Alle Hilfsmassnahmen laufen ins Leere. Am Ende gibt es nur Verlierer, denn die Familie wird aus dem Unternehmen geworfen, der von aussen gekommene CFO erleidet einen Schwächeanfall, der Investor geht leer aus, das Familienunternehmen macht Pleite. Viele verschiedene Personendynamiken, unterschiedliche Managementsprachen und unterschiedliche Kulturperspektiven haben einen Scherbenhaufen hinterlassen.

22. Nov. 2014 – etwa 18 Monate nach dem überraschenden Telefonat
Schweissgebadet wacht Stefan Schneider auf. An seinen Schläfen spürt er den Puls hämmern. Immer wieder die Frage, die quälende Frage, ob er das Chaos und die Insolvenz hätte verhindern können, ob er das Unternehmen früher zum Umsteuern hätte bewegen können oder gar müssen. Draussen ist es stockfinster. Er blickt gar nicht zur Uhr, es muss mitten in der Nacht sein. Er steht auf, geht in den Keller in seinen Fitnessraum und beginnt, sich den Frust aus der Seele zu rennen. 5, 10 dann 15 Kilometer. Er hat das

F. Heideloff (✉)
Hamburg, Deutschland
E-Mail: frankheideloff@gmx.ch

Band ein wenig schneller laufen lassen als sonst. Dann ein stechender Schmerz in der Brust. Ihm wird schwarz vor Augen. Er stürzt, fällt auf das Band und wird nach hinten weggedrückt. Quietschend, weil sein Fuss auf die Rolle drückt, läuft das Laufband weiter. Und weiter.

Ein Tag später im Krankenhaus
Schneider kommt zu sich, seine Tochter steht neben ihm am Bett. „Alles gut gegangen", murmelt sie ihm zu. „Nur ein Schwächeanfall, kein Infarkt. Warum musst du auch wie ein Irrer mitten in der Nacht auf der Bandmaschine joggen, als wenn der Teufel hinter deiner Seele her wäre." Sie lächelt schief.

Schneider will antworten, aber sein Mund ist zu trocken. Was ist heute für ein Datum? Ist die Insolvenzanmeldung rechtzeitig rausgegangen oder muss er sich nun sogar selbst in einem Prozess wegen Insolvenzverschleppung verantworten. Alles dreht sich um ihn herum. Im halblaut im Hintergrund blubbernden TV läuft ein Nachrichtensender. Der Sprecher erzählt gerade etwas über die Konjunkturbedrohung wegen steigender Ölpreise und schwächerer US- Arbeitsmarktdaten. Da ist es. Es durchfährt Schneider wie ein Stich – eine Nachricht unten, in der kleinen rote Nachrichtenzeile mit dem durchlaufenden Dauertext und einem gelegentlich eingestreuten ‚EILT': „Bekannte Einzelhandelskette GT meldet Insolvenz an – Einstieg von Private-Equity-Investor gescheitert, CFO und CEO für Kommentar nicht zu erreichen."

Sein Alptraum ist Realität geworden. Er hat versagt. Aber irgendwie ist er auch erleichtert, dass nun alles vorbei ist. Seine Tochter ist seinem starren Blick zum TV gefolgt und hat die Eilmeldung auch gelesen. „Mensch Papa," hört er sie sagen, „nun guck doch nicht wie sieben Tage Regenwetter. Wir haben dich lieb, egal ob du in deinem Job ein toller Hecht bist oder nicht. Bring dich doch für den ganzen Quatsch nicht um."

Wahrscheinlich weiss seine Tochter gar nicht, wie sehr sie damit recht hat.

1. Mai 2013 – das überraschende Telefonat
Stefan Schneiders altes Mobiltelefon, das er kaum mehr benutzt und eigentlich nur aus nostalgischen Gründen noch auf seinem Schreibtisch liegen hat, klingelt. Ein wenig ungläubig nimmt Schneider den Anruf an. „Von Manstetten-Hohenlohe, guten Tag" tönt es ihm entgegen. „Bin ich da richtig verbunden mit Herrn Stefan Schneider, Leiter Controlling bei der Kleider Deutschland GmbH?"

„Hm, ja", murmelt Schneider, „Aber woher haben Sie diese Nummer? Ich habe die schon eine ganze Weile nicht mehr benutzt!"

„Sie sind mir empfohlen worden von jemandem in der Einzelhandelsbranche", setzt der Headhunter fort. „Ich arbeite an einem Mandat im Auftrag eines anderen Einzelhandelshauses, in das gerade ein Private-Equity-(PE)-Unternehmen einsteigt. Die Sache ist nicht ganz so einfach gelagert. Dominanter, charismatischer Gründer, der im Moment auch noch als Minderheitsgesellschafter im Unternehmen beteiligt ist. Und der PE-Investor will eine rasche Sanierung und dann viel Geld in Wachstum investieren. Neue Sortimente, neue Läden, Onlinehandel, separate Kanäle für ‚second season' und auch

Internationalisierung des Konzepts, vielleicht auch noch Stärkung der Eigenmarken. Ein Riesenprogramm, sehr anspruchsvoll."

„Uff", hört sich Schneider sagen und er erschrickt, weil er den Headhunter nicht abschrecken will. Eigentlich ist er bei der Kleider Deutschland ganz zufrieden. Und er kennt den Laden ja nun auch schon seit mehr als 10 Jahren. Aber es gibt keine rechte Entwicklungsperspektive und bei der letzten Bonusrunde ist er auch nicht wie gewünscht zum Zuge gekommen. Dann wieder ist er sich auch nicht ganz sicher, ob er wirklich als Hauptverantwortlicher in der ersten Reihe stehen will. Aber irgendwie reizt ihn die Idee einer neuen Herausforderung. „Wow, das ist wirklich ein sehr ambitionierter Plan." Schneider denkt einen Moment nach. „Also, natürlich hängt das vom neuen Managementteam insgesamt und von der Investitionsbereitschaft des Private-Equity-Unternehmens ab, aber eine so spannende Aufgabe suche ich ehrlich gesagt schon länger. Für eine positive Entscheidung meinerseits käme es auf einige Gespräche mit dem Management und dem Investor an, denke ich."

Schneider ist nicht sonderlich geübt darin, Erstkontakte mit Headhuntern am Telefon positiv zu gestalten. Aber das hier scheint ganz gut gegangen zu sein. Der Anrufer sagt etwas von ‚Short List erstellen' und erneutem Anruf in ein paar Tagen. Ein überraschender Anruf am Maifeiertag, dem Tag der Arbeit. Der Einstieg in das neue Unternehmen soll sehr viel Arbeit werden, aber das weiss Schneider in diesem Moment noch nicht.

1972 – die Geburtsstunde von GT
Gerd Trittmacher hat schon immer Einzelhandel im Blut gehabt. Von früher Kindheit an hat er seine freie Zeit im Gemischtwarenladen seiner Eltern verbracht, Kisten gestapelt, Waren in die Regale geräumt, mit dem Vater über die Qualität neuer Muster gestritten oder mit seiner Mutter das Schaufenster dekoriert. Den Laden musste er wegen des frühen Todes seines Vaters schon sehr viel früher übernehmen, als er es selbst geplant hatte. Sicher, einige Dinge sind zu kurz gekommen durch den frühen Start als Unternehmer. Dann wieder hat er natürlich sehr viele Länder bereist auf der Suche nach neuen Waren für seine Firma. Aus dem einen elterlichen Laden sind innerhalb der ersten 10 Jahre fast 50 Standorte in grösseren und mittleren Städten Deutschlands geworden. Dann startete Trittmacher auf eigene Faust eine – nur von seiner Hausbank finanzierte – grosse Expansionswelle. Er erreichte nach gut 25 Geschäftsjahren zur Jahrtausendwende über 200 Ladenlokale in Deutschland und Österreich.

Das Sortiment hat er vom Gemischtwarenladen seiner Eltern Schritt für Schritt auf Einrichtungsgegenstände, Heimtextilien und einige wenige modisch-saisonale Kleidungsstücke fokussiert. Durch seine Reisen in Asien, ins südliche Afrika, Latein- und Südamerika ist es ihm immer wieder gelungen, Trends in der Branche zu setzen. Als einer der ersten europäischen Händler beginnt er, mit lokalen Kooperativen systematisch das Geschäft zu entwickeln und in den Fertigungsländern funktionsfähige Unternehmen aufzubauen. Und auch bei der Nachhaltigkeit der Materialien, der Abfallvermeidung und dem Einhalten von Fair-Trade-Regeln ist Trittmacher Vorreiter gewesen. „GT", wie ihn seine internationalen Partner nach seinen Initialen nennen, und wie Trittmacher auch später seine Kette nennt, hat sich damit weit über die Grenzen der Einzelhandelsbranche hinaus einen Namen gemacht.

„GT" gilt ausserdem als echte „Trendnase" in der Branche. Er ist es, der als erster wieder Sisalbänder für Makramee in den Regalen hat, als sowohl Hipster als auch Ökos sich wieder für Heimgestaltung mit Blumenampeln interessieren. Und Trittmacher ist ein Menschenfänger par excellence: Den jungen Leuten, die bei ihm als Produktmanager oder Category Manager anfangen, bringt er in langen gemeinsamen Stunden des Inspizierens von Materialien und Produkten die Liebe zu seinem Handwerk bei. Noch an Wochenenden fährt er bei neuen Mitarbeitern vorbei, wenn ihm eine neue Idee gekommen ist und er sie dann zu „Verbündeten" für diese neue Idee machen will, gleich von der ersten Minute an. Wie viele andere charismatische Gründer hat GT dabei ein ganz einfaches Motto: „Jeden Kunden positiv überraschen – egal ob er/sie dieses Mal kauft oder erst beim nächsten Mal."

Nicht nur wächst seine Ladenkette stetig und kontinuierlich, sondern GT setzt auch Bestmarken bei den Branchenvergleichen in Kategorien wie Umsatz pro Quadratmeter Ladenfläche, Lagerumschlag und Umsatzrendite. Der Himmel allein scheint die Grenze dieser Entwicklung zu sein, als Trittmacher dann in den Wirtschaftsbeirat von Bundeskanzler Schröder berufen wird, man ihm, der nie eine Schule abgeschlossen hat, eine Ehrendoktorwürde verleiht und das Unternehmen GT später dann in 2005 zu einem der bestangesehenen Unternehmen der Republik gewählt wird.

Die nächste Generation tritt ins Unternehmen ein – Frühling 2008

Trittmacher hat drei Kinder. Die Ehe ist schon vor Jahren zerbrochen – das Geschäft geht über alles. Aber seine Kinder werfen ihm das alles nicht vor – im Gegenteil, einer seiner zwei Söhne tritt 2008 sogar in GT ein und beginnt, sich auf eine mögliche Übernahme der Leitung von GT durch die vom Vater verordnete „Ausbildung per Ochsentour" vorzubereiten. Alex Trittmacher hat zwar die Schule abgeschlossen, aber darüber hinaus keinerlei Ausbildungs- oder Studienerfahrung vor dem Eintritt in GT gesammelt. Er will es dem Vater gleichtun und eine „Trendnase" entwickeln. Dabei stürzt er sich auf eine Produktkategorie, die sein Vater stets gemieden hat: Küchen- und Konsumentenelektronikartikel.

Und die Erfolge der ersten Jahre nach Alex' Eintritt bei GT sind spektakulär. Er stampft eine Eigenmarke mithilfe chinesischer Zulieferer aus dem Boden und bringt dann in bis zu sechs Kampagnen pro Jahr saisonal angepasste Kleinelektro-Artikel als Zusatzsortiment in die Läden: Elektrische Minigrills für den Balkon- oder Wohnzimmerbetrieb, Eiswürfelmacher, Espressomaschinen und anderes hilft schnell, den Umsatz von GT mehr als zu verdoppeln. Parallel dazu wächst das Ladennetzwerk weiter und die Firma sammelt erste Erfahrungen im Internethandel.

Allerdings werden auch die Retourenprozesse komplizierter; GT muss Gewährleistungsreklamationen bearbeiten, und durch den Mangel an Elektronik-Erfahrung, etwas Pech mit ein paar Zulieferern und schlechte Warenverkaufskontrolle und

Lagerhaltung bauen sich über die nächsten drei Jahre dann mehrere Probleme auf. Die Mischung aus Stock-outs und Ladenhütern führt dazu, dass die Kunden GT als Einzelhändler nicht mehr die fast sprichwörtliche „GT-Trendnase" zusprechen und für Spontankäufe nun auch bei anderen Ketten vorbeischauen. Es ist einfach nicht mehr ‚hip', bei GT zu kaufen. Gewährleistungen und falsche Warenwirtschaft führen zu hohen Abschreibungen und finanziellen Verlusten. Gerd Trittmacher, der nach den Anfangserfolgen von Alex schon damit geliebäugelt hatte, in den Beirat zu wechseln, sieht sich herausgefordert, das Ruder selbst noch einmal herumzureissen. Beim Weihnachtsessen 2011 kündigt er der Familie an, wieder „ins Büro zu gehen", wie er es nennt. Alex und er geraten in Streit, weil der Junior sich düpiert sieht. Immerhin kann GT Alex davon überzeugen, dass sie sich die viele Arbeit der Restrukturierung, des Aufräumens und der Neuausrichtung teilen sollten.

Im Wintergarten der Trittmachers – ein Dreiergespräch unter Männern
Mit seinem Eintritt bei GT hat Schneider begonnen, in einer Art Inventarisierung alle Controlling-Berichte durchzugehen und auf Tauglichkeit hinsichtlich der Erwartungen der neuen Investoren zu überprüfen. Das Ergebnis ist erschütternd. Ihm fehlen für echte neue Impulse schlicht der Überblick und detaillierte Daten. Während die Altsortimente, die Vater Trittmacher etabliert hat, noch immer ganz gut laufen, ist ziemlich schnell klar, dass die Erweiterung in Richtung Elektronik die eigentliche Problemquelle ist: hoher Liquiditätsbedarf für die Bestellungen aus China und das vorzuhaltende Zentrallager, relativ hoher Abschreibungsbedarf durch schlecht verkäufliche Produkte, Retouren, Reklamationen. Die Produkte im Zuständigkeitskreis von Alex sind dabei, das Unternehmen in massive Schwierigkeiten zu treiben. GT hat Alex und ihn zu sich nach Hause eingeladen. Das macht er immer mal wieder, aber bisher sind er und Schneider dabei immer alleine gewesen.

„Also die Sache ist eigentlich ganz einfach", resümierte Schneider die Analyse, die er für GT und Alex vorbereitet hat, „wir müssen die Elektroniksparte abwickeln, wir müssen da wieder raus und zurück zu Heimtextilien, Dekorationsartikeln etc. Und zwar sofort, die Zeit drängt und die Banken sitzen uns im Genick."

„Was? Wieso das denn?", ruft Alex aus. „Wir haben zwei volle Jahre gebraucht, um unsere Lieferanten zu finden, die Lieferkette zu etablieren und die Kunden davon zu überzeugen, dass GT neben kleinen Lampen und Leuchten auch andere Elektronikartikel kann. Aber dann kommt so jemand wie Sie von aussen daher und will mir sagen, wie ich unser Geschäft zu führen habe! Sie können doch sowieso nur Damen- und Herrenoberbekleidung!"

„Was sagen denn die Banken konkret, Stefan?", schaltet sich GT ins Gespräch ein. Er hat Schneider schon am ersten Tag das Du angeboten. „Haben die Banken konkrete Forderungen aufgestellt dafür, dass sie uns weiter Geld geben? Hat es Andeutungen gegeben?"

„Nein, ganz konkrete Forderungen haben die Banken nicht aufgestellt", räumt Schneider ein, „aber sie haben deutlich gemacht, dass sie nur weiterhin die Liquiditätslinien offenhalten, wenn wir das Risikoprofil verbessern und das Volumen der Umsatzvorfinanzierung senken."

„Also, dann machen wir es so: Wir geben noch mal richtig Gas mit dem nächsten Sortiment, das ohnehin schon auf den Schiffen nach Europa unterwegs ist. Wir machen mehr Promotion als sonst und schalten auch im Internet Banner-Werbung ab dem ersten Tag. Und wenn das dann so funktioniert wie erwartet, bleiben wir drin in der Elektronik. Und sonst machen wir das dicht. Basta!" GT hat sich entschieden. Alex rollt mit den Augen und sieht Schneider wütend an.

Coachingsitzung des CFO im Sommer 2014
Stefan Schneider hat Schweissperlen auf der Stirn. Er hat in seiner gesamten Karriere bei der Kleider Deutschland GmbH immer den Ruf genossen, alle seine Zahlen im Griff zu haben. Überhaupt schätzt Schneider das Gefühl, alles gut kontrollieren zu können. Aber schon die Sprache der Private-Equity-Investoren versteht er nicht. Auf den alle zwei Wochen anberaumten Sitzungen bekommt er jedes Mal neue Fragen zu Kennziffern und Produktivitätswerten gestellt, die die Firma GT überhaupt nicht messen kann, weil das Controlling nicht darauf ausgerichtet ist. Die Nacht vor den Sitzungen kann Schneider normalerweise nicht schlafen. Immer wieder versucht er in Gedanken, die Sitzung durchzugehen und sich auf die möglichen Fragen vorzubereiten: cross-sell, up-sell, PPC (products per customer), cash conversion cycles – Schneider schwirrt der Kopf.

Aber er muss zugeben, dass die Investoren nicht ganz falsch liegen mit ihrer Einschätzung, dass GT vor allem von den preiswerten Lockangeboten der sechs Kampagnen im Jahr lebt und es immer weniger gelingt, die Kundschaft noch zum Kauf weiterer Artikel zu bewegen. Da GT sich auf etwas höherwertige Produkte konzentriert, auch um den Umsatz zu stabilisieren und den Wert der Retouren im Verhältnis zum Gesamtumsatz zu senken, sind zwar die Umsätze pro kaufendem Kunden gestiegen. Aber es kaufen weniger Kunden unter den Besuchern als früher. Das Geschäft wird davon abhängig, immer mehr und mehr Interessierte in die Läden zu ‚pumpen', zumal die Internetverkäufe ja zu einem Desaster geführt haben. Die Abhängigkeit von den beworbenen Lockangeboten steigt.

Als Schneider sich allein nicht mehr zu helfen weiss im Dreieck von Eigenanspruch, mangelnden Fachkenntnissen und Verständnisschwierigkeiten mit den PE-Investoren, bittet er einen Freund um Hilfe, der ihn an einen Business Coach weiterempfiehlt, welcher sowohl persönliche als auch inhaltliche Themen mit seinen Kunden aufarbeitet.

„What's the story?" äfft Schneider den Ton nach, der ihm vom Leadpartner des Private-Equity-Investors, Daniel Cowan, entgegenschlägt. „Und immer wieder ‚what's the story?' Mann, aber ich weiss es doch auch nicht", sagt Schneider, „ich mache doch nur die Zahlen. Die Entscheidungen zum Sortiment und den Einkaufsmengen machen doch die Trittmachers. Na klar bremse ich ein wenig, wenn die Liquidität eng ist. Aber ohne Produkt können wir doch zumachen. Wir brauchen attraktives Produkt. Wir können nicht einfach die Preise kaputtmachen und verramschen."

„Lassen Sie uns das Problem in zwei Teile zerlegen", sagt Steffen Westphal, der Coach. „Da gibt es die geschäftspolitischen und Einkaufsthemen, über die Sie als Teil der Geschäftsführung nur berichten, weil die Verantwortung bei den anderen Geschäftsleitungsmitgliedern liegt. Und dann ist da die Art und Weise, wie Sie alle Zahlen und Fakten zu einer Gesamtschau zusammenfassen und in einer Präsentation darstellen – die ‚Geschichte' eben, die die zukünftige Unternehmensentwicklung plausibel beschreibt. Was für Sie wahrscheinlich ganz neu ist, ist der Anspruch des PE-Investors, dass Sie als CFO wirklich alles unter Kontrolle haben. Also nicht nur stimmige Zahlen, sondern immer auch bereits eine Lösung für ein Problem, das man aus den Zahlen ablesen kann. Niedrigere Umsätze pro Kunde? Wir kontern mit Produktbündeln und ‚Kauf drei, und das billigste Teil kostet 50 %'-Aktionen. Und so weiter. Was Sie dringend brauchen, Herr Schneider, ist ein eigener Zugang zu den PE-Investoren ausserhalb der Meetings alle zwei Wochen. Sie müssen mit denen in den Dialog darüber kommen, welches Standardreporting die brauchen und nach welchen Kennziffern Sie GT neu ausrichten sollen. Fangen wir doch mal damit an, dass wir uns Ihre Standardpräsentation ansehen und ein paar neue Folienformate für Sie definieren …"

Die Fehleinschätzung des Internets als Lagerräumungskanal – Jahreswende 2013/2014
Alex und Gerd brüten zum Jahreswechsel 2013/2014 einige Wochen darüber, wie sie den immer drängenderen Aufforderungen ihrer Hausbank nach Reduktion des Warenbestandes nachkommen können. Sie haben in 2013 zusammen mit dem neuen CFO Schneider ohnehin beschlossen, neben den Läden den Internethandel stärker zu forcieren. Warum soll GT nicht die beiden Themen einfach miteinander verbinden, hat ihnen Schneider als Anregung in die Ferientage mitgegeben.

Irgendwie ist es Alex und Gerd nicht wohl bei der Idee, dass sie den neu zu entwickelnden Kanal als Lagerabverkaufsplattform nutzen sollen. Andererseits scheint Schneider ja völlig richtig damit zu liegen, dass man eine geringe Investition schnell wieder würde reinholen können, da die Altlagerbestände weitgehend abgeschrieben sind. Die Banken würden jubeln und man könnte endlich auch neue Kunden gewinnen in Städten, in denen GT noch nicht präsent ist. Eine Anfrage beim Lagerlogistiker, ob der auch den Versand an Kunden im Auftrag würde abwickeln können, verläuft positiv. Noch Ende Januar eröffnet der GT Webshop.

Die Kundenreaktion ist eine Katastrophe für die Firma. In den Läden kommt es zu tumultartigen Szenen, weil Kunden Artikel, die sie erst vor drei Monaten in einer Kampagne gekauft haben, nun für weniger als 30 % des Preises im Internet gesehen haben. Kunden verlangen Teile ihres Kaufpreises zurück. Das Thema geht in die Presse. Die Umsätze fallen rasant ab. Wegen des geringen Eigenkapitals gerät GT zunehmend in Schwierigkeiten.

Notübernahme durch den Private-Equity-Investor am 10. März 2014
Eigentlich hat Gerd Trittmacher schon 2007, kurz vor Alex' Eintritt in die Firma, einmal mit der Idee gespielt, Teile des Unternehmens an einen Private-Equity-Investor zu verkaufen. Damals sind es mehr persönliche als geschäftliche Gründe gewesen, die ihn

einen Verkauf hatten ins Auge fassen lassen. Aber die Perspektive der nächsten Etappe als Familienunternehmen hat ihn davon abrücken lassen. Gleichwohl treibt GT das Thema Internethandel um. Als das alles nach 2002/2003 an Fahrt aufnimmt, hat er gleich gewusst, welches innovative und zugleich zerstörerische Potenzial darin liegt. Aber er ist nicht Technologie-affin und nutzt Telefon weit mehr und lieber als E-Mail. Nur viel Geld würden sie brauchen, um das alles zu entwickeln. Na ja, Alex soll das machen; aber der konzentriert sich auf seine eigenen Produktideen. So bleibt das Feld lange unbeackert.

Nach dem gigantischen Fehlschlag des Internetabverkaufs der Lagerware unter dem Namen GT Webshop ab Januar 2014 geht alles sehr schnell. Die Rabattaktionen werden immer dramatischer und die Hausbank zusehends nervöser. Ende Februar dann der Anruf eines Grosslieferanten aus Asien, dass man einige Container mit Ware gestoppt habe, nachdem die Banken die Handelsfinanzierung mit GT als Gegenparteirisiko gestoppt hatten. Ein übler Rückschlag.

Bei der Notübernahme durch International Retail Capital (IRC), ein britisches Private-Equity-Unternehmen mit Fokus auf Einzelhandel, das bis dahin erst rund 20 % gehalten hat, ist es dann eigentlich gar nicht mehr zu einer echten Due-Diligence-Prüfung gekommen. Eine gute Woche hat sich ein 20-köpfiges Team die Bücher, einige Ladenlokale, das Warenverteilzentrum bei einem Dienstleister von GT sowie die Struktur, Volumina und Altersverteilung der Warenbestände angesehen. Trittmacher verliert schlagartig die Mehrheit an seinem eigenen Unternehmen. Gegen eine geringe Zahlung muss er fast alle seine noch bestehenden Firmenanteile abgeben, für die Zusage durch IRC, Kreditlinien für Warenbestellungen und den Betrieb zur Verfügung zu stellen. Ausserdem muss Gerd Trittmacher selbst wieder aus der operativen Geschäftsführung ausscheiden. Eine Insolvenz ist damit abgewendet. Nun kann es aufwärtsgehen. IRC stellt in Aussicht, die Geschäftsleitung neben Alex als Produktchef und Schneider als CFO um eine/n Category- und Kanalmanager/in zu ergänzen. Der Befreiungsschlag scheint geglückt.

Ein Gründer wird von Bord gegangen – 11. September 2014
Als Gerd Trittmacher den Raum betritt, spürt er gleich, dass etwas anderes auf der Agenda dieser Sitzung der Geschäftsleitung zu stehen scheint als angekündigt. Natürlich würde man den Standardreport zusammen durchgehen, sich die Umsätze in den einzelnen Standorten und dem neu ausgerichteten Internetverkauf ansehen. Aber die Trendzahlen haben nicht gut ausgesehen in den Sommerferien. Man hat sich damit zu beruhigen versucht, dass das eigene Minus geringer als die Rückgänge anderer überwiegend stationärer Händler gewesen ist. Alex nimmt heute nicht teil, er ist für ein paar Tage in die Ferien gefahren.

Als GT Platz genommen hat, tritt Daniel Cowan nach vorne und ergreift das Wort.

> Well, warum sind wir here today? Wir konnen so nicht weiter macken. Alle unsere Massnahmen von die letzten sechs Monate hat nix gebracht. Wir werden eine Masterplan umsetzen, um die Firma GT zu retten und hart zu sanieren. Wir haben dazu einen Sanierungs- und Refinanzierungsplan abgestimmt.

„Verräter!", brüllt Gerd Trittmacher Schneider über den Sitzungstisch entgegen. Und in der Tat hat Schneider auf Verlangen von IRC einige Szenarien dazu erstellt, welche 80 Kernladengeschäfte erhalten werden sollen und wie viel Geld man für die Sanierung und dann das Wachstum als Internethandelsplatz für Home Accessories würde aufbringen müssen. Schneider ist davon ausgegangen, dass IRC im Hintergrund Gespräche mit High-Yield-Investoren führen will, die eine Liquiditätsspritze ohne Bankenbeteiligung möglich gemacht hätten. Das würde zu sehr hohen Kreditzinsen führen, wäre für die Firma aber gerade noch irgendwie möglich gewesen. Aber was jetzt kommt, damit hat Schneider sicherlich nicht gerechnet.

„Well", meldet sich Dan wieder zu Wort, „Verräter hin oder her, wir brauchen eine klare Cut. Die Familie is raus. Wir können nicht mehr mit dieselben Gesichter fortfahren. Wir haben Alex per SMS darüber informiert, dass wir ihn hier nicht länger brauchen. Und auch wenn mir das jetzt echt schwerfällt, GT, du bist auch draussen. Wir bringen eine new guy von Amazon an Bord, der dort die Analytics für Heimtextiles gemackt hat. Er wird heute Nachmittag hier anfangen."

GT hat den Rest einfach nicht mehr mitbekommen. Wie taub ist er in das von ihm und Alex genutzte Büro gewankt und hat einige persönliche Dinge an sich genommen.

„Das war's also. Über 40 Jahre Lebensinhalt und dann macht es puff und alles ist futsch", denkt GT. „Wieso hab ich das nicht kommen sehen, dass diese Heinis von IRC mich nur aus meinem eigenen Laden drängen wollen. Und Schneider, dieser Zahlenheini. Hat auf Schwiegersohn gemacht und jetzt so was. Die ganzen Folien und Kennzahlen und der ganze Mist. Alles nur vorgeschoben. Die machen sich jetzt an der Fremdfinanzierung die Taschen voll. Und ich bin fertig."

Fahl im Gesicht verlässt Trittmacher Senior das Verwaltungsgebäude von GT. Man hat ihm ein Taxi gerufen. Die Fahrt nach Hause kostet ihn 13,80 EUR. Er zahlt mit Kreditkarte.

Kurznachricht auf NTV am 14. September 2014
Das bekannte Einzelhandelsunternehmen GT vollzieht einen Generationenwechsel. Der Gründer des Unternehmens, Gerd Trittmacher, und sein Sohn Alexander sind mit sofortiger Wirkung aus der Geschäftsleitung ausgeschieden. Der CFO des Unternehmens wird die Kontinuität im Unternehmen wahren und gemeinsam mit einem neuen CEO, den GT mithilfe des Mehrheitseigentümers International Retail Capital von Amazon gewinnen konnte, die Sanierung und den Neustart des Unternehmens vorantreiben. GT plant mehr als 30 % Wachstum bereits im kommenden Jahr.

Leitfragen zur Diskussion
1. Welche Vater-Sohn-Dynamik trägt zur Unternehmenskrise bei?
2. Welche Rollenklärung hätte der CFO im Spannungsfeld zwischen Gründerfamilie und PE-Investor unbedingt durchführen sollen?
3. Welche Faktoren tragen dazu bei, dass die Firma GT mehrere wichtige Entscheidungen in Serie zu langsam oder falsch fällt?

The manufacturer's authorised representative in the EU is Springer Nature Customer Service Centre GmbH, Europaplatz 3, 69115 Heidelberg, Germany. If you have any concerns regarding our products, please contact ProductSafety@springernature.com

Printed and bound by CPI Group (UK) Ltd, Croydon, CR0 4YY

25/03/2026

02078190-0014